JN153387

発達心理学・再入門

ブレークスルーを生んだ14の研究

アラン・M・スレーター／ポール・C・クイン 編
加藤弘通／川田　学／伊藤　崇 監訳

新曜社

Developmental Psychology: Revisiting the Classic Studies
Edited by Alan M. Slater & Paul C. Quinn

心理学・再入門

シリーズ編者：S・アレクサンダー・ハスラム、アラン・M・スレーター、ジョアンヌ・R・スミス
エクセタ EX4 4QG、エクセタ大学心理学部

「心理学・再入門」シリーズは、心理学のなかでも鍵となる研究によって提起された問題について理解したいと思う学部学生や一般の方々のための新しいテキストである。各巻は 12 ～ 15 の章からなり、それぞれの章は、ある特定の古典的な研究について詳述し、その実証的、理論的影響について解説している。また各章では、その研究が行われて以来の思考と研究の進歩の重要な道筋についても議論されている。各章は、その展開の最先端の研究者によって書かれており、そのため各巻は教師にとっても学生にとっても、私たちが今日知っている心理学という分野を定めている中心となることがらについて多様な視点を探索する素晴らしい資料となっている。

シリーズの他の巻

『社会心理学・再入門』（ジョアンヌ・R・スミス & アレクサンダー・ハスラム）

もし私がさらに少し遠くを見たとするなら、
それは巨人たちの肩の上に立ってのことです。

アイザック・ニュートンの科学上のライバル、ロバート・フックへの手紙中の言葉（1676年2月5日）

目　次

装幀＝新曜社デザイン室

はじめに
── 発達心理学研究の古典から学ぶ

アラン・M・スレーター、ポール・C・クイン

発達心理学の長い歴史のなかで、たくさんの論文や本やその一章、モノグラフが書かれてきた。しかしそのなかでも「古典」と認められるのは、ごくわずかでしかない。古典とは、その学問領域の形成に貢献し、またその発展に大きな影響を与えた研究である。『心理学簡単案内（*Rough Guide to Psychology*）』の著者クリスチャン・ジャレットが述べているように、「他の諸科学には基本となる理論があるのに対して、… 心理学の基礎は、理論ではなく、古典的な実験の集積によって打ちたてられている」のである。

当然のことながら、本書に選ばれている研究は、発達心理学のなかで誰もが知っているものであり、今も新たな論文やテキストに引用され続けており、その影響力を失っていないものばかりである。またこれらの研究は、発達心理学の範囲をカバーするように注意深く編者によって選ばれてもいる。もしかすると、他の編者だったら選ばないものも含まれているかもしれないが、その大部分は誰もが選ぶであろう研究であると考える。

各章の構成

それぞれの章は、古典的な研究、またはレビューの背景の説明から始まる。それによりその古典的研究を歴史的文脈のなかに位置づけ、研究者たちをその研究へと駆り立てた関心や科学的な視点を確認していく。次にその古典的研究の概要を解説し、次いでそれが与えた影響についての議論が続くが、他の研究者にそのアイデアや発見がどのように取り上げられ、それらの諸概念やデータが発達心理学の研究領域にどのような影響を与え、その発展を形づくったかを見ていく。しかしながら、どんなに重要な研究であったとしても、完璧なものはない。したがって、その次のセクションでは、その研究への批判を示し、別の解釈の可能性や知見についても論じる。そして、その研究がどれくらい思索

を深めたのか、そしてさらに重要なことだが、結果的に、その領域がどう前進したのかについて述べて章を締めくくる。

本書の目的と構成

この本には二重の目的がある。まず、古典的な研究がいかに発達心理学という領域の形成に貢献したかを示すことであり、また古典的研究が提起した課題に取り組むことを通して、この領域がいかに進展したのかを示すことである。そのために古典的研究に立ち戻りたいのである。編者はまず古典的な研究を選び、その後でそれぞれの領域で世界を牽引している第一人者に各章の執筆を依頼し、参加を承認していただいた。特にこの巻は、児童心理学や発達心理学の学部学生、あるいは大学院の発達心理学を中心とする入門コースの担当者にも面白いと思ってもらえるだろうと思う。もちろん過去にも古典論文の再録集はあったが、この本がユニークなのは、それぞれを専門とする現在の研究者が、彼らの現在の理論的・実証的な研究の見地から、その領域が古典的研究を超えて、いかに動いてきたかを論じているところにある。こうして私たちの願いは、この本の読み手である学生諸君が、学問の基礎を知るだけでなく、近年研究がどのように進んできたのかを知り、その一部は、古典的研究によって駆動された思索の流れによってもたらされたということを感得していただくことである。

各章の配列

各章の順序は、編者のひとりであるクインが発達心理学コースの上級レベルの大学院生に教える際のトピックの扱い方を反映している。このコースの最初のセクションでは、情動と知覚の発達に、中間のセクションでは認知発達に焦点が当てられる。そして最後のセクションでは、もっと個人差に注目し、知能や道徳性の発達、非定型の発達、言語獲得などのトピックを扱う。とはいえ、いくつかのトピックについては、別のコースでは違ったセクションに置くことも可能だろう。たとえば、言語獲得のトピックは（そして、その始まりが言語知覚のプロセスの中に現れるとする、私たちが選んだ古典論文も）、問題なく発達心理学コースの知覚セクションでも認知発達のセクションでも扱える。したがって、特に各章を順番に読む必要はなく、むしろ、コースの組み立て、あるいは読者一人ひとりの好みに応じて読んでさしつかえない。

それでは、本のイントロダクションの慣例にしたがって、以下で各章の要約を示そう。

各章の要約

1章は、ハーロウが1950年代から60年代に行った赤ちゃんザルの感情発達と社会的剥奪の影響に関する一連の研究（Harlow & Harlow, 1962）について、ロジャー・コバックが検討している。赤ちゃんザルは隔離され、極端な社会的剥奪のなかで、2つの代理母と一緒に育てられた。1つは、食餌を与えてくれる針金でできた代理母で、もう1つは、食餌は与えてくれないが、心地よい接触を与えてくれる布製の代理母だった。ハーロウは、サルたちが明らかに布製の代理母にアタッチメントをもつようになり、恐怖を覚えたときにはそれとの接触を求めようとすることを見出した。これらの発見は、赤ちゃんと母親の間のアタッチメント形成が、もっぱら母親によって空腹が満たされるというような一次的動因の低減から生じる二次的な副産物ではないことの明らかな証拠であった。ハーロウの見解は、赤ちゃんザルは愛情や「心地よい接触」を求める一次的欲求に動機づけられているというものであった。驚くかもしれないが、当時、保育の「専門家」やそれを職業とする者の多くの見解は、母親や養育者から赤ちゃんや小さな子が長期間引き離されても、情動に重大な影響をもたらすことはほとんど、あるいはまったくないというものであった。（しかし）ハーロウの実験は、実はそうではないことを実証し、ジョン・ボウルヴィやメアリー・エインズワースなどの研究者によって展開されたアタッチメント理論に非常に大きな影響を与えた。ハーロウの仕事は、初期の社会的関係がサルや人間を含む多くの種の生き残りと繁殖に重要な役割を果たしていることに確かな証拠を与えるものであった。また初期の社会性の発達とアタッチメント形成に向けられた研究の時代を拓き、それは「その後の発達研究の主要な焦点であり続けた」のである。

初期の情動的発達は、2章でオレンディックとその同僚たちが解説している、ワトソンとレイナー（Watson & Rayner, 1920）のアルバート坊やへの条件づけで、まさに注目したことである。この実験は、人間の恐怖心が古典的条件づけによって獲得されることを初めて実証するものであった。当時9ヵ月の乳児であったアルバート（仮名）は条件刺激として白いネズミを見せられつつ、無条件刺激として大きな音を提示された。すると何回かの試行の後、アルバートはネズミを見ると、恐怖の情動反応が生じるよう条件づけられた。この恐怖反応は、ウサギやイヌ、毛皮のコート、綿毛、マスク、そしてワトソンの髪の毛といった他の刺激にまで般化された。ワトソンとレイナーは、この条件づけられた恐怖反応を軽減する、あるいは取り除くいくつかの方法を提案したが、アルバートが最後のテストがなされた後〔母親と住み込んでいた〕病院を去ったため、それらが行われることはなかった。今日では、倫理的に見て、このような実験は認められるものではないが、「この研究が、今日広く用いられている行動療法、そして認知行動療法の発展に寄与してきたことに疑いはない」。

発達心理学で最も有名な実験器機の1つが、視覚的断崖である。これはエレノア・ギブソン（彼女の友人にはジャッキーとして知られている）とリチャード・ウォークによって開発された。透明なガラスが張られた2つの面があり、（浅いほうの）面にはガラスの下にパターン模様のシートが敷かれていて、丈夫そうな印象を与える。それに対して、もう1つの深い面のほうは、同じパターン模様のシートがガラスの数フィート下の床にしかれており、落下してしまいそうな印象を与える。視覚的断崖というのは、ここからきている（Gibson & Walk, 1960）。カレン・アドルフとカリ・クレッチは、この視覚的断崖の発展とそのさまざまな使用のされ方について、興味深い説明をしている。つまり、もともとは奥行き知覚を検査するために作られたが、白ネズミ、赤ちゃんネズミ、子イヌ、子ネコ、子ウサギ、ヒヨコ、親鶏、子バト、子ヤギ、子ヒツジ、子ブタ、子どものアカゲザル、そして人間の乳幼児を含むたくさんの種に用いられてきた。著者たちはその他たくさんの使われ方について説明し、事実として「市松模様の面に立って断崖の縁越しにのぞき込む乳幼児や動物のイメージは、この領域の象徴となっている」と指摘している。

ジャン・ピアジェ（Piaget, 1962）は、長らく「発達心理学の巨人」（Hunt, 1969）と見なされてきた人物であり、「ピアジェが発達心理学に与えた影響を評価することは、シェークスピアがイギリス文学に与えた影響やアリストテレスが哲学に与えた影響と同じく、測り知ることができない」（Beilin, 1992）と言われてきた。そして「彼はありとあらゆることを調べ、ありとあらゆるケースで興味深い発見をしているように思われる」。彼は数百もの実験という遺産を残し、それらの多くは古典的研究の規範となるものであった。4章でデイビット・クラーは、子どもがハノイの塔として知られている課題を解く様子を調査した研究を取り上げて、ピアジェの研究方法と理論化について解説している。ハノイの塔課題は、垂直に立った3本の棒からなり、そのうちの1つに大きさの異なる円盤が下から大きい順に置かれている。そして、小さい円盤の上には、それより大きな円盤を置いてはいけないという条件のもとで、他の棒に円盤を移していくというのが課題である。クラーは、ピアジェの結論と解釈に対してなされた挑戦を例示するため、この課題に関するその後の研究を取り上げ、次のように結論づけている。「彼がその後に続く何千もの認知発達の研究者の進む道を切り開いたことに疑いの余地はない」。

メルツォフとムーア（Meltzoff & Moore, 1977）は、2つの非常にうまく計画され統制された実験によって、新生児が自分の顔を見ることができないにもかかわらず、大人のモデルを見て、その表情を真似ることができるという明確な証拠を最初に示した。この発見から乳幼児の発達の劇的な捉え直しが始まり、それは新生児模倣の性質や特徴について長く続くこととなった研究の始まりを告げるものでもあった。5章では、私たちのひとり（スレーター）が、これらの発見とそれが発達心理学に与えた影響、そして乳幼児の社会性発達と認知発達の理解に与えた影響について解説する。

1985年に、ベイラージョン、スペルキ、ワッサーマンが乳幼児の認知発達に大きな影響を与えることになる論文を公刊した。彼らの実験で、赤ちゃんは、「跳ね橋」の正面に置かれるが、それは床と平らな状態から〔向こう側に〕180度回転できる。それから赤ちゃんは堅いブロックを見せられるが、それは跳ね橋の向こうに置かれている。跳ね橋が上がるとブロックは橋に遮られて見えなくなるが、120度までしか回らないので、ブロックが回転を止められているとわかる。もう1つの条件では、跳ね橋は明らかにその堅いブロックを通り抜けて、完全に180度回ってしまう。赤ちゃんは120度回る「可能」なほうよりも、後者の「不可能な」条件のほうをより長く見た。このことから著者たちは、これは赤ちゃんは堅いブロックがその場所にあるため跳ね橋は回ることができないと理解していることの証拠であると考え、対象の永続性 ── 見えないモノも存在し続け、その物理的性質を維持し続ける ── が、ピアジェが述べたよりもかなり早い、幼児期の初期から存在すると結論づけた。6章では、デニス・マレシャルとジョディ・カウフマンが「跳ね橋研究」とその発見に関する別の解釈について述べ、行動学的な手法によるデータだけでは科学的なコンセンサスを生み出すことはないだろうと指摘している。そして、この論争を解決するために、跳ね橋タイプの課題に伴う神経学的プロセスや対象の永続性の出現を探索する計算モデルについて述べている。

7章では、ゲイル・グッドマンと彼女の共同研究者たちが、セシとブルック（Ceci & Bruck, 1993）のレビューについて解説している。それは子どもの証言がどの程度信頼できるか、また子どもはどれほど誘導されやすいかに焦点を当てた、子どもの目撃証言に関する研究のレビューである。グッドマンらはまた、最も信頼でき、かつ正確な報告を得るために子どもにどのように質問するのが適切かという問題を提起し、また不適切な面接がもたらす結果の例も示している。この章では、児童虐待の例を取り上げて、心理学者や法律家、児童保護を含むその他の専門職に関係するトピックについても解説している。セシとブルックの論文は、児童虐待に関する「年間最優秀論文」として、アメリカ心理学会の一部門である心理学的社会問題研究学会（Society for the Psychological Study of Social Issues）からロバート・シン賞を与えられた。グッドマンらはこのレビュー後に行われた研究について述べ､次のように結論づけている。「1993年以降、研究者たちは子どもたちの被暗示性について多くのことを学んだが、実際の法的ケースの複雑さを前にすると、我々はまだ多くのことを学ぶ必要があると思い知らされるのである」。

アーサー・ジェンセン（Jensen, 1969）は、『ハーバード・エデュケーショナル・レビュー（*Harvard Educational Review*）』に「知能と学業成績はどこまで引き上げ可能か？」というタイトルの論文を発表した。8章では、ジェンセンの研究と発見について、ウェンディ・ジョンソンが解説している。その原著論文において、ジェンセンは、人種や社会階層による知能の差は遺伝的に決められていると思われると述べ､「アフリカ系アメリカ人とすべての人種における社会経済的地位（socioeconomic status; SES）の低い子どもたちには、彼らに想定される学習能力の生得的な限界を踏まえた教育プログラムが有効であろうと提案した」。この論文は、今日まで続く論争を巻き起こした。ジェンセンは人種差別主義であるとして非難され､「殺害予告を受けたり、カリフォルニア大学バークレー校の学生や教職員が彼の研究室前で抗議を繰り広げた」。彼が提起した問題がきわめて重要であったことは明らかだが、おそらくはその政治的、社会的な含意から、ジョンソンは次のように結論づけている。「ジェンセンの結論は、どうひいき目に見ても未成熟なものであったことに疑問の余地はないが、この論文が受けた激しい拒否反応は、光明よりも興奮を生み、さらには、知能や認知能力検査の成績が実際に発達するのか、そしてどの程度までその発達を促進できるのかということを理解する客観的な努力を妨げるように作用してしまった」。

9章では、ウシャ・ゴスワミが、ブラッドリーとブライアンの論文（Bradley & Bryant, 1983）について解説している。これは音のカテゴリー化と読みの学習の間の因果的なつながりの証拠を示した論文である。彼らは就学前の子どもに「音韻意識」(語の構成要素である音を検出し操作する能力)に関するテストを行った。たとえば、脚韻を踏まないのはどれか(cot, pot, hat)、頭韻を踏まないのはどれか(hill, pin, pig)を尋ねる。そして、ブラッドリーとブライアンは、そのようなテストに成功することと後の読み書きの学習の間に明確な関連性があることを見出し、読みやつづりの改善には音韻のトレーニングが重要であると報告した。彼らの研究は、学級での実践や家庭や学校の読み書きの環境に対して明確な示唆を与えるもので、その影響はきわめて大きかった。就学前の保育プログラムにおいて、童謡や言語を用いたその他の遊びを用いて子どもの音声への意識を高めることの重要性は、今やあまねく認識されている。ゴスワミはこうコメントして締めくくっている。「さまざまな言語において、音声言語と文字の知識を組み合わせた読みの介入方法が開発され、何千もの子どもたちがよりよい読み手となることを助けた」。

バロン - コーエンとレスリー、フリス(Baron-Cohen, Leslie, & Frith, 1985)は、今ではよく知られているサリー・アン課題について報告している。サリーがビー玉をバスケットに入れて、部屋から出る。サリーが部屋にいない間に、アンがそのビー玉をバスケットから出し、箱の中に入れる。だからサリーは、ビー玉の場所が変わるところを見ていない。サリーが再び部屋に戻ってきたとき、実験参加者に「サリーがビー玉を探すのはどこでしょう?」と質問する。サリーはビー玉が依然としてバスケットに入っていると考えるに違いないので、これは誤信念の検査であり、広く心の理論(心の状態を他者に帰属させる能力)の検査であると考えられている。バロン - コーエンらはこの課題を、自閉症、ダウン症、定型発達の3つのグループの子どもたちに行った。その結果は明確で、自閉症児の大部分はこの課題に失敗し(彼らは、サリーは、彼女がビー玉を入れたバスケットでなく、箱の中を探すだろうと述べた)、他の2つのグループの子どもたちは、サリーはバスケットの中を探すだろうと述べた。バロン - コーエンたちの結論は、自閉症の人たちは「心の理論」をもたず、そのことが、彼らの他者とのコミュニケーションにおける問題の多くを説明するというものであった。10章でコラリー・シュヴァリエはこの研究について解説し、現在ではこの古典的論文を越えていかに思考が進んだかを論じている。彼女は1つの別の見解を指摘している。「自閉症はまずもって社会的刺激に志向させる動機づけと実行過程の第一次的な障害により特徴づけられると議論している。この枠組みでは、社会的認知とToM〔心の理論〕が苦手なのは、社会的世界に対して注意を向ける時間が少ないことの結果かもしれない」。

コールバーグ(Kohlberg, 1963)の論文は、子どもが通過する道徳的思考の発達段階の順序を描き出した。コールバーグの方法論は、いち早くこのトピックについて研究したピアジェから強く影響を受けている。ピアジェと同様に、彼は子どもに道徳的な意味をもつ場面、たとえば、妻の命を救うだろう薬を盗むために薬局に押し入ることは正当か等の質問をし、その理由を尋ねた。そしてその後で、子どもたちとその道徳的な推論について議論した。コールバーグは6つの段階を記した。つまり、子どもたちは最も低い段階から始め、発達が進むにつれてその低い段階と置き換わるかたちでより高い段階のレベルへと進む。しかし、最高段階へと至る者はほとんどいない。11章では、ゲイル・ヘイマンとカング・リーが、それらの諸段階について説明している。彼らはコールバーグの貢献を評価するなかで、もっと最近の知見を提示している。それは（罪のない）嘘を言うことが認められるか否かに関して、文化が道徳的推論に、そして、向社会的行動をとる義務があるかないかにも影響する、ということである。彼らは、道徳判断に文脈的、文化的差異があるということは、コールバーグ理論における道徳の普遍性という前提（あらゆる文化において、あらゆる個人が同じ段階を通過するという前提）に異議を唱えるものだと指摘している。またコールバーグの道徳的ジレンマへの個人の反応と実際の道徳的行動の間のつながりを示す証拠はほとんどないことも指摘している。「道徳的な人間になることはどういうことかについての、今ある膨大な理論的、経験な研究のほとんどは、コールバーグの非常に独創的で創造的な研究に刺激を受けたものであった」。そして、研究者たちは、「人はいかにして道徳的な人間になるのか？」という古くからの問いに対する答えを探し続けていると結論づけている。

12章では、ジェニファー・ランズフォードが、1960年代に行われたアルバート・バンデューラの「ボボ人形」の研究（Bandura, Ross, & Ross, 1961）について解説している。これらの研究で子どもたちはおもちゃのある部屋に連れていかれるが、そのおもちゃの1つが空気人形の「ボボ」である。いくつかの条件では、子どもと一緒に部屋にいる大人の実験者が、人形にキックしたり、パンチしたり、木槌で殴ったりと、攻撃的な行動をとった。その後のテストで、攻撃的な大人を見せられた子どもは、そうでない子どもと比べ、ボボ人形により攻撃的に振る舞った。ボボ人形研究の影響は、広大かつ長期間にわたるもので、子どもが強化（あるいは罰）なしに模倣を通して攻撃行動を学習することが可能であることを明確に実証するものであった。また模倣を通して子どもが学習するという考えは今日では当然のこととして受け入れられているが（模倣については5章も参照）、1960年代ではそうではなかったのである。結論として、ランズフォードはこう述べている。「人が他者を観察し、模倣し、モデルとすることによって学習するということの理解こそが、バンデューラの初期のボボ人形研究の朽ちることのない貢献なのである」。

13章でリチャード・アスリンはまず、「赤ちゃんは生後12ヵ月のうちに初語を口に出し始め、まだヨチヨチ歩きでも36ヵ月までの間に数千もの単語を学んでしまい、しかも母語の込み入った文法の多くも習得してしまう」と述べ、いかにしてそのような複雑なシステムを獲得することが可能なのだろうかと問う。「乳児は初語を口に出すより前に、その母語について多くを獲得している、ということがその問いへの部分的な解答である」。エイズリンはエイマスたち（Eimas, Siqueland, Jusczyk, & Vigorito, 1971）が行った重要な研究について述べ、その研究では条件づけの手続きを用いて、生後1ヵ月の乳児でも /ba/ と /pa/ の音声を弁別できること、この弁別はカテゴリー分けによること、つまり、乳児は、物理的には互いに異なるが同じ音声カテゴリーに属する2つの音（たとえば2つの異なる /ba/ という音）は弁別しないのに対して、異なる音声カテゴリーに属する2つの音（たとえば /ba/ 対 /pa/）は弁別できることを実証した。エイマスたちの研究は、赤ちゃんが音声知覚に関して優れた能力をもっていることを示す莫大な研究の端緒を開くものであった。エイズリンは次のように結論づけている。

> エイマスら（1971）の論文は、ごく幼い乳児の微妙な音韻的差異を弁別する聴覚システムがいかに精密かを記述した画期的なものであった。しかしより重要なのは、乳児がこうした知覚スキルを獲得したのは、出生後の学習経験からではなく、5万年前から音声運動メカニズムを通してコミュニケーションをし始めた私たち人間の祖先から受け継いだ淘汰圧によるものかもしれない可能性をこの研究が提起したことである。

子どもたちはいかにして逆境に対処するようになり、またなぜある子どもたちは他の子どもたちに比べて、これをよりうまく行うのだろうか。ストレスのネガティブな影響から子どもたちを守る要因は何だろうか。これが最終章で問題とされる2つの疑問である。アン・マステンは、マイケル・ラター（Rutter, 1987）による、古典的かつ非常に大きな影響を与えたレジリエンスに関するレビューについて解説している。普通、人はレジリエンスを中核的な特性として考えたがるが、ラターの論文に関するマステンの記述を読めば、レジリエンスはもっと複雑な構成物であることがわかるだろう。つまり、もともとはラターによって着想され、その後、その領域の専門家たちによって記述されてきたように、レジリエンスは、個人的な要因（健康な脳、良好な認知機能、自己統制力）や関係性の要因（安全なアタッチメント、養育の質）、環境要因（学校や近隣の環境、チャレンジし、それをこなす経験）を含む力動的なシステムとして出現してくる特性なのである。マステンが書いているように、「レジリエンスは人の『中に』あるのではない。それは細胞から社会的なものまで、人間の機能の複数レベルにまたがる相互作用の過程から生じる」。ラターの古典的なレビュー以来、予防介入プログラムの開発やエピジェネティクスという新たな分野によって研究されている遺伝子と環境の相互作用など、レジリエンスの研究領域が多様な異なる方向性へと進んだことがこの章から理解できるだろう。

まとめ

本書の著者の多くが、各章を書くことが楽しかったと話している。そして我々もまた、それらを読むのがとても楽しかった。きっとあなたもそうだろうと思っている。もっと言うなら、各々の専門領域の鍵となる「思想的リーダー」によって書かれたそれぞれの章が、（その領域のパイオニア的研究者や理論家によって切り開かれた）学術領域の出発点と現在の方向性、そしてそれらの間の相互のつながりの理解を深める一助となることを望んでいる。

謝 辞

本章の準備、そして本書全体の編集に、アメリカ国立衛生研究所助成金 HD-46526 の支援を受けた。また、B・P・アカーマンの助言に感謝します。

■引用文献

Baillargeon, R., Spelke, E. S., & Wasserman, S. (1985). Object permanence in 5-month-old infants. *Cognition, 20,* 19–208.

Bandura, A., Ross, D., & Ross, S. A. (1961). Transmission of aggression through imitation of aggressive models. *Journal of Abnormal and Social Psychology, 63,* 575–582.

Baron-Cohen, S., Leslie, A., & Frith, U. (1985). Does the autistic child have a theory of mind? *Cognition, 21,* 37–46.

Beilin, H. (1992). Piaget's enduring contribution to developmental psychology. *Developmental Psychology, 28,* 191–204.
Bradley, L., & Bryant, P. E. (1983). Categorizing sounds and learning to read – A causal connection. *Nature, 301,* 419–421.
Ceci, S. J., & Bruck, M. (1993). Suggestibility of the child witness – A historical review and synthesis. *Psychological Bulletin, 113,* 403–439.
Eimas, P. D., Siqueland, E. R., Jusczyk, P., & Vigorito, J. (1971). Speech perception in infants. *Science, 171,* 303–306.
Gibson, E. J., & Walk, R. D. (1960). The visual cliff. Scientific American, 202, 64–72.
Harlow, H., & Harlow, M. K. (1962). Social deprivation in monkeys. *Scientific American, 207,* 136–146.
Hunt, J. M. (1969). The impact and limitations of the giant of developmental psychology.
In D. Elkind & J. H. Flavell (Eds.), *Studies in cognitive development: Essays in honor of Jean Piaget* (pp.3–66). New York: Oxford University Press.
Jarrett, C. (2008). Foundations of sand? *The Psychologist, 21,* 756–759.
Jensen, A. (1969). How much can we boost IQ and scholastic achievement? *Harvard Educational Review,* 39, 1–123.
Kohlberg, L. (1963). Development of children's orientations toward a moral order. 1. Sequence in development of moral thought. *Vita Humana, 6,* 11–33.
Masten, A. S. (2011). Resilience in children threatened by extreme adversity: Frameworks for research, practice, and translational synergy. *Development and Psychopathology, 23,* 141–154.
Meltzoff, A. N., & Moore, M. K. (1977). Imitation of facial and manual gestures by human neonates. *Science, 198,* 75–78.
Piaget, J. (1962). The stages of the intellectual development of the child. *Bulletin of the Menninger Clinic, 26,* 120–128.
Rutter, M. (1987). Psychosocial resilience and protective mechanisms. *American Journal of Orthopsychiatry, 57,* 316–331.
Watson, J. B., & Rayner, R. (1920). Conditioned emotional reactions. *Journal of Experimental Psychology, 3,* 1–14.

1 アタッチメントと早期の社会的剥奪
ハーロウのサルの研究再訪

ロジャー・コバック

ハーロウの古典的研究が生まれた背景

1958年のアメリカ心理学会（APA）の「愛の本質（The Nature of Love)」と題した会長講演で、ハーロウは次のように述べた。「少なくともテキストを執筆している心理学者たちは、愛や愛情の起源や発達に興味を示さないだけでなく、その存在にすら気づいていない様子だ」。さらにハーロウは、実験心理学者が愛や愛情について考察することがないのは、「多くの著名人や一般の人びとの態度」とは著しく対照的であると指摘した（Harlow, 1958)。ハーロウにとって、人間の乳児の母親に対する愛情が、後の親密な関係や愛情の絆の発達の基礎となることは、「明白な事実」だった（Harlow & Zimmerman, 1958)。「サルにおける社会的剥奪（Social Deprivation in Monkeys)」（Harlow & Harlow, 1962）が『サイエンティフィック・アメリカン（*Scientific American*)』に掲載されたときまでに、ハーロウのアカゲザルを用いた実験は、愛情の絆が科学的研究のテーマとなりえることを確立していた。この初期の仕事は、早期の社会的経験が後のパーソナリティの発達に与える影響を検討する基礎を築いた。

1950年代のハーロウの実験は、当時支配的だった母子関係についての学習や精神分析による説明に挑戦するものであった。学習理論では、食物と連合された強化が、乳児の母子の絆形成を説明する一次的な要因であると見なされていた。この見方では、母子関係は、空腹や渇き、痛みといった一次的動因の減衰に伴う二次的な副産物となる。精神分析モデルは、乳児期の発達における一次的動機システムとして、養育における口唇欲求に焦点を当てた学習理論であった。ハーロウは、学習モデルもしくは動因減衰モデルの１つの問題点は、食物と母親との連合をやめる消去試行の後も、生涯ゆらぐことのない絆が持続することを説明できないことであると指摘した。これに対してハーロウは、乳児には母親と愛情の絆を形成する傾向があり、それは食欲から独立しているという考えに立って研究を始めたのであった。

「代理」母の研究は、幼いサルは愛情、あるいは「触り心地のよさ」という一次的欲求により動機づけられるというハーロウの考えを検証する決定的なテストとなった。幼いサルが柔らかい布に「くっつく」ようになり、そして、柔らかい布から離されると苦痛を示す姿を観察したのであった（Harlow & Zimmerman, 1959）。タオル地の触り心地のよさは、母子の愛情の絆の形成に影響を与える要因としての食物を与えることと明確に区別できる変数である。針金製と布製の「代理」母を作ることにより、それぞれの代理母に対するサルの選好が測定可能となり、母子の絆にとって重要な変数が評価できるようになった。この代理母選好パラダイムを用いた一連の研究のなかで、ハーロウは幼いサルが、食物をくれる針金製の代理母よりも、触り心地がよい布製の代理母に対して強く一貫した選好を示すことを明らかにした。

ハーロウの研究は、愛情の絆の形成を導く要因の解明を超えて、この絆が恐怖を低減させ、探索行動を促進する機能をもっていることも明らかにした。ハーロウは、幼いサルが代理母に接することができるだけでなく、「オープンフィールド・テスト」〔訳注〕のような恐怖場面や、新奇な対象物によって引き起こされる探索場面でのサルの反応を検討できる実験場面を立ち上げた。恐怖場面において幼いサルは、布製の代理母と接触しようとし、その接触は安心感を生み、恐怖を減少させた。一定時間接触した後、サルたちは布製の代理母を、新奇刺激へ徐々に接近するための基地として利用するようになった。こうしてサルが出て行く探索行動は、代理母との接触行動と釣り合っており、このことは、サルが代理母を、探索行動の安全基地として利用していることを示している。ハーロウが実験室のサルにおいて観察したもの、すなわち、アタッチメントと恐怖と探索の相互の連関は、従来の動機づけの見方に変わる視点を示唆するものであり、それは動機づけシステムを種の生存を促進する生物学的機能として理解する、比較行動学者の視点と一致していた。

〔訳注〕「オープンフィールド・テスト」とは、円形または四角形の壁に囲まれた、逃げ出すことができない平面上に動物を置き，その動物の行動を観察する研究方法である。オープンフィールドは、広くて明るい新奇な環境という特徴を持ち、動物のもつ新奇性恐怖（neophobia）や広場恐怖（acrophobia）、負の走光性（negative phototaxis）といった情動反応を引き起こすとされる。

ハーロウの研究の概要
── 早期の社会的剥奪が後の発達に及ぼす影響

母子の絆の重要性を確認すると、ハーロウは早期の社会的分離が後の適応に及ぼす影響を検討する一連の研究を行った（Harlow & Harlow, 1962）。おりしも、ルネ・スピッツの孤児院で養育された子どもの研究が、早期の母性剥奪による潜在的な問題への関心を集めていた。1940年代、スピッツは彼が「ホスピタリズム」と名付けた症候群の存在を確認したが、それは、孤児院の子どもが重度のうつ病にかかりやすく、成人期のパーソナリティにまで長期にわたって影響する可能性を示唆するものであった（Horst & Veer, 2008）。ハーロウは、幼いサルを系統的にさまざまな程度の社会的剥奪にさらすことによって、幼児の処遇に明らかに密接にかかわる社会的経験に関する一連の問題に取り組んだ。ハーロウの前向き研究デザイン（prospective designs）は、早期の社会的逆境の経験を統制できるだけでなく、それらの経験がその後の適応にどう影響するかを解明することができた。

ハーロウの研究でサンプルが最も大きい1962年の論文では、「部分的な社会的孤立」状況下で育てられた56匹のサルが用いられた。この条件のサルは生後1年間、他のサルを見たり声を聞いたりすることはできるが、相互作用や身体的接触を行うことができないケージの中で育てられた。この条件下で育てられたサルの群は、自然の中で生まれ、後に青年期やその前の時期に実験室へ連れてこられたサルの群と比べて、人間の成人期に相当する5歳から8歳において、さまざまな異常を示した。自然の中で生まれ、後にケージの中で暮らすようになったサルに比べて、実験室で生まれ育ったサルは「宙をじっと凝視したり、何度も同じしかたでケージ内を回転したり、長時間身体を揺すったりした」。実験室で育てられた多くのサルは、肌を繰り返しつまむような強迫的行動を示した。いくつかのケースでは、この執着パターンが極端になったり、出血するまで身体の部位を噛んだり引きちぎろうとするなどの「自罰的な」行動を示した。実験室で育ったサルは、また、他者とのかかわりにも困難を示した。他のサルが近づいてきたとき、実験室で育ったサルは「完全に狼狽し、通常の防衛行動とは真逆の行動」をとり、後ずさりして自傷行動を示した。

その後、一連の予備実験が続けられた。始めに、最初の研究結果の追試が行われた。生後2年間をケージの中で過ごすか、もしくは部分的な社会的孤立状況で育てられた6匹のサルが、生後1年間野生で育ち、その後の1年間はケージ内で育ったサルと比較された。すると、2歳の時点において、研究所で育てられたサルは、1匹も仲間との間に通常の性的行動を示さなかった。それらのサルたちは、性的なアプローチを見せたものの、行動を正しく適応させることができず、つがいとなることができなかった。それらのサルたちは加齢につれて、近接したケージにいる動物に興味を示さなくなり、7年もの間、ケージを共有したオスとメスの間でさえ、性的行動が見られなかった。

また、ハーロウは、ケージ内で育ったサルと、初期の研究で用いられた布の代理母が与えられたサルとの比較を行った。後者の幼いサルは、布の代理母に明確な「アタッチメント」を形成しており、布の代理母から2年間引き離されてもなお、このアタッチメントは持続していた。しかし、布の代理母を与えられた60匹のサルは3歳から5歳になって青年や大人に成長すると、何もない針金のケージ内で部分的な社会的孤立状況で育てられたサルと同程度に、社会的行動と性的行動の異常を示した。繁殖コロニーで育った青年サルや大人のサルの前にさらされたとき、オスも、1匹を除いてメスも、通常の生殖行動を示さなかった。反対に、野生で生まれてから最初の1年以内に捕獲され、後は共に監禁されていたすべてのサルは、通常の性的行動を示した。それらのサルたちは、安定した階層構造のもとで他者と暮らす術を学んでおり、争いが少なく、毛づくろいに従事したのである。

また別の実験では、早期の社会的剥奪が、後の経験によってどれほど覆されうるかが検証された。ハーロウは研究所で育てられた19匹のサルを、公営の動物園に移した。これらのサルはそこで、野生のサルが体験しているものに近い、新たな生存競争に取り組まねばならなかった。この新しい環境において、サルたちは窪みから水を飲み、食べ物を争い、集団の中で生きる術を学ばなければならなかった。すると、3匹のサルが死ぬか、移行による極端なストレス反応を示したが、残りのサルたちは争いを避けられる優位な階層に定着し、友好的な仲間関係を結び、いくらか性的行動を示した。しかし、これらのサルたちの性的行動は幼稚な形態であり、メスが妊娠するには至らなかった。研究所に戻ったとき、サルたちは毛づくろいを止め、喧嘩や攻撃行動をよりいっそう示すようになった。ハーロウはこの社会復帰の試みを、概ね失敗だったと見なした。

さらに、別の一連の実験で、早期の社会的孤立の継続期間と程度の両方がもたらす後の結果への影響の違いが検証された。サルたちは、他のサルと視覚的にも聴覚的にも一切関わることができない、壁で区切られた個室に収容され、完全な社会的孤立状況に置かれた。人間の実験者は、一方向からしか見えない窓と遠隔操作を通して、サルたちとかかわりをもった。ハーロウが「絶望の囲い（the pit of despair)」と表現した状況の中で2年間過ごしたサルたちは、深刻な社会的障害を示した。それらのサルたちは、他のサルと関わりをもつと固まったり逃げ出したりし、激しく攻撃されても身を守ろうとする努力を一切見せなかった。その後、通常のサルとの接触期間を延ばしても、社会的障害が改善されるには至らなかった。続く研究では、サルたちは生後6ヵ月間だけ、社会的孤立状況に置かれた。通常のサルの前に出ると、身体動作を示すようになったものの、通常の社会的行動をほとんど示さないままであった。対照的に、生後80日間だけ完全な社会的孤立状況にいたサルは、その後通常のサルと8ヵ月間遊ぶことによって急激な進歩を見せた。これらのサルたちは2歳までに、通常の遊びや防御行動を行うに至った。ハーロウは、生後6ヵ月間の完全な社会的孤立は臨界期であり、後の社会適応に対して取り戻すことのできない影響を与えると結論づけた。アカゲザルの6ヵ月間は、人間の乳児の生後2年から3年に当たると、ハーロウは指摘している。

最後の一連の実験では、母性剥奪の影響と、同年齢のサルからの孤立の影響とを切り分ける試みがなされた。ハーロウは、「実際のところ早期のパーソナリティの発達に関する研究において、子ども同士の関係性があまり注目されてこなかった」と指摘した。この問いを追求するため、ハーロウは4つのサルの群について実験を行った。最も特権を与えられたのは、生まれてから母親に育てられ、常に遊ぶために同年齢のサルと接触することが可能だった2つの群の4匹であった。第三の群は、同年齢のサルと共にケージにいたが、母親はおらず、早期の実験で用いられた布の代理母がいるだけであった。これらの群のサルは、20日から30日後、生まれ育ったケージから離れることを許された。その後2年間、母親に育てられたサルはより複雑な遊びのパターンを示した。しかし、同年齢のサルのみと共に育ったサルたちもまた、2歳までに、遊びや防衛行動、性的行動において、母親と育ったサルと区別できないほどになった。最後の第四群は、「母親のいない」母親から生まれた、4匹のサルからなっていた。ハーロウは、母親のいない母親が示す行動が、「無関心から、明らかな虐待にまで及ぶ」完璧に異常なものであったと言っている。この群のサルが囲いの中の仲間のところに入れられると、仲間とともに通常の遊びを行うに至った。しかし、成長するにつれて、この群のサルは、他の3つの群に比べて、早熟な性的活動や、攻撃行動をより示すようになった。

ハーロウらは、幼齢期における同年齢のサルとのかかわりが、後の児童期の遊び、防衛行動、性的行動に与える母性剥奪の影響の大部分を補償しうると結論づけた。しかし、ハーロウたちは、同年齢のサルとのかかわりが、そのサルの自分の子に対する母性行動の欠損をどれほど補うかについては、より慎重であった。早期の部分的な社会的孤立を経験したサルの、我が子に対する母性行動は、無関心から明らかな虐待に至るまで、深刻な異常を見せた。さらに、逸脱した母性行動を受けたサルは、同年齢のサルとかかわる機会があったにもかかわらず、発達が悪かった。乳児同士のかかわりは、遊び、防衛行動、および性的行動への母性剥奪の影響を補償する効果があったが、仲間同士のかかわりが後の母性行動や成体になってからの社会適応に与える世代間の影響については不明確であった。

ハーロウの研究の影響

ハーロウたち以前の世代の育児専門家は、施設で養育された子どもたちに、身体の発育を促進させ、病気から守るために必要な条件を提供することに焦点を当てていた。驚くことに、施設でのかなりの事例証拠があるにもかかわらず、当時のほとんどの専門家は、早期に、かつ長期にわたって乳幼児が母親もしくは代わりとなる養育者から分離されることが永続的な情動的な問題を引き起こすであろうことに懐疑的であった。ハーロウの論文は、早期の社会的経験が、後の性的行動から生殖、養育行動に至るまでの適応行動に重要な影響を与えるという、決定的な実験的証拠を提供した。ハーロウはまた、基本的に仲間や同年齢他者による影響と、主として乳児と養育者の間に結ばれるアタッチメントの絆に依存する影響という、社会的剥奪のタイプを区別する重要な仕事に取り組んだ。

ハーロウの論文は、当時の児童精神医学における、母子の絆の重要性に関する議論に、すぐさま大きな影響を与えた。1950年代、英国の精神医学者ジョン・ボウルビィが、母性剥奪が子どもの発達に与える影響に関するモノグラフ（Bowlby, 1951）を刊行した。ボウルビィは、1950年代にハーロウの研究室を訪れており、ケージで育てられたサルのコロニーが、部分的な社会的孤立状況と同等であるとハーロウに指摘したのは彼であったかもしれない（Suomi, Horst, & Veer, 2008）。ハーロウの1962年の論文は、今度は、精神科医やその他の育児専門家に母親からの長期の、もしくは理由の不明確な分離が子どもに悪い影響となりうることを説いたボウルビィの努力に、力を貸したのであった (Horst & Veer, 2008)。

また、ハーロウの論文は、全体的かつ包括的な適応に対して明確な意味をもつ結果を測定することにも注意を向けることとなった。彼は、生物学的機能を有する動機づけシステムに注目するよう呼びかけた。ハーロウの考えでは、乳児と養育者の絆は、危険に直面した際の防衛の源泉となるのみならず、子どもが後の仲間、性的パートナー、そして我が子との情緒的な絆を形成する能力を獲得する背景ともなる。このアプローチは、ヨーロッパの動物行動学者たち、とりわけロバート・ハインドから影響を受けているが、やはり異なる養育環境(実験室、動物園、そして野生で生まれ育ったサルにまでわたっている) で育てられることによる効果への、ハーロウの感受性に負うところが大きい。アタッチメントや恐怖、探索や親和行動を引き起こす研究環境を考案したハーロウの創造性は、早期の社会的経験が後の発達にどう影響するかをアセスメントするための文脈の重要性への独自の理解を示している。彼は、アタッチメント、恐怖、そして探索の相互的な関係を検証するための環境を積極的にデザインした。仲間と遊びの環境が、防御行動と性的行動の発達をアセスメントするための文脈を提供した。行動を観察しアセスメントする際の文脈の重要性は、行動のアセスメントと動機づけシステムへのアプローチを大きく拡大させた。

ボウルビィ (1969) は、ハーロウの仕事を、環境の状態により始動・停止する制御システム理論へと定式化した。ボウルビィの理論は、行動システムを始動させもし、停止させもする文脈的な要因を強調するものであった。ボウルビィは、乳児期において、アタッチメント、恐れ、そして探索はそれぞれの目標をもつシステムであり、それらは環境からモニターされフィードバックされることによって維持される必要があると考えていた。制御システム理論は次に、村や家庭の環境における人間の乳児の体系的な観察を導いた (Ainsworth, 1967)。それはまた、養育者を安全の源泉として、また探索の基地とすることによって乳児の能力を検証する実験パラダイムの発展につながった(Ainsworth, Blehar, Wall, & Waters, 1978)。エインズワースのストレンジ・シチュエーション・パラダイム —— 乳児が母親から分離され、再会したときの反応や、見知らぬ女性に対する反応を記録する —— の発展は、次に、乳児とその主な養育者との関係の安全性に対する個体差を評価するパラダイムとなった。

愛情システムの概念は、より広い、生涯にわたる親密な関係に関する理論の基礎を提供した。母子の絆はハーロウの初期の研究における第一次的な焦点であったが、彼はそれが後の発達段階における愛情の絆の原型となる可能性を考えていた。アタッチメントの理論家は、絆を形成し維持する情動の役割を強調することで、愛情の絆の概念を洗練させた。ボウルビィ（1979）とエインズワース（Ainsworth, 1989）は愛情の絆を、理由の不明確な分離による苦痛、再会による喜び、パートナーとの関係性の喪失による悲しみによって定義されると指摘した。エインズワース（1989）は、愛情の絆は、絆の形成を動機づける行動システムとは基盤を異にすると強調した。子どもの養育者との絆はアタッチメント・システムによって動機づけられる一方で、大人の子どもへの絆は養育システムによって動機づけられる。仲間との絆は、友人の場合には親和動機によって、大人の男女の場合には性や生殖システムによって動機づけられているだろう。

最後に、ハーロウの前向き研究デザインは、発達精神病理学という新たな領域のモデルとなった（Rutter & Sroufe, 2000）。早期の逆境が後の発達に与える影響を検証できるのは、この前向き研究デザインのみであった。一連の研究において、ハーロウは、逆境にさらされるタイミングという問題にどう立ち向かえるかを具体的に示し、発達に特定の時期ないし臨界期があるかどうかを検討することを可能にした。また、ハーロウは早期の逆境による影響が、後の経験によって緩和もしくは改善されるかどうかについても検討した。さらに、ハーロウの仕事は、必要とされる適応の測度を、どのように特定の発達段階に適用するかに示唆を与えた。彼は発達的に目立つ問題を取り上げたが、それらは彼の観察によるアセスメントのガイドとして、明確な生物学的機能を提供するものであった。これは、乳児期における早期のアタッチメント行動、遊びの観察、少年期の防衛的、性的行動、そして青年期や成人期における性的行動、養育行動のアセスメントの尺度を生み出した。

ハーロウの研究に対する批判

同年齢の人びとと共に育つことが、母性剥奪による仲間関係の発達への影響を補償しうるという知見は、1962 年の論文の中で最も論争を呼んだ発見であるが、まだ仮のものにとどまっていた。ハーロウは少数のサルで研究し、幼齢期における仲間との間の遊びや防衛行動、性的行動に関して、母親に育てられたサルと、仲間とともに育ったサルとの間に、わずかな違いしか見出せなかった。実際のところ、発達段階早期において仲間に触れることなく母親（のみ）に育てられたサルと比較すると、仲間とともに育ったサルの発達のほうが良好であった。この知見から、ハーロウは同年齢層の他者と遊ぶことは、「効果的な社会的関係の発達にとって育児よりも必要である」と結論づけるに至った（Harlow & Harlow, 1962, p.495）。しかし、ハーロウは、この結論はたった2歳までという限られた結果から結論づけられたものであり、一時的なものにすぎないとした。結果として、仲間とともに育つことが母性剥奪を補償しうるという考えは、幼齢期の遊び、防衛行動、性的行動に限定されたのだった（Harlow & Harlow, 1962）。母性行動や成人後の適応に与える仲間と育つことによる影響については、検証されないままだった。

ハーロウの大学院生だったスティーブ・スオミが行った追跡調査から、発達の幼齢期であっても、仲間とともに育ったサルについてそれほど楽観視することができない可能性が指摘された（Suomi, 2008）。幼いサルは仲間との間に愛情の絆を結び、分離により苦痛を示すようになったにもかかわらず、その絆は、母親やその他の大人の養育者と育ったサルの場合のように、新奇な対象に対する恐れを低減したり探索や学習活動を支援するというようには機能しなかった。また、仲間とともに育ったサルの探索行動が限定されたものであることは、見知らぬ他者とかかわる際に、より内気で引っ込み思案であることからも明らかであった（Suomi, 2008）。仲間とともに育ったサルは、母親と育ったサルと一緒にされたとき、優位階層の最下層に落ちぶれてしまったのである（Bastian, Sponberg, Sponberg, Suomi, & Higley, 2002）。

ハーロウの研究はいかに思考を前進させたか、その後思考はいかに発展したか

「サルにおける社会的剥奪」は、早期の社会的経験の影響に関する一連の議論を方向づけ、約50年近くにわたって人間と動物における研究の指針となってきた。研究は、社会的剥奪パラダイムから、いくつかの点で発展した。第一に、研究者たちは、子どもへの母性的ケアの質のバリエーションとともに、養育者からの一時的な分離の効果も考慮に入れて、初期の養育環境におけるより繊細なバリエーションを検討した（Suomi & Levine, 1998）。第二に、研究者たちは環境の影響に対する子どもの感受性の個人差について吟味するようになった（Lyons, Parker, & Schatzberg, 2010）。最後に、早期の社会的経験が後の結果に影響を与える遺伝的、神経的、そして生理的なメカニズムを同定しようとする努力によって、養育環境の継続と養育環境に対する子どもの感受性の個人差

を検討する動きが進展した（Weaver et al., 2004）。早期経験に関する動物モデルは、早期の経験が発達の結果に影響する、ないし「プログラムする」、神経的・生理学的メカニズムについての我々の理解に大きく貢献した。これらの研究知見の多くは、まだ、人間を対象とした研究における、早期経験の影響をモデル化するための前向き研究デザインでは検証されていない。

環境操作

ハーロウが行った、早期の社会的経験の操作は、後の動物や人間におけるほとんどの研究と比べて、あまりに極端なものであった。もっと極端でない早期の逆境形態を考慮しようという最初の試みは、母子の分離に注目した。ボウルビィは、人間の乳児や幼児を対象とした研究で、比較的長い分離に対する一過的な反応に注意を促した。子どもは、母親が数週間にわたり入院するような、長く理解しがたい分離に対する反応として、まずあからさまな苦痛や怒りを示し、落胆や悲しみ、引きこもりなどが続き、最後にはボウルビィがデタッチメントと言い表したものに置き換わる。この後期の反応は、分離による苦痛から子どもが身を守るための防衛であると考えられた。母親と再会すると、デタッチメントは徐々に減り、子どもはより活発に母親に近づき、かかわりあうようになる。ボウルビィは、ソーシャルワーカーのジェームズ・ロバートソンとともに、分離に対する子どもの反応をフィルムに撮ったが、これは子どもの一過性の反応をよく例示しており、一次的養育者へのアタッチメントの情緒的な意味を示している。

げっ歯目〔ネズミ、リスなど〕の早期経験に関する研究によって、永続的なネガティブな効果を与えるとされる分離のもつ性質が、さらに検証された。毎日何回も分離があるのは、人間のアタッチメントの絆が発達する通常の過程の一部であり、分離の後に養育者との接触を回復する子どもの能力は、絆を維持するためにきわめて重要である。この点は、シーモア・レヴィンのげっ歯目を用いた研究によく示されている。レヴィンは、「早期操作」パラダイムを開発し、母親から引き離されなかった子ネズミより、15分という短時間、母親から引き離される経験をした子ネズミのほうが、大人になった際に回避学習パラダイムでよいパフォーマンスを示すことを発見した（Suomi & Levine, 1998）。この知見は、発達の初期段階で日常的に生じる「間欠ストレッサー」にさらされることが、後の人生において効果的な対処方略を発達させることを示している。レヴィンの早期操作パラダイムと間欠ストレッサーの効果は、げっ歯目でもサルを用いた研究でも、繰り返し再現されている（Lyons et al., 2010）。

早期の社会的経験に関する人間と動物の両方を用いた研究における主要な進展は、母親の養育行動にはおのずから相違があるという認識である。メアリー・エインズワースは家庭の母子を観察して、感受性の鋭い養育行動とそうでない養育行動を区別する信号（code）を開発した（Ainsworth et al., 1978）。感受性の鋭い養育行動を受けた乳児は、その後12～18ヵ月におけるストレンジ・シチュエーション・パラダイムを用いた実験で、安定型に区分された。またストレンジ・シチュエーションにおける乳児の安定性は、後の幼児期、学齢期、思春期における適応を予測した（Sroufe et al., 2005）。母親から受けた養育の質の個人差が、長期にわたって心理社会的発達に影響を与えうるという考えは、いくつかの主要な縦断研究で概ね支持されている（Belsky & Fearon, 2002）。

出産後8日間にわたって自然に起こる母性行動の相違を用いた早期の母性的ケアに関するげっ歯目の研究がある（Champagne & Meaney, 2007）。通常に育てられたネズミの母子の相互交渉を直接観察することにより、2つの養育行動の形態、すなわち、子ネズミをなめて毛づくろいをする行動（LG）と、母親が背を弓なりに曲げて子ネズミを養育する行動（ABN）を発見した。この2種類の養育行動は同時に生起する傾向にあるため、母親をLG-ABN行動を多く示すか示さないかで分類することができる。異なる母性行動を受けた子どもの結果は、母性行動における世代間の安定性よって確認された。すなわち、高LG-ABNの母親の子どもは、自分が母親になったとき子どもに似た母性行動をとり、その子どもの探索行動が増加し、成体と同じくびっくりして飛び上がる反応が少なかった（Cameron, Champagne, & Parent, 2005）。高LG行動群の母親の養育を交差させる（実子でない子どもを養育する）ことで、世代間効果の遺伝による伝達が除外された。低LG群の母親から生まれ、高LG群の母親に育てられた子ネズミは、（自分が母親になったとき）高いLG養育行動を示した。さらに、初期に高LG群の母親に育てられると、メスの子ネズミの後の性的行動や生殖行動を促す効果があった（Cameron et al., 2005; Curley, Champagne, & Bateson, 2008）。

母性的ケアの相違は、物質や食物供給のような物理的環境の変化の影響を受ける。ローゼンブラムとその共同研究者たちは、ボンネットモンキー〔インド南部に分布しているオナガザル科の小型ザル〕の乳児と母親を用いた一連の研究で、資源豊富な採餌要求の低い環境（LFD）と、母親が自身と子どもの十分な栄養摂取のために1日何時間もかけなければならない、資源が貧しく採餌要求の高い環境（HFD）に母子をさらすパラダイムを開発した（Andrews & Rosenblum,

1991)。さらに、第三の条件として、LFD と HFD 環境を 2 週間おきに変化させる、変動採餌要求環境（VFD）が用意された。VFD 条件の母親たちは、LFD 条件および HFD 条件の母親たちと比べて、子どもにかける時間が大幅に減少した。この条件において母親たちは、乳児と接することがより少なく、乳児は母親を利用して環境を探索する能力が低かった（Andrews & Rosenblum, 1991)。少年期に VFD 環境で育ったサルたちは、群れることがより少なく、恐怖刺激に反応する能力が低く、ストレッサーへの反応において異なる神経内分泌系のデータが示された（Rosenblum, Forger, & Noland, 2001)。

まとめると、動物の研究からも人間の研究からも、早期の養育環境の質の相違が、後の適応に永続的な影響を与える可能性が示されている。その上、ハーロウの行った初期の研究ほど極端な社会的剥奪でなくとも、早期経験による影響が示されている。これまでのところ、ハーロウが母親のいない子どもザルで報告した逸脱的子育て形態のいくつかは、実子に対する身体的虐待やネグレクトが記録される虐待的な家庭に見られる人間の養育の逸脱した養育形態と、驚くほど一致している。さらには、乳児や子どもが受けるケアの質それ自体が、養育者の社会的生態状況や子育てに必要な資源へのアクセスによって形づくられるのである。

トランザクショナル・モデル ── 子ども効果

研究者たちが、早期の養育環境における相違を精細に調べるにつれて、環境に対して子どもがどのように反応するかの実質的な変動性に新たな注目が向けられるようになった。施設やネグレクト、虐待などさまざまな逆境条件で育った多くの子どもが、後の情動機能や認知機能において著しい回復を示してきた。「レジリエンス」に寄与する子どもの特徴が、人間や動物による広範な研究によって調べられてきた（Sameroff, 2010)。こうした「子ども効果（child effect)」は、遺伝学、生理学、そして行動レベルの分析によって概念化され、測定されてきた（Obradović & Boyce, 2009)。分子解析は主として、困難な環境に対する子どもの脆弱性を増加させたり減少させたりする遺伝的多型（genetic polymorphisms）を同定することを目指している。生理学的測定は、自律神経系や神経内分泌系のストレスフルな出来事に対する反応の指標に焦点を当ててきた。一方で、行動分析は、内気さ／抑制的あるいは衝動的／攻撃的という次元の観点で確認される気質の個人差に焦点を当ててきた（Suomi, 2006)。驚くことではないが、遺伝的な脆弱性や生理的ストレス反応が高く、また気質において極端な特徴がある子どもは、早期の社会的困難に直面した際に、より脆弱でレジリエンスが低い。

養育環境と、置かれた環境に対する子どもの感受性の両者の変動性を測定する手法が開発されたことによって、早期経験が後の適応に影響を与えるメカニズムに関する新たな研究が促進された（Meaney, 2010）。子どもと養育環境の間のダイナミックなトランザクション（transaction）は、精神疾患における遺伝と環境の相互作用に関する研究において明らかである（Caspi & Moffitt, 2006）。げっ歯目を用いた研究では、幼少期の経験がいかに遺伝子発現に影響を与え、生涯にわたり個人の表現型を変化させる安定したエピジェネティック（後成的）な修正を引き起こすかが確認された（Roth & Sweatt, 2010）。遺伝子発現における幼少期の経験の効果は、母性行動の世代間効果に関するメカニズムを推定するものとしても調べられている（Curley et al., 2008）。脳機能に関する研究は、身体的暴力のような子どもへの虐待の特定の形態が、恐怖関連刺激の処理の亢進と結びついているという予備的な証拠をいくつか提出している（Belsky & de Haan, 2011）。

まとめ

初期の社会的剥奪に関するハーロウの論文は、当時の実験心理学がほとんど無視していた、幼少期における経験に注目するよう促した。早期の社会的関係が、種の生存や再生産に重要な役割を果たすという考えは、当時大きな論争を引き起こした。この問題を実験的に検証することによって、ハーロウは人間と動物の双方における初期の社会的経験がもつ効果に関する、数十年に及ぶ研究の端緒を開いた。この問題の検証は、その後の発達研究の主要な焦点であり続けた。近年の研究は、幼少期の社会的経験が後の適応に与える影響のメカニズムに関する理解を進展させつつある。遺伝的、神経的、生理学的、そして行動的な分析のレベルにおいて作動する仮説的なメカニズムが検証されている。学ぶべきことは多く残されており、ハーロウが1962年の論文で提起した問いは、これからの数十年においても価値を失わないだろう。

■さらに学びたい人のために

Bowlby, J. (1979). *The making and breaking of affectional bonds.* London: Tavistock

Publications.［ボウルビイ／作田勉（監訳）(1991)『ボウルビイ母子関係入門』星和書店］
Blum, D. (2002). *Love at Goon Park: Harry Harlow and the science of affection.* Cambridge, MA: Perseus.［ブラム／藤澤隆史・藤澤玲子（訳）(2014)『愛を科学で測った男 ── 異端の心理学者ハリー・ハーロウとサル実験の真実』白揚社］
Horst, F. C. P. (2011). *John Bowlby - from psychoanalysis to ethology: Unravelling the roots of attachment theory.* New York: Wiley.
Meaney, M. (2010). Epigenetics and the biological definition of gene × environment interactions. *Child Development, 81,* 41–79.
Suomi, S. J. (2008). Attachment in rhesus monkeys. In J. Cassidy & P. Shaver (Eds.), *Handbook of attachment: Theory, research and clinical applications* (pp.173–191). New York: Guilford Press.

■引用文献

Ainsworth, M. S. (1967). *Infancy in Uganda.* Baltimore: Johns Hopkins University Press.
Ainsworth, M. S. (1989). Attachments beyond infancy. *American Psychologist, 44* ,709–716.
Ainsworth, M. D. S., Blehar, M. C., Waters, E., & Wall, S. (1978). *Patterns of attachment: A psychological study of the strange situation.* Hillsdale, NJ: Erlbaum.
Andrews, M. W., & Rosenblum, L. A. (1991). Attachment in monkey infants raised in variable- and low-demand environments. *Child Development, 62,* 686–693.
Bastian, M. L., Sponberg, A. C., Suomi, S. J., & Higley, J. D. (2002). Long-term effects of infant rearing condition on the acquisition of dominance rank in juvenile and adult rhesus macaques (Macaca mulatta). *Developmental Psychobiology, 42,* 44–51.
Belsky, J., & de Haan, M. (2011). Annual Research Review: Parenting and children's brain development: the end of the beginning. *Journal of Child Psychology and Psychiatry, 52,* 409–428.
Belsky, J., & Fearon, R. M. P. (2002). Early attachment security, subsequent maternal sensitivity, and later child development: Does continuity in development depend upon continuity of caregiving? *Attachment & Human Development, 4,* 361–387.
Blum, D. (2002). *Love at Goon Park: Harry Harlow and the science of affection.* Cambridge, MA: Perseus.［ブラム／藤澤隆史・藤澤玲子（訳）(2014)『愛を科学で測った男 ── 異端の心理学者ハリー・ハーロウとサル実験の真実』白揚社］
Bowlby, J. (1951). *Maternal care and mental health.* New York: Columbia University Press.［ボウルビィ／黒田実郎（訳）(2008)『乳幼児の精神衛生』日本図書センター］
Bowlby, J. (1969). *Attachment and loss: Vol. 1. Attachment.* New York, NY: Basic Books.［ボウルビィ／黒田実郎・大羽蓁・岡田洋子・黒田聖一（訳）(1991)『母子関係の理論 ── I 愛着行動』（新版）岩崎学術出版社］
Bowlby, J. (1979). *The making and breaking of affectional bonds.* London: Tavistock Publications.［ボウルビイ／作田勉（監訳）(1991)『ボウルビイ母子関係入門』星和書店］
Cameron, N., Champagne, F., & Parent, C. (2005). The programming of individual differences in defensive responses and reproductive strategies in the rat through

variations in maternal care. *Neuroscience & Biobehavioral Reviews, 29,* 843–865.

Caspi, A., & Moffitt, T. (2006). Gene-environment interactions in psychiatry: Joining forces with neuroscience. *Nature Reviews Neuroscience, 7,* 583–590.

Champagne, F., & Meaney, M. (2007). Transgenerational effects of social environment on variations in maternal care and behavioral response to novelty. *Behavioral Neuroscience, 121,* 1353–1363.

Curley, J., Champagne, F., & Bateson, P. (2008). Transgenerational effects of impaired maternal care on behaviour of offspring and grandoffspring. *Animal Behaviour, 75,*1551–1561.

Harlow, H. F. (1958). The nature of love. *American Psychologist, 13,* 673–685.

Harlow, H. F., & Harlow, M. (1962). Social deprivation in monkeys. *Scientific American, 207,* 137–146.

Harlow, H. F., & Zimmerman, R. (1958). The development of affection in infant monkeys. *Proceedings of the American Philosophical Society, 102,* 501–509.

Harlow, H. F., & Zimmerman, R. (1959). Affectional responses in the infant monkey. *Science, 130,* 421–432.

Horst, F. C. P., & Veer, R. (2008). Loneliness in infancy: Harry Harlow, John Bowlby and issues of separation. *Integrative Psychological and Behavioral Science, 42,* 325–335.

Lyons, D. M., Parker, K. J., & Schatzberg, A. F. (2010). Animal models of early life stress: Implications for understanding resilience. *Developmental Psychobiology, 52,* 616–624.

Meaney, M. (2010). Epigenetics and the biological definition of gene × environment interactions. *Child Development, 81,* 41–79.

Obradovi., J., & Boyce, W. T. (2009). Individual differences in behavioral, physiological, and genetic sensitivities to contexts: Implications for development and adaptation. *Developmental Neuroscience, 31,* 300–308.

Rosenblum, L., Forger, C., & Noland, S. (2001). Response of adolescent bonnet macaques to an acute fear stimulus as a function of early rearing conditions. *Developmental Psychobiology, 39,* 4–45.

Roth, T. L., & Sweatt, J. D. (2011). Annual Research Review: Epigenetic mechanisms and environmental shaping of the brain during sensitive periods of development. *Journal of Child Psychology and Psychiatry, 52,* 398–408.

Rutter, M., & Sroufe, L. A. (2000). Developmental psychopathology: Concepts and challenges. *Development and Psychopathology, 12,* 265–296.

Sameroff, A. (2010). A unified theory of development: A dialectic integration of nature and nurture. *Child Development, 81,* 6–22.

Sroufe, L. A., Carlson, E., Egeland, B., & Collins, A. (2005). *The development of the person: The Minnesota study of risk and adaptation from birth to adulthood.* New York: Guilford Press.

Suomi, S. J. (2006). Risk, resilience, and gene × environment interactions in rhesus monkeys. *Annals of the New York Academy of Sciences, 1094,* 52–62.

Suomi, S. J. (2008). Attachment in rhesus monkeys. In J. Cassidy & P. Shaver (Eds.), *Handbook of attachment: Theory, research and clinical applications* (pp.173–191). New York: Guilford Press.

Suomi, S. J., Horst, F. C. P., & Veer, R. (2008). Rigorous experiments on monkey love: An account of Harry F. Harlow's role in the history of attachment theory. *Integrative Psychological and Behavioral Science, 42,* 354–369.

Suomi, S., & Levine, S. (1998). Psychobiology of intergenerational effects of trauma: Evidence from animal studies. In Y. Daneli (Ed.), *International handbook of multigenerational legacies of trauma* (pp.623–637). New York: Plenum Press.

Weaver, I. C. G., Cervoni, N., Champagne, F. A., D'Alessio, A. C., Sharma, S., Seckl, J. R., Dymov, S., et al. (2004). Epigenetic programming by maternal behavior. *Nature Neuroscience, 7,* 847–854.

2 条件づけられた情動反応
ワトソンとレイナーの「アルバート坊や実験」を越えて

トーマス・H・オレンディック、トーマス・M・シャーマン、
ピーター・ムリス、ネヴィル・J・キング

ワトソンとレイナーの古典的研究が生まれた背景

1920年に、ワトソンとレイナーは、今では（悪）名高い、生後11ヵ月のアルバート坊やに、白ネズミへの恐怖を条件づけることを試みた実験についての論文を発表した。その実証に先立って、当時の遺伝重視の精神を反映して、ワトソンとモーガン（Watson & Morgan, 1917）は、乳児における基本的情動反応は生得的、つまり非学習的なものであり、またそれは、3つの基本的な情動——恐怖・愛・怒り——に限定されているとした。特に恐怖について彼らが示唆したのは、乳児において恐怖の情動を呼び起こす場面はわずかでしかないということである。特にそれは、(1) 突然他者による支えが外され、その腕の中、すなわち安全地帯から落ちそうになるとき、(2) 予期しない大きな騒音にさらされるとき、に限られている。ワトソンとモーガンが述べているように、たとえば白ネズミ、ウサギ、イヌ、サル、仮面、脱脂綿、燃えている新聞紙、その他さまざまな場面は、9ヵ月児に恐怖反応を起こさない。ワトソン（1919）は著書『行動主義者の観点からの心理学（*Psychology from the Standpoint of a Behaviorist*）』において、乳児を突然落下させたり大騒音にさらすことよって引き起こされる恐怖反応は、「突然息をのみ、手をやみくもに握りしめ、突然眼を閉じ、唇をすぼめ、そして泣く」（p.200）という行動として表れると述べ、「このような一連の反応は、誕生時に出現するとある程度断言できる」（p.200）と続けている。

この限られた数の場面のみが恐怖反応を喚起しうるという彼の観察結果と生得的情動理論とを背景に、ワトソンとレイナー（Watson & Rayner, 1920）は、恐怖反応を産出する別のプロセス、すなわち学習プロセスが存在するに違いな

いと推論した。子どもに恐怖が観察される場面は、単に大騒音や高所からの落下に限らないからである。動物を対象とした古典的条件づけについてのパブロフや、関連する初期の知見を基礎にして、ワトソンとレイナーは、「条件反射の諸要因」が作用しているに相違なく、「子どもの初期の生活経験が、条件づけられた情動反応を確立する実験室場面の条件を備えている」(p.1) と指摘した。これ以前には、古典的条件づけを通じてのヒトの恐怖の獲得は証明されていなかった。それゆえに、アルバート坊やの実験は、ヒトにおけるこのような現象を初めて実証したものであった。無条件反応 (恐怖) を生じる無条件刺激 (大きな騒音) が条件刺激 (白ネズミ) とペアで提示され、条件反応 (恐怖) が生み出された。このようにして、条件づけられた情動反応が産出された。

ワトソンとレイナーによる実験の概要

アルバート坊や (仮名) は、誕生時から病院 (ジョンズホプキンス大学病院) の環境で育った。母は、メリーランド州ボルティモアにある病児施設、ハリエットレーンホームの乳母であった。実験の行われた 1919 ~ 1920 年に、乳母 (「里親」とも言われていた) たちは、自分の子ども以外の乳児に授乳するために雇われた (Beck, Levinson, & Irons, 2009)。アルバートは、誕生時から健康であり、9ヵ月で体重は 21 ポンド (およそ 9.5kg) であったと報告されている。情動的にも落ちついており、めったに泣かない子どもであった。アルバート坊やがこのように安定した性質であったことが、実験の対象児として選ばれた主な理由であったと言われている。およそ9ヵ月の頃、アルバートは先述したようなさまざまな場面にさらされたが、白ネズミを含めて、何に対しても恐怖反応を示したことはなかった。アルバートのこれらの場面に対する反応は永続的な記録として動画で保存されており、インターネットで簡単に見ることができる (「Little Albert video」)。

条件づけられた情動反応についての理論を検証するために、アルバートが8ヵ月 26 日のとき、ワトソンとレイナーは、吊された長さ 4 フィート、直径 3/4 インチの鉄の棒をハンマーで叩いてアルバートを大騒音にさらした。助手のレイナーが手を振ってアルバートの注意を惹きつけている間に、実験者であるワトソンがアルバートの背後に立って棒を叩いた。最初に大騒音が生じたとき、「子どもは非常に驚いて急に息を止め、特徴的なしかたで両腕を挙げた」(p.2 :「特徴的な」情動反応については上述参照)。第二試行でも同様の反応が起こり、加えて唇が震え始めた。第三試行では泣き始めた。ワトソンとレイナーが記しているように、これはアルバートに実験室での情動場面が恐怖反応をもたらした最初であった。このような実証場面を経て、ワトソンとレイナーは、彼らの理論に沿って4つの問いを提案したのである。それは (1) 動物の提示と同時に鉄の棒を殴打することで、その動物に対する恐怖を条件づけることは可能か、(2) 仮にそのような条件づけ反応を確立できたなら、その情動反応は他の動物、もしくは他の対象物に転移するか、(3) そのような条件づけられた情動反応の効果は、どの程度継続するか、(4) こうして条件づけられた恐怖反応を除去するのに、どのような方法を用いることができるか、であった。

およそ2ヵ月後、アルバートが11ヵ月と3日になったとき、本実験が始められた。条件反応を引き起こす試みの前に、アルバートは白ネズミを含むさまざまな情動場面で最終テストを受けたが、何ら恐怖反応は観察されなかった。しかし次に白ネズミが提示され、アルバートがそれに手を伸ばしたまさにそのとき、鉄の棒が突然アルバートのすぐ後ろで打ち鳴らされた。アルバートは「急に激しく飛び上がり、マットレスに顔を埋めた」(p.4) と報告されている。2回目に白ネズミと騒音を組み合わせたとき、アルバートは当初と同様の反応を示したのに加えて、泣き始めた。この実験の第一セッションでは、これら2回のペアリングが試行されただけだった。1週間後、およそ11ヵ月と10日に達したとき、5回のペアリングが追加され、そのそれぞれに恐怖の反応が観察された。7回のペアリングの後、白ネズミが大騒音なしで単独で提示された。「白ネズミを見た瞬間、子どもは泣き始めた … 左向きに倒れ込んで四つんばいになったかと思うと素早く這って逃げ出し、テーブルの端に逃げる前には捕まえることができなかった」(p.5)。恐怖は条件づけられ、ワトソンとレイナーの第一の問いは支持されたのである。

11ヵ月と15日に、ワトソンとレイナーは恐怖反応が他の動物や対象物に転移しうるか、という第二の問いを検証した。この検証に先立ち、白ネズミが単独で2回提示され、最後の条件づけ試行から5日後であっても、恐怖反応がまだ残っていることを確認した。この取り組みは一部、恐怖反応の持続性にかかわる第三の問いに向けられてもいた。続いて、以前はいずれも恐怖反応を喚起しなかった場面、すなわちウサギ、イヌ、毛皮のコート、脱脂綿、仮面、そしてワトソンの髪の毛に対してさえも、恐怖反応が示されることが実証された。このことは、第二の問いもまた肯定されたことを意味する。

次に、条件づけ効果の転移と、アルバートが11ヵ月と20日になった5日後を越えても恐怖反応が持続しているかが調査された。このときも、その強度は減少していたものの、効果はまだ持続していた。これに続いて、白ネズミと大騒音のペアリングが追加で2回行われ、「別の結合刺激により反応は活性化」（p.7）された。反応はより強化され、最終的に白ネズミと騒音のペアリングが、実験手続きの中で9回実施された。

12ヵ月と21日、最後のペアリングから1ヵ月後に、アルバートは再び、条件づけ効果の持続性を確かめるための検査を受けた。その結果、恐怖反応は白ネズミだけではなく、仮面、毛皮のコート、ウサギ、イヌに対しても認められた。こうしてワトソンとレイナーは、条件づけられた情動反応は「実証」され、それは時間を超えて持続するだけではなく、他の対象物や場面にも転移すると主張したのである。ただ不幸にも、彼らは最後の問い、つまり条件づけられた恐怖反応を除去するためにどのような方法を用いることが可能かを調べることはできなかった。それというのも、アルバートと母が、最後のテストが行われた日に病院を離れたからである。にもかかわらず、ワトソンとレイナーは、条件づけられた反応を除去する仮説的な方法として次の3つを提起している。（1）馴化（じゅんか）することを期待して、「絶えず」子どもに条件反応を呼び起こすこれらの刺激と直面させる。（2）条件反応を引き起こす刺激と、別の反応を生む対抗刺激を子どもに同時に提示することで、再条件づけを行う。ワトソンとレイナーは、そのような代替刺激として、キャンディや食べ物だけではなく、「唇、それから乳首、最終手段として性器」（p.12）を刺激することを提案している。最後に、ワトソンとレイナーは、（3）恐怖を喚起する対象との、模倣を用いた「建設的」活動を準備し、幼児が恐怖対象と建設的なしかたでかかわるのを援助することで条件づけ反応を減じうると提案した。はっきりしているのは、ワトソンとレイナーが、たとえ彼ら自身はそのことを意図していなかったとしても、持続的現実脱感作法（prolonged in vivo exposure）、系統的脱感作法（systematic desensitization）、参加的モデリング（participant modeling）など、その後乳幼児期の恐怖症の治療に有効であると知られている方法に先がけて手をつけたということである（Ollendick & King, 2011）。

ワトソンとレイナーの実験の影響

ワトソンとレイナーの条件づけられた情動反応についての論文（1920）は、今日に至るまで最も頻繁に引用されている心理学論文であることは疑いない（Harris, 1979; 2011年5月1日現在、Googleサイトで“Little Albert”を検索すると

125,000 件以上がヒットする)。一般心理学、発達心理学、パーソナリティ心理学、異常心理学の学部向けテキストの多くで、古典的条件づけによる恐怖反応の獲得のみならず、その減衰可能性とのかかわりを説明する研究として頻繁に言及されている。実験心理学、発達心理学、臨床心理学、そして行動療法等の大学院のテキストも引用数においては負けていない。実際のところ、我々自身の初期の著作でも、この「実験」を乳幼児期の恐怖症の獲得、発達過程、治療の基本的な柱の1つとして引用している(King, Hamilton, & Ollendick, 1988; Ollendick & Cerny, 1981; Ollendick & Hersen, 1984 参照)。我々や他の研究者が言及しているように、この実証は、恐怖や恐怖症がいかにして獲得され、治療する可能性があるかについてのパラダイム転換をもたらした。しかし、次に述べるように、それは数多くの概念上、方法論上、倫理上の理由で、多くの研究者から強く批判されてきた。ハリス(Harris, 1979)は、ほとんどのテキストに記載されているアルバートの条件づけが、アルバートの年齢、名前、彼が白ネズミに条件づけられたのか白ウサギに条件づけられたかも含めて、多くの点で不正確であると述べてもいる。こうした記述では、条件づけの過程それ自体や、恐怖反応を汎化させた刺激の具体的な詳細もまた、改ざんされているように思われる。後から作り上げられたより奇妙な刺激の代表的なものとしては、男性のあごひげ、ネコ、テディベア、白い毛皮の手袋、さらには、毛皮のコートか毛皮のネックレスを身につけていたとされるアルバートの叔母さんというのもある!　ハリスは、ワトソンとレイナーの研究に関するほとんどの説明には、事実と同じくらいこういった創作や歪曲が含まれていると指摘し、「オリジナルの研究の詳細は、このちょっとした社会的伝承が語られ語り直されるなかで、必然的に誤りを含んで示されることになった」と結論した(p.151)。この研究は、その科学的価値をはるかに超えて受け止められ、多くの「伝承」に取り巻かれてしまったものの、今日広く用いられている行動療法、そして認知行動療法の発展に寄与してきたことに疑いはない。

批判 ── 別の解釈と知見

ワトソンとレイナーの古典的条件づけを介した条件づけられた情動反応の実証は、概念的、理論的見地に基づく今日の基準に照らすと、少なくともかなり単純であり、素朴とさえ言える。アルバート坊やのケースで条件づけが示されたかについて、条件づけ反応があらゆる試行において確実に喚起されるとはいえないという仮定にハリス（1979）は挑戦している。そもそも1920年の実験以降、古典的条件づけは複雑な操作であり、多くの手続き上のニュアンス（Bouton, 2002; Field, 2006a）と、その効果に関わる対象者の特徴（Craske, 2003）に依存することが示されてきた。より重要な手続き上の論点が、古典的条件づけに結びつけて考えられてきた2つの特徴をめぐって提起されている。すなわち、等能性（equipotentiality）と消去である。等能性とは、あらゆる刺激が、それが無条件刺激と結びつけられるならば、条件刺激となりうるという考えを指す。この考えはもちろん、時間をかけて実証されたものではない。クモ、ヘビ、イヌ、高所、雷、そして水への恐怖は、靴、花、ウサギ、それから鉄砲、ナイフ、電気のプラグのような危険でありうる対象への恐怖よりもはるかに一般的であることが繰り返し示されている。セリグマン（Seligman, 1971）は、ある種の対象物や状況は、進化的に恐怖反応に関連づけられるようにより「準備されて」いると指摘しており、一方で、デイビー（Davey, 1997）やオーマンとミネカ（Öhman & Mineka, 2001）は、いわゆる恐怖関連刺激と、恐怖無関連刺激に言及している。どのように名付けられようと、これら最近の知見は等能性の考えに挑戦するものである。アルバートに当てはめて考えると、ワトソンとレイナーが白ネズミ以外の刺激を選んでいたとしたら、興味深く得るところがあっただろう。たとえば、条件づけはウサギでも実証されたのだろうか？ もし等能性が存在するのであれば、そのような検証が必要であろう。

消去とは、もし条件刺激が無条件刺激なしに繰り返し提示されると、条件反応の強さが時間とともに徐々に低下していき、条件刺激がもはや条件反応を喚起しないようになるという考えを指している。条件づけられた反応は、無条件刺激がないまま条件刺激を何度か繰り返し提示されると減少していくように思われるが、条件刺激と無条件刺激の関係は続いていることが、いくつかの興味深い知見から示唆されている。フィールド（Field, 2006a）は、このような現象を引き起こす3つの条件について詳述している。それは（1）復元効果（renewal effect）：ある状況で条件反応が消去されるものの、条件づけ反応が起こった元の場面にその人を戻すと、条件反応が再開すること、（2）復活（reinstatement）現象：消去の試行に続き、もし無条件刺激が単独で提示され、続いて条件刺激も単独で提示されると、条件反応が「復活する」という知見のこと、（3）自発的回復（spontaneous recovery）現象：消去された条件反応が、単なる時間経過に伴って生じること、である。これらの新しい知見、ならびにブートン（Bouton, 2002）の批判的な分析、すなわち消去は新しい「学習」の獲得にかかわるプロセスであり、それは前に学習された情報とともに格納され、それを修正するという分析が示唆しているのは、消去とは、ワトソンとレイナーが当初考えたような、単純で明快なものではないということである。その効果は、数多くの文脈上の論点に取り囲まれたものだといえる。

これらの主要な「操作的」論点に加えて、クラスク（Craske, 2003）は、古典的条件づけにかかわる別の特質と、恐怖の発達と恐怖症においてそれが果たしうる役割を見事に示している。本章の範囲を超えることになるが、彼女が示唆しているのは、条件づけは、否定的な感情性、脅威に基づいて否定的な感情を調整するスタイル、潜在的な恐怖刺激への優先的な注目、恐怖刺激に対する生理的な準備状態、潜在的恐怖に対する回避反応のような脆弱性要因に依存するということである。これらの特徴はみな、なぜある人が他の人よりも容易に条件づけられるのかを示しているものであろう。もちろん、これらの特質のどれがアルバート坊やに特徴的であったのかは、知るよしもない。

おそらく、これらやその他の理由で、幼児の情動反応の条件づけを再現しようとした他の研究者のいくつかの初期的な試みは、あるものは成功し（たとえば、Jones, 1931）、あるものはうまくいかなかった（たとえば、Bregman, 1934; Valentine, 1946）というように、まちまちであった。明らかに、概念的、理論的な見地からは、ワトソンとレイナーの古典的条件づけの記述は単純にすぎ、条件づけが生み出されたとしても、それは偶然の幸運だったのかもしれない！

方法論的な見地からは、ワトソンとレイナーが提示したのは、基本的には非統制的な事例検証であり、ときにA-B単一事例デザインと呼ばれるものである（すなわち、1つのベースラインとその後の1回の介入の比較）。つまり、彼らが報告しているのは、単一の対象児において仮定したとおりに喚起された恐怖であり、実証において、何ら実験的な統制がなされていない。今日の基準に照らせば、この報告は一流学術誌、ましてや『実験心理学研究（*Journal of Experimental Psychology*）』にはとても掲載されないだろう。我々のひとり（オレンディック）は現在、国際行動学雑誌、『行動療法（*Behavior Therapy*）』の編集委員だが、この論文は実験的統制の欠如により却下されただろう。ワトソンとレイナーの論文（1920）にあるような例証は、科学的観点からはまったく弁護の余地がない。今日の基準に従えば、条件づけの効果を示すためには、非統制的な単一事例研究ではなく、多重ベースライン反転法（Kazdin, 2011 参照）を用いる必要があるだろう。

多重ベースライン反転法では、たとえば、長さの異なる3つのベースライン（たとえば3～5回のベースライン試行のうちの3回）を用いて、始めに大騒音のない状態での情動反応が測定されるだろう。加えて、これらの異なるベースラインが、それぞれ3人以上の児童に適用されるだろう。それぞれの対象者に対する多重ベースラインに従って、条件づけ自体を開始し、恐怖反応が信頼性のある水準に確立されるまで、白ネズミの出現と大騒音の組み合わせが行われるだろう。それぞれの子どもにとっての組み合わせ提示の回数は、対象児それぞれの「条件づけられやすさ」のため、異なることが大いにありうる（Craske, 2003 参照）。最後に、条件づけが成功した後で、恐怖行動が減少させられるか「消去」されるまで、大騒音を伴わせずに白ネズミが何試行も提示されるだろう（上述の留意事項に注意）。この研究デザインは被験者間多重ベースラインに基づくA-B-A法と呼ばれる非常に強力な方法で、複数の対象者を用い、異なるベースライン間隔のすべてに対して行われるものである。

実験デザインの側面に加え、ワトソンとレイナーはさまざまな刺激に対するアルバートの反応を客観的に測定する方法をもっていなかったという点でも批判されるだろう。彼らの記録は役に立つ有益な情報ではあるが、主観的で質的な範囲にとどまるものであろう。今日の基準ならば、行動のコード化システムを開発し、検討している変数を信頼性をもって評価するため、2人以上の判断者によって観察された行動を評定することが期待される。コーディングシステムの信頼性と妥当性が確認されてはじめて、「エビデンスベースド」アプローチであると言える（恐怖と不安を測定するエビデンスベースド・アセスメント方略に関する議論は、Silverman & Ollendick, 2005 参照）。

方法論的な視点からきわめて明らかなのは、行動反応に関する信頼しうる数量化が欠如した非統制的な研究であるアルバート坊やの条件づけの実証は、不完全だということである。我々の知る限り、児童もしくは大人における恐怖条件づけの効果とその後の低減を実証する、ここで推奨したような多重ベースライン法はこれまで行われていない。我々はそのような研究計画を大学に提案したことがあるが、決して許可されなかった。人間が対象となる実験であり、それにかかわるもろもろの倫理的配慮のためである。次にそのことに目を転じよう。

倫理的な観点からは、児童に対する恐怖条件づけに疑問を呈する研究者もいるだろう。おそらくより重要なのは、ひとたび条件づけられた恐怖が除去されていないことである。このような倫理的な疑問は重要であるが、すぐに解決することも、容易に解決することもできないと思われる。1920年には、どのように恐怖、そして恐怖症が獲得されるかはほとんど知られておらず、長期間にわたる有害な影響が参加者に引き起こされない限り、このような研究は非常に重要であり、倫理的にも正当なものであると主張することができた。我々が疑問に感じる部分は、なぜワトソンとレイナーは、アルバートと母が病院を去る前に、条件づけられた情動反応を低減する時間をとるよう計画しなかったのかということである。上述したように、アルバートは最後の条件づけ試行が行われた日に病院から去った。しかしながら、ハリス（1979）によれば、ワトソンとレイナーは「アルバートともはや会えなくなる日を、1ヵ月前から知っていた」（p.152）という。そうだとすれば、条件づけられた恐怖を低減できなかったという彼らの失敗は、正当化できるものではないように思われる。

アルバート坊やに何が起こったのだろうか？ 2009年に『アメリカンサイコロジスト（*American Psychologist*）』に掲載された興味深い論文の中で、ベック、レヴィンソン、アイアンがその答えを見つけたようである。7年を越える粘り強い研究によって、アルバート坊やの本当の名前はダグラス・メリッテと言い、1919年3月9日生まれの子どもであることが突き止められた。彼の母親は、1988年に89歳で亡くなった。不幸なことに、ダグラス自身はかなり以前の1925年3月10日に、6歳2ヵ月で、おそらく髄膜炎のため亡くなったという。条件づけられた恐怖が、幼児期を通じてダグラス（アルバート坊や）に残っていたかどうかはわからない。

まとめ

ワトソンとレイナー（1920）のアルバート坊やの研究は、人間に対する情動（恐怖）反応の条件づけを研究した初めての試みであった。実験は理論的、方法論的、倫理的な理由から批判されうるものであり、現代の基準に照らせば、条件づけられた情動反応の証拠としてもはや科学的に受け入れられるものではない。理論に関しては、恐怖条件づけとその消去に関する近年の説明は、認知的・評価的プロセスの重要性を強調している（Bouton, 2002; Field, 2006a）。簡潔に言えば、これらの説明が意味しているのは、条件づけは、もはや反射のような刺激 - 反応学習（それがワトソンとレイナーの1920年の論文の前提であった）として概念化されるものではないということであろう。それはむしろ、ある刺激（条件刺激）が、別の嫌悪刺激（無条件刺激）の出現を予測しそうだということを個々人が学習する過程であり、それが次には、ある条件の下で条件反応を喚起すると見るべきだということである。大きな影響を及ぼしたラックマン（Rachman, 1991）の研究以降、我々は今では、ヒトにおける情動反応の連合的な獲得は、嫌悪条件づけによってだけでなく、模倣（つまり、ある刺激や場面に対する他者の情動反応を観察すること）や否定的な情報の伝達（つまり、ある刺激や場面が、危険だったりその他の否定的な意味をもつことを聞いたり読んだりすること）によっても強められうることを知っている。現在の理論は、恐怖症のような極端な情動反応の病因として、直接的（条件づけ）、そして間接的（模倣や否定的な情報伝達）な学習経験の役割を強調している（たとえば、Muris, Merckelbach, De Jong, & Ollendick, 2002）。

方法に関しては、ワトソンとレイナーの検証は、確かに昨今の臨床、そして発達科学に求められる実験的な厳密さに欠けており、具体的な現象（この場合情動的な恐怖反応）の背後に何らかの過程（条件づけ）があることを間違いなく認める必要がある。先述したように、多重ベースライン反転法を用いることで、恐怖の発達に条件づけが果たす役割を実証することが可能になる。問題は倫理的に、そのようなアプローチを用いることができないことである。興味深いのは、フィールド（Field, 2006b）がこの問題を回避できるかもしれない巧妙な実験パラダイムを工夫したことである。彼は児童に新奇な動物（たとえばオーストラリアの有袋類であるクスクス）と向き合わせ、この刺激についての否定的な情報と肯定的な情報の双方を与えた。この実験操作の前後で、この動物に対する児童の恐怖水準が、認知の自己報告（「クスクスは噛みつくと思う？」というような問いに対する児童の反応）、回避行動（新奇な動物が入っていると児童が信じている箱の中に手を入れるよう求める）、生理的反応（行動課題の間の心拍数と心拍変動の測定）という多様な反応系を用いて測定された。このような洗練された被験者間デザイン（つまり、児童が否定的な情報をもっているか、肯定的な情報をもっているか）を用いた研究によって、広範で（すなわち、3つの反応系を越えて一致）長く持続しながらも（実験操作の6ヵ月後まで）、緩やかであり、それゆえ受け入れられるかたちで、児童の恐怖水準を増加させるようしむけることが可能であることが説得的に示された（Muris & Field, 2010）。もちろんこの実験は、情動的な恐怖反応を獲得する方法としての否定的な情報伝達の役割について教えてくれるだけであるが、このようなアプローチを（緩やかな）嫌悪条件づけと模倣の効果を研究するためにどう用いうるかは、容易に理解することができる。

上述した実験的アプローチのその他の注目すべき利点は、より自然な条件のもとで情動反応の学習を探索するのに使えることである。そういうアプローチの最近の例に、ムリス、ヴァンズウォル、ホイジング、メイヤー（Muris, Van Zwol, Huijding, and Mayer, 2010）の研究がある。彼らは、否定的な情報伝達が、親から子どもへの恐怖の転移に役割を果たすかどうかを調べた。子どもはまず、未知の動物の写真を提示され、それを恐怖信念尺度に基づき評価するよう求められた。次に、子どもたちの親にこの未知の動物の写真が示され、それについて脅威、肯定、もしくは両義的な情報が提示された。続いて親に、その動物と対峙する一連の場面を描いた絵（絵自体は脅威的にも肯定的にも描かれていない）を数枚与えて、この状況で何が起こるかを子どもたちに説明するよう教示した。最後に、子どもたちの恐怖信念が再び測定された。データは、子どもの恐怖が、親が与える情報を介して影響されうるという考えと一致した。つまり、動物に関する脅威の情報を受け取っていた親は、動物についてより否定的で恐ろしい話をし、肯定的な情報を得ていた親に比べ、子どもたちにより高い水準の恐怖信念を入れ込んだのである。興味深いことに、両義的な情報条件の場合には、恐怖伝達は概ね親の不安水準に依存していた。より正確に言えば、高い不安特性をもつ親は、未知の動物についてより否定的な話を伝え、それが子どもにより高い水準の恐怖を生み出した。

最後に、倫理的問題に関しては、ヒトにおける情動反応の実験的操作に関して、研究者はより厳しい基準に従うのが適切である。「プリムム・ノン・ノケレ（Primum non nocere）」（第一に、危害を加えないこと）は守るべき原則であり、ワトソンとレイナーがアルバート坊やの実験においてこのルールに従ったかどうかは、きわめて疑わしい。論文を読むと、アルバート坊やに引き起こされた情動反応は、緩やかなものにはほど遠く、かつ、その実験的な試みによる影響を取り除くために必要な努力をしようとしなかった。上述のフィールド（2006b）によって開始された研究は、この問題に取り組んでいる点で注目に値する。一連の実験の後、子どもたちには動物について、影響を補正する肯定的な情報が与えられ、経験の「デブリーフィング」〔訳注〕がなされた。さらに、今では、このような介入のもつ治療的可能性を論証する研究も数多い（Kelly, Barker, Field, Wilson, & Reynolds, 2010; Muris, Huijding, Mayer, Van As, & Van Alem, 2011）。

ワトソンとレイナー（1920）による「実験」への重大な批判はさておき、実験的な手法で情動反応の学習を調べようとした彼らの試みは、当然賞賛されるべきであろう。もし、恐怖の発達に特定のプロセスが関連しているかを本当に知りたいならば、科学的実験にまさる効果的な方法はない。我々は、児童における恐怖獲得が、十分に統制され、倫理的に受け入れられる手法でどのように

〔訳注〕デブリーフィング（debriefing）は、対象者の心理状態の回復を目的に、心理学的な調査・実験の後、その目的や方法等について全体的な説明を行う手続きのことを言う。

研究可能かについて、多くの実例を示してきた。明らかに、この種の研究のさらなる発展と洗練によって、児童期そして青年期の情動反応の獲得における条件づけと他の学習メカニズムの役割が、ますます明らかにされるであろう。

■さらに学びたい人のために

Beck, H. P., Levinson, S., & Irons, G. (2009). Finding Little Albert: A journey to John B. Watson's laboratory. *American Psychologist, 64,* 605–614.

Harris, B. (1979). Whatever happened to Little Albert? *American Psychologist, 34,* 151–160.

Kelly, V. L., Barker, H., Field, A. P., Wilson, C., & Reynolds, S. (2010). Can Rachman's indirect pathways be used to un-learn fear? A prospective paradigm to test whether children's fears can be reduced using positive information and modeling a non-anxious response. *Behaviour Research and Therapy, 48,* 164–170.

Muris, P., Merckelbach, H., De Jong, P. J., & Ollendick, T. H. (2002). The aetiology of specific fears and phobias in children: A critique of the non-associative account. *Behaviour Research and Therapy, 40,* 185–195.

Ollendick, T. H., & King, N. J. (2011). Evidence-based treatments for children and adolescents: Issues and commentary. In P. C. Kendall (Ed.), *Child and adolescent therapy: Cognitive and behavioral procedures* (4th edn., pp.449–519). New York: Guilford Publications.

■引用文献

Beck, H. P., Levinson, S., & Irons, G. (2009). Finding Little Albert: A journey to John B. Watson's laboratory. *American Psychologist, 64,* 605–614.

Bouton, M. E., (2002). Context, ambiguity, and unlearning: Sources of relapse after behavioral extinction. *Biological Psychiatry, 52,* 976–986.

Bregman, E. (1932). An attempt to modify the emotional attitudes of infants by the conditioned response technique. *Journal of Genetic Psychology, 45,* 169–196.

Craske, M. G. (2003). *Origins of phobias and anxiety disorders.* Amsterdam: Elsevier Science.

Davey, G. C. L. (1997). A conditioning model of phobias. In G. C. L. Davey (Ed.), *Phobias: A handbook of theory, research, and treatment* (pp.301–322). Chichester: Wiley.

Field, A. P. (2006a). Is conditioning a useful framework for understanding the development and treatment of phobias? *Clinical Psychology Review, 26,* 857–875.

Field, A. P. (2006b). Watch out for the beast: Fear information and attentional bias in children. *Journal of Clinical Child and Adolescent Psychology, 35,* 431–439.

Harris, B. (1979). Whatever happened to Little Albert? *American Psychologist, 34,* 151–160.

Jones, H. E. (1931). The conditioning of overt emotional responses. *Journal of Educational Psychology, 22,* 127–130.

Kazdin, A. E. (2011). *Single-case research designs: Methods for clinical and applied settings* (2nd edn.). New York: Oxford University Press.

Kelly, V. L., Barker, H., Field, A. P., Wilson, C., & Reynolds, S. (2010). Can Rachman's indirect pathways be used to un-learn fear? A prospective paradigm to test whether children's fears can be reduced using positive information and modeling a non-anxious response. *Behaviour Research and Therapy, 48,* 164–170.

King, N. J., Hamilton, D. I., & Ollendick, T. H. (1988). *Children's phobias: A behavioural perspective.* Chichester: Wiley.

Muris, P., & Field, A. P. (2010). The role of verbal threat information in the development of childhood fear. "Beware the Jabberwock!" *Clinical Child and Family Psychology Review, 13,* 129–150.

Muris, P., Huijding, J., Mayer, B., Van As, W., & Van Alem, S. (2011). Reduction of verbally learned fear in children: A comparison between positive information, imagery, and a control condition. *Journal of Behavior Therapy and Experimental Psychiatry, 42,* 139–144.

Muris, P., Merckelbach, H., De Jong, P. J., & Ollendick, T. H. (2002). The aetiology of specific fears and phobias in children: A critique of the non-associative account. *Behaviour Research and Therapy, 40,* 185–195.

Muris, P., Van Zwol, L., Huijding, J., & Mayer, B. (2010). Mom told me scary things about animals: Parents instilling fear beliefs in their children via the verbal information pathway. *Behaviour Research and Therapy, 48,* 341–346.

Öhman, A., & Mineka, S. (2001). Fears, phobias, and preparedness: Toward an evolved module of fear and fear learning. *Psychological Review, 108,* 383–522.

Ollendick, T. H., & Cerny, J. A. (1981). *Clinical behavior therapy with children.* New York: Plenum Press.

Ollendick, T. H., & Hersen, M. (Eds.) (1984). *Child behavioral assessment: Principles and procedures.* New York: Pergamon Press.

Ollendick, T. H., & King, N. J. (2011). Evidence-based treatments for children and adolescents: Issues and commentary. In P. C. Kendall (Ed.), *Child and adolescent therapy: Cognitive and behavioral procedures* (4th edn., pp.499–519). New York: Guilford Publications.

Rachman, S. J. (1991). Neo-conditioning and the classic theory of fear acquisition. *Clinical Psychology Review, 11,* 155–173.

Seligman, M. E. P. (1971). Phobias and preparedness. *Behavior Therapy, 3,* 307–320.

Silverman, W. K., & Ollendick, T. H. (2005). Evidence-based assessment of anxiety and its disorders in children and adolescents. *Journal of Clinical Child and Adolescent Psychology, 34,* 380–411.

Valentine, C. W. (1946). *The psychology of early childhood* (3rd edn.). London: Meuthen.

Watson, J. B. (1919). *Psychology from the standpoint of a behaviorist.* Philadelphia: J. B. Lippincott Company.

Watson, J. B., & Morgan, J. J. B. (1917). Emotional reactions and psychological experimentation. *American Journal of Psychology, 28,* 163–174.

Watson, J. B., & Rayner, R. (1920). Conditioned emotional responses. *Journal of Experimental Psychology, 3,* 1–14.

3 崖っぷちの乳児
視覚的断崖を超えて

カレン・E・アドルフ、カリ・S・クレッチ

背　景

エレノア・ギブソンは、視覚的断崖パラダイムの起源について、学生たちにいくつかのストーリーを話している（Gibson, 1991, 2002 にも述べられている）。1つのストーリーによれば、1946年にギブソンが家族旅行でグランド・キャニオンにドライブしたときに、崖の縁にいる乳児について初めて考えるようになった。エレノア・ギブソンは2人の幼い我が子が崖の端で遊んでいるのが心配であったが、知覚心理学者である夫のジェームズ・ギブソンは、子どもたちは奥行き情報に敏感だから大丈夫だと請け合った（後にジェームズ・ギブソンはこの話を学生たちに、妻の研究が自分の正しさを証明したと嬉しそうに述べた）。2つ目のストーリーでは、いくつかの種類の動物では、出生後まもなくから高いところから落ちるのを避けるということを知ったのだという。1950年頃、コーネル行動ファーム（Cornell Behavior Farm）で実験群と統制群の新生児ヤギを準備していたとき、ギブソンは双子のヤギの2番目が生まれてくるのに、きちんと洗いおえた1番目のヤギをどこに置いたらよいかわからなくてパニックになった。ファームのマネージャーは、高いカメラスタンドの上に1番目のヤギを置くように彼女に言った。彼女はヤギが落ちるのではないかと心配したが、双子の2番目のヤギの出産を終えて洗浄するまで、1番目のヤギは小さな台座の上で立っていた。3番目のストーリーは、1950年代半ばのことである。実験協力者のリチャード・ウォークと一緒に視覚的形態弁別の研究のため、ラットを暗室で育てるのにへとへとになり、ギブソンはその努力を最大限活かすため、次の研究でもその動物を使いたいと考えた。グランド・キャニオンでの話を覚えていたので、ウォークは奥行きの弁別を提案したが、どのようにそれをテス

トしたらよいのだろうか？ ラシュレーとラッセル（Lashley & Russell, 1934）の有名な暗室育ちのラットのジャンプ台実験では、明るい部屋での何日もの訓練を要した。この訓練期間を避けるために、ギブソンとウォークは、彼女らのラットを光のもとに置いた直後に崖っぷちに置いて観察することに決めた。実験には新しい装置が必要で、彼女たちはこれを「視覚的断崖」と呼んだ。落下を模した「断崖」であるが、落下にかかわる他のすべての情報を排除しようとしたため「視覚的」とされたのである（Gibson, 1970）。

このパラダイムの着想がどこから来たかはさておき、1950年代には、変化させた環境条件で動物を飼育することは、発達における経験の役割を評価する人気のある方法であった。ギブソンとウォークによって、暗室で飼育されたラットの奥行き知覚のテストとして考案されたこの視覚的断崖は、空間の知覚には視覚的な経験が必要かどうかという昔からの疑問を検討するための適切な方法と見なされた。彼女たちの最初の報告（1957年の『サイエンス（*Science*）』）では、暗室で飼育されたラットに関する研究結果が報告され、それに続いて、市松模様の表面に乗って断崖の端をじっと見ている乳児や子ネコの有名な写真のある論文が、1960年の『サイエンティフィック・アメリカン（*Scientific American*）』に掲載された。彼女たちの学術的成果の大部分は、1961年のモノグラフに収められ、その比較研究の全体が示されている。

視覚的断崖

最初の（ラット用の大きさの）視覚的断崖の装置は、トーマス・タイ（ギブソンとウォークの研究助手）がパーティの間に見つけたありあわせの物（ガラス、木、棒、クランプ）、そして模様のある壁紙（あるいはギブソンが誰に話したかによって、リノリウムタイルだったり市松模様のテーブルクロスだったりする）で間に合わせ的に作られた。8cmの高さに置かれた幅狭の木製のセンターボードがガラス面を等しい2つの側に分けるように置かれ、スタート台とされた。「浅い」側では壁紙をガラスのすぐ下に貼り、「深い」側ではガラスのずっと下に敷いて、固い支持表面と垂直の崖という視覚的情報を作り出した（図3.1A）。両側のガラス面の高さを等しくして、潜在的な他の奥行き情報源（触覚、聴覚、空気の流れ、温度など）が統制された。センターボードが高く配置されたのは、ラットは移動するとき、触覚的手がかりに大きく依存しているので、ひげでガラスを感じるのを排除するためである。手順は単純であった。ラットがセン

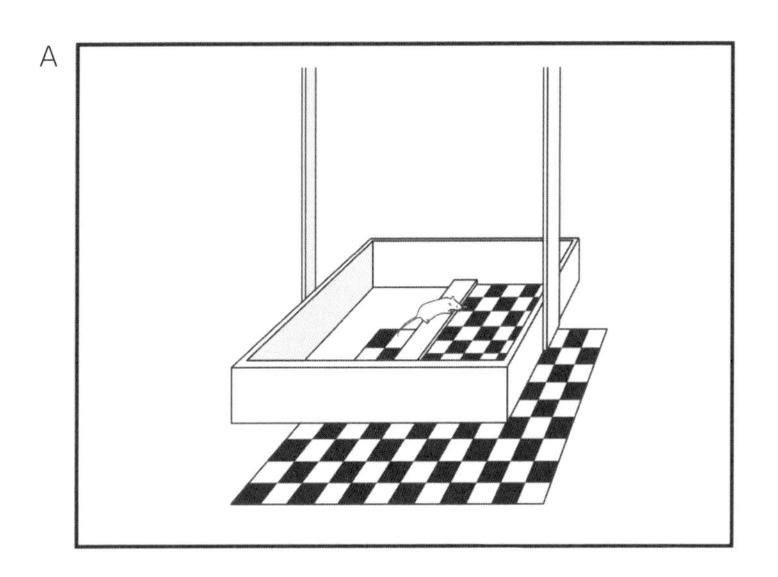

図 3.1　視覚的断崖。(A) オリジナルの視覚的断崖は、ラットやヒヨコをテストするために作られた。研究者はセンターボードの上に動物を置き、彼らが浅い側に降りるか深い側に降りるかを観察した。(B) より大きな動物やヒトの乳児をテストするために修正された視覚的断崖。動物はセンターボードに置かれ、いずれの側にも降りることができる。ヒトの乳児は母親に誘われて試行ごとに深い側か浅い側を渡る。

ターボードの上に置かれ、後は自由に装置のどちら側を探索するか選択できた。

研究者は、明るい所と暗い所で飼育された両方のラットが、センターボードから浅い側に降りたのを見て驚いた。一握りを除いて、全部が深い側を拒絶した（Gibson, 1991; Walk, Gibson, & Tighe, 1957）。研究者たちは、動物が室内の臭いや音などの手がかりによって深い側を避けているのではないことを確認するために、すぐに統制条件を用意した。装置の両側のガラス面の直下に模様のついた表面を配置すると、ネズミは同頻度で両側に降りた。

ラットを用いた研究での大成功の後、ギブソンとウォークはより多様な動物とヒトの乳児でテストするために、さらに大きくて精巧な視覚的断崖を作った（図3.1B）。成体の頭巾斑ラットと同じく、さまざまな種類と年齢の陸上動物が、センターボードから視覚的に支持面があるように見えるほうに離れ、落ちるように見える側を避けた（Gibson, 1969; Gibson & Walk, 1960; Walk, 1966, 1979; Walk & Gibson, 1961 にレビューされている）。アルビノネズミ（頭巾斑ラットに比較して視力が悪い）、赤ちゃんラット、子イヌ、子ネコ、子ウサギ、ヒヨコ、大人の鶏、リング鳩〔首回りに斑紋のある鳩〕（早熟性ではない）、子ヤギ、子ヒツジ、子ブタ、としてアカゲザルの乳児が浅い側に降りた。成体の鶏は時々深い側の上を飛んだが、歩くときは常に浅い側を歩いた。水生のカメは概ね浅い側を好んだが、すべての種類の動物の中で奥行きの弁別が最も貧困で、センターボードから離れるのも最も遅かった。幼体のリング鳩の移動能力は貧しいが、浅い側をよたよたと歩いた。しかし、ヒトの乳児（6～14ヵ月）における最初の実験では、別の手続きが必要であった。母親が誘わないと、乳児はセンターボードから動かなかったのである。母親が浅い側から呼ぶと乳児はすぐに移動したが、深い側から呼ぶと、乳児のほとんどが移動するのを拒否した。

視覚的断崖の影響

視覚的断崖は、科学における古典的なパラダイムの特徴のすべてを備えている。知見の堅牢さと再現可能性、センセーショナルで記憶に残るイメージ、シンプルであるが簡潔なデザインがある。おそらく最も印象的なのは、視覚的断崖が常識に訴えるもの（誰でも大きな落下を避けるよう移動する重要性を理解できる）と学術的な意義の両方を備えていたことである。崖の縁で下方の奥行きを知覚するのに視覚経験が必要かどうかという問題に加え、発達心理学者と比較心理学者は、知覚的、運動的、情動的、社会的発達（以下に述べる）について、また、神経の傷害や薬理学的な介入の後での視覚運動系の機能（たとえば、Bourassa, Yajima, & Leonard, 1968; Campbell, 1978; Meyer, 1963; Walsh & Guralnick, 1971）や動物のケアに関する応用的な問題（Arnold, Ng, Jongman, & Hemsworth, 2007）について研究するために視覚的断崖を用いてきた。特に、視覚的断崖（および乳児を障害物の前に置き、彼らの行動を観察するというより一般的な実験手続き）は、発達における経験の役割を理解する新たな道を切り拓いた。

奥行き知覚

早期に見出した知見に基づいて、ギブソンとウォークは奥行き知覚の発達に必ずしも視覚的な経験が必要なわけではなく（Walk et al., 1957）、動物は自立移動できるようになるとすぐに奥行きを弁別し落下を避けるよう準備されており、早熟性の雛や子ヤギや子ヒツジのように、生まれてすぐに移動運動できる種でも同様である（Gibson & Walk, 1960）と結論した。しかし、その後の研究から、話はより複雑であることが明らかになった。暗室で育てられたラットは、生後27日および90日で暗室から出てきたとき、深い側を避けた。このことは、視覚経験がなくても崖の縁の奥行き知覚が発達することを示している。しかし、生後140日あるいは300日して暗室から出てきた場合、奥行きの弁別は欠如しており、長期にわたる視覚経験の剥奪は永続的な奥行き知覚の欠如を引き起こすことを示している（Nealey & Riley, 1964; Walk, Trychin, & Karmel, 1965）。

いくつかの種にとっては、自己移動に伴う視覚的経験が不可欠である。ラットとは異なり、生後26日間暗室で飼育された子ネコは、浅い側への選好を示さなかった。しかし、1週間後までには、明るい所で育てられた仲間に追いついた（Gibson & Walk, 1960; Walk, 1966; Walk & Gibson, 1961）。暗室で飼育されたが、「子ネコ用の回転台」で能動的に移動している間、1日3時間光にさらされた子ネコは、10日間の訓練の後、標準的な奥行き知覚を獲得した（Held & Hein, 1963）。彼らは視覚に導かれた「位置取り反応」（つまり、前足を伸ばして、ゆっくり卓上に下りる）を示し、視覚的断崖の浅い側だけに下りた。これとは対照的に、（能動的な子ネコが引っ張るカートに乗って）回転台を動く、受動的な刺激経験しか受けなかった同腹の子ネコは、通常の位置取り反応を示さず、浅い側と深い側の両方に無差別に下りた。また、明るい所で動き回るという通常の経験が、晩熟性の動物（出生時に無力であるもの）の即座の回避を保障するわけでなはい。子ネコと子ウサギは、一貫して深い側を回避するようになるまでに、明るい所で約1ヵ月の移動運動の経験が必要であった（Walk, 1966; Walk &

Gibson, 1961)。アカゲザルの乳児は、生後2週間より前では深い側の上を渡らせることができるが、それから1、2週間するとできなくなる（Walk & Gibson, 1961）。ラットやネコなどの晩熟性の動物における違い（たとえば、暗室で育てられたラットはすぐに深い側を回避したが、暗室で育てられたネコはそうではなかった）の原因は未だ明らかではない。しかし、おそらく、その動物の移動運動をガイドする視覚への依存度によるのだろう。

崖の高さ、視覚パターンの有無、そして市松模様の正方形の大きさを変えることにより、視覚的断崖によって閾値感度（threshold sensitivity）を推定したり、深さを特定する情報を決定したりできる。ラットは心理測定関数がスムーズで、崖の深さがスタート台下から4インチから14インチの間で2インチずつ増加していくにつれて、深い側を回避する頻度も増加した（Walk & Gibson, 1961）。同様に、崖の深さが10インチから40インチまで増加するにつれて、ヒトの乳児の回避行動も増えた（Walk, 1966）。

見かけの崖を特定するために、どのような情報が利用されているのだろうか？ 視覚的な肌理が必要である。断崖の両側の真下に肌理がない灰色の紙が敷かれたとき、ネズミは無差別に渡り（Walk & Gibson, 1961）、灰色の紙がガラスの真下10インチか40インチかにかかわらず、32%～50%のヒトの乳児が深い側を渡った（Walk, 1961）。両眼視差は重要ではない。アイパッチを着けて単眼になったラットや雛や（ヒトの）乳児は、両眼のときと同じ割合で深い側を避けた（Lore & Sawatski, 1969; Schiffman & Walk, 1963; Trychin & Walk, 1964; Walk, 1968b; Walk & Dodge, 1962）。回避において、運動視差は、肌理の密度よりも大きな役割を担っている（Gibson & Walk, 1960; Walk, 1966; Walk & Gibson, 1961）。深さを捉えるには頭を動かして網膜の端から端まで走査するが、2つの異なる深さで縁の向こうを見るとき、浅い側にいるヒヨコは、深い側にいるヒヨコよりもより素早く動かす（運動視差）。加えて、装置の両側で同じ市松模様を用いる標準的なテスト条件下で、深い側のパターンは網膜上の肌理がより細かく、浅い側のパターンはより粗い（肌理の密度）。距離が一定に保たれている場合、ラットはより粗い肌理の側を好むが、これは両眼視差が欠如しているとき、肌理の密度を利用できることを示している（Walk & Gibson, 1961）。しかしながら、2つの情報源が競合する場合、つまり深い側のパターンが大きいために、距離があるのに肌理がより粗く見えるような場合、ラットとヒトの乳児は浅い側への選好を示した。このことは、両眼視差が、それが利用できるときには優先的な情報源であることを示している（Gibson & Walk, 1960; Walk, 1966; Walk & Gibson, 1961）。

奥行き知覚の比較研究はちょっとした盛り上がりを見せたが（Davidson & Walk, 1969; Dehardt, 1969; Greenberg, 1986; Hanson, 1970; Morrison, 1982; O'Sullivan & Spear, 1964; Somervill, 1971; Somervill & Sharratt, 1970; Tallarico, 1962; Walk, 1968a; Walk & Walters, 1974）、ヒトの乳児を対象とした奥行き知覚の研究方法として視覚的断崖を用いるのは長続きしなかった。ギブソン（1969）が指摘したように、移動運動より早く多くの他の行動（たとえば、リーチング、見る）が発達し、ハイハイが始まるずっと前に、視覚的な奥行き知覚を測定するのに用いることができる（Yonas & Granrud, 1985）。実際に、注視時間法によって、新生児でさえ奥行きに対する視覚情報に敏感であることが明らかになった（Slater, Mattock, & Brown, 1990）。

アフォーダンスの知覚

1980年代に、ギブソンは視覚的断崖の研究を、「アフォーダンス」知覚の発達に関する研究へと再概念化した。アフォーダンスとは、動物の身体的能力と、特定の行為を可能にする環境の特徴との適合のことである（Gibson, 1988; Gibson & Schmuckler, 1989）。もちろん、乳児は明らかな崖を回避するためには、奥行き（深さ）の違いを知覚しなければならないが、他の重要な要素もかかわっている。乳児はまた、その崖が自分の体の大きさと運動能力に対して高すぎることや、通常の移動運動（たとえば、這うとか歩く）の手段が不可能であることも知覚しなければならない。言い換えれば、彼らは地面のアフォーダンス、すなわち利用できる環境が支える、行為の可能性を知覚しなければならないのである。

この再概念化は、乳児の横断可能性に関するアフォーダンスの知覚についての一連の研究につながった（Gibson et al., 1987）。そこでは、ギブソンの焦点は、ハイハイする乳児と歩行できる乳児とを比較することにあった。というのも、両者の姿勢の安定性の違いが、移動運動ためのアフォーダンスに影響するからである。特に関心が寄せられたのは、アフォーダンスのための情報を生成する探索行動である。一般的な手続きは同様であり、乳児はスタート台から始め、自分と母親との間の潜在的な障害に直面する。しかし、この研究では、崖の高さの代わりに地面の堅さが操作された。ハイハイする乳児は、歩行できる乳児よりもぐらぐらするウォーターベッドの上を頻繁に渡ったものの、両群の乳児とも固い合板の上にまっすぐ移動した。歩行できる乳児は、ウォーターベッド上で視覚的・触覚的な探索を増やして2種類の面を弁別したが、ハイハイの乳児はそうではなかった。いくつかの実験では、視覚的に肌理を見えないようにするために表面が黒いベルベット生地で覆われた。すると、両群の乳児共に両方の面を横断したが、ウォーターベッドの面ではゆらゆらを感じるため、歩行できる乳児はハイハイに切り替えた。触覚的情報の違いを排除するためにガラスで覆うと（実験補助者が、ウォーターベッドが変形するという視覚的情報を与えるように、下から激しく動かした）、固い表面に対する触覚的情報は、不適切に支持された視覚的情報よりも説得的だった。ウォーターベッドが変形することを感じることがなければ、あるいは視覚的に波打ったり変形するという情報を生成する状況がないと、ハイハイの乳児も歩行できる乳児も共に容易に横断した。

古い視覚的断崖パラダイムに対するギブソンの新しい視点は、移動運動に対する乳児のアフォーダンス知覚に関する多くの研究を導いた。本物の断崖（Kretch & Adolph, 2013）、裂け目（Adolph, 2000; Adolph, Berger, & Leo, 2011; Zwart, Ledebt, Fong, de Vries, & Savelsbergh, 2005）、坂（たとえば、Adolph, 1997）、階段（Ulrich, Thelen, & Niles, 1990）、橋（Berger & Adoplh, 2003; Berger, Adolph, & Kavookjian, 2010; Berger, Adolph, & Lobo, 2005; Kretch, Kung, Quon, & Adolph, 2011）、泡で満たされた穴（Joh, 2011; Joh & Adolph, 2006）、滑りやすい地面（Adolph, Joh, & Eppler, 2010）、下や上や周囲のバリア（Kingsnorth & Schmuckler, 2000; Lockman, 1984; Mulvey, Kubo, Chang, & Ulrich, 2011; Schmuckler, 1996; van der Meer, 1997）、隙間の通過（Franchak & Adolph, 2012）、等々である（図 3.2）。ギブソンの先行研究に続いて、ほとんどの研究者は適応的反応における経験の役割を検討し、マルチモーダルな探索ができるよう乳児の安全を確保するのに、ガラスの代わりに人間の「監視者」を用いた。そして、行動を導く知覚的情報源を理解するために乳児の探索活動を観察した。

視覚的断崖に置かれた子ネコやウサギのように、ヒトの乳児は本物の断崖や他の本物の障害物に適応的に反応するためには移動運動経験が必要である（そのレビューについては、Adolph & Berger, 2006, 2010 参照）。実験室外の状況において事前に落下経験をしても、行動を予測しない（Adolph, 1997; Kretch & Adolph, 2013; Scarr & Salapatek, 1970; Walk, 1966）。ヒト乳児が本物の障害物に直面したとき重要に思われることは、日常的な環境で、さまざまな面を能動的に動く活動の経験を蓄積することである。しかしながら、経験は、より早い時期に発達した姿勢から、より後に発達する姿勢へと伝わるわけではない。乳児は、座位でバランスをとることを何ヵ月もかけて学習するが、その学習はハイハイには継承されない（Adolph, 2000）。数ヵ月間ハイハイして動き回ったとし

A

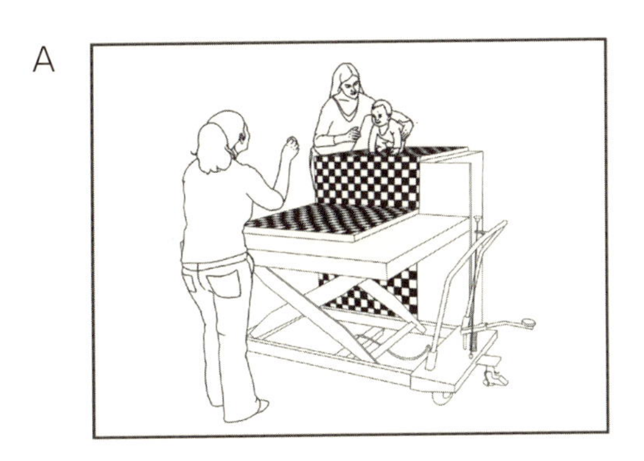

B

C

図3.2　乳児のアフォーダンス知覚をテストする別のパラダイムで、この装置では崖はガラスで覆われていない。(A)クレッチとアドルフ（Kretch & Adolph, 2011）で使用されたアジャスター付き断崖装置（高さ0㎝～90㎝）で、乳児に本物の断崖を提示する。(B)アドルフ（Adolph, 2000）で使用されたアジャスター付き裂け目装置（高さ0㎝～90㎝）。(C)アドルフ（1997）とその後の研究で使用されたアジャスター付き斜面装置（角度0°～90°）。

ても、その経験は二足歩行には転移されない（Adolph, 1997; Adolph et al., 2011; Adolph, Tamis-LeMonda, Ishak, Karasik, & Lobo, 2008; Kretch & Adolph, 2013）。移動運動に関するアフォーダンス知覚の学習は、発達におけるそれぞれの姿勢に固有なのである。ハイハイの乳児と歩行できる乳児は異なったしかたで障害物を探索するが（たとえば、ハイハイの乳児は下の面を手で探索するが、歩行する乳児は足で探索する）、どちらの姿勢においても、探索活動はより効果的で洗練されたものになっていく。加えて、研究者たちはアフォーダンスを変えるために乳児の身体とスキルを操作した。たとえば、歩行経験の豊かな乳児に鉛を縫い込んだベストを着せて身体の上部を重くしたり、つるつるのテフロン底の靴を履かせてバランスをとりにくくすると、斜面を下るとき変化したアフォーダンスを知覚する（Adolph & Avolio, 2000; Adolph, Karasik, & Tamis- LeMonda, 2010）。

高所恐怖

ギブソンとウォークは、最初から断崖の回避における恐怖の役割について考えていた。彼女たちのモノグラフは、こう始まっている。「ヒトの最も大きな恐怖は、高い場所とそこからの落下である」（Walk & Gibson, 1961, p.1）。しかし、ギブソンは恐怖と回避を同じものとは考えず、恐怖がアフォーダンスの知覚を伴うとも思っていなかった。

> （アフォーダンスは）快や不快の感情の知覚に付着しているわけではない。アフォーダンスは、動物が行動するための利用可能性に関する情報なのである。…急峻な岩山を見つめるマウンテンゴート（山ヤギ）が怖れているとも、何らかの感情を惹起しているとも思えない。彼は単に、足を踏み出さないだけである。（Gibson, 1982, p.65）

視覚的断崖で、動物は深い側に近づいて探索することを恐れてはいない。子ヤギ、子ヒツジ、ラット、子ネコ、そして子イヌは、センターボードの縁の先を見つめ、届くならば、鼻やひげでガラスに触った。ヒトの乳児は、深い側のガラスを手で叩いたり、そのほうに体を傾けたり、顔をくっつけたりして、熱心に探索した（Walk, 1966; Walk & Gibson, 1961）。その後の研究で、乳児が深い側に接近し、ガラスを視覚的・触覚的に探索することが確認された（たとえば、Ueno, Uchiyama, Campos, Dahl, & Anderson, 2012; Whitherington, Campos, Anderson, Lejeune, & Seah, 2005）。実際、乳児は、50°の坂、90cmの広さの裂け目、90cmの高さの崖といった本物の断崖（つまり、絶壁を覆うガラスがない）の縁に近づき、探索する（Adolph, 1997, 2000; Kretch & Adolph, 2013）。崖が見え、アフォーダンスを知覚することができる限り、動物は単に横断を避け、下るための別の手段を見つけるのである（Gibson, 1982）。ギブソンの考えでは、高所恐怖は、アフォーダンスの知覚とは別に発達する。「多くの人びとがある時点で高所恐怖になるが、この恐怖は、おそらく支持面に適切に対応する運動パターンが発達した後だいぶ経ってから学習されるものである」（Gibson, 1982, p.65）。

しかし、動物は深い側のガラスの上に直接置かれたり、絶壁の端に押し出されたりしたとき、ステレオタイプ的な恐怖反応を示した。その状況は、崖からの眺めを探索するよりもむしろ、崖に放り出されたような状況である。子ヤギ、子ヒツジ、子ネコ、子イヌは、震えて凍り付き、後ずさりし、前肢を固くした（Gibson & Walk, 1960; Walk & Gibson, 1961）。子ヤギは時々裂け目を飛び越えてセンターボードに戻り、子ネコは装置の壁に背中がつくのを感じるまで、ぐるぐる回った。一匹の子ネコは装置の壁を登り、壁にしがみついた。サルは、うつ伏せになってガラスにしがみついたり、身を縮めて揺すった（Rosenblum & Cross, 1963; Walk & Gibson, 1961）。これらのどの動物も、浅い側に直接置かれたときのように深い側を前に進むことはなかった（Walk & Gibson, 1961）。

動物を装置に置くさまざまな手続きは、ヒトの乳児を置く似た手続きのアイデアをもたらしたが、より重要なことは、視覚的断崖が移動運動前の乳児とハイハイをする乳児の情動発達研究の道具として用いられたことである（Campos, Langer, & Krowitz, 1970）。残念ながら、心拍数や顔の表情を測定する研究が多数行われたにもかかわらず、その結果は曖昧である。生後1ヵ月半～3ヵ月半の時点で、前移動運動段階の乳児は、深い側にうつ伏せに置かれると心拍数の減少（興味の指標）を示した（Campos et al., 1970）。5ヵ月では、前移動運動段階の乳児は心拍数の変化を示さなかった（Schwartz, Campos, & Baisel, 1973）。9ヵ月では、ハイハイする乳児に心拍数の増加（恐怖の指標）を見出した研究者もいたが（Schwartz et al., 1973）、心拍数の減少を見出した研究者もいた（Richards & Rader, 1983）。12ヵ月では、ハイハイをする乳児は心拍数の増加を示したが（Richards & Rader, 1983）、15ヵ月では変化がなかった（Schwartz et al., 1973）。移動運動の体験（実際のハイハイでも、歩行器で動き回っても）が心拍数の増加を予測した研究もあるが（Campos, Bertenthal, & Kermoian, 1992）、そうした結果が出なかった研究もある（Richards & Rader, 1983）。いくつかのケースでは、心拍数の増加はネガティブな感情を伴うものであったが（Richards

& Rader, 1983)、他ではそうではなかった(Campos et al., 1992; Schwartz et al., 1973)。また、乳児は時々恐怖、中立およびその他の表情が混ざった表情を示した(Hiatt, Campos, & Emde, 1979)。深い側に置かれた際の心拍数の増加は、標準的なハイハイでの回避を予測することもあったが(Richards & Rader, 1983)、深い側に置かれたときの心拍が回避と無関係であることもあった(Ueno at al., 2012)。標準的な横断手続きの間に生じる表情もまた曖昧なものである。恐怖の表情が増加したと報告した研究者もいるが(Scarr & Salapatek, 1970)、中立の表情(Sorce, Emde, Campos, & Klinnert, 1985)や笑顔(Saarni, Campos, Camras, & Witherington, 2006)を報告する研究者もいた。視覚的断崖で、恐怖に関する最も強力な証拠は崖の回避であるが、恐怖が回避を媒介することの証拠として回避を取り上げるなら、循環論に陥ってしまう。

ウォーターベッド/合板の状況では、ポジティブな感情かネガティブな感情かで2つの面が異なることはなかった(Gibson et al, 1987)。他のパラダイムでは、乳児の感情はほぼ一様にポジティブあるいは中立であり、ネガティブではなかった。彼らの表情や発声は、安全な坂と危険な坂の両方で、坂を下るときも下るのを拒否したときも、年齢や経験にかかわらず、90%以上の試行でポジティブか中立であった(Adplph, Karasik et al., 2010; Adolph et al., 2008; Tamis-LeMonda, Adolph, Lobo, Karasik, & Dimitropoulou, 2008)。

社会的参照

ヒト以外の動物は自発的に視覚的断崖の装置を探索したが、ギブソンとウォークは、ヒトの乳児では社会的状況にかかわる文脈でのみセンターボードから離れることにすぐに気づいた。深さに関する視覚的情報に加えて、乳児は母親からの社会的情報を利用している(Walk & Gibson, 1961)。乳児はまた、母親に向かって自分の腕を差し出し、装置の面を指さし、母親を見、明白な意図をもって発声することによって、母親との社会的コミュニケーションを志向する(Gibson et al., 1987)。初期の研究では、母親は風車を回したり、静かに微笑んだりしながらそれぞれの側に2分間立つよう教示され、もし乳児が渡ることを拒否したときには、深い側の面を叩いたり、タバコの箱、口紅、財布、皺くちゃにした紙を差し出したりなど、工夫するよう教示された(Walk & Gibson, 1961)。ウォーターベッドを用いた研究では、母親は最初の30秒間静かに笑顔でいるよう教示され、次の30秒では乳児が来るように励まし、失敗した場合、60秒間追加の誘いとしてキーリングを差し出した(Gibson et al., 1987)。

ギブソンとウォークは養育者による社会的情報の誘発価を体系的に操作したわけではなかったが、他の研究者が乳児が行為をガイドするために社会的情報を利用するしかたの発達的変化を研究するのに、視覚的断崖が有効であることに気づいた。事実、視覚的断崖は社会的参照を研究するためのパラダイムとして最も有名である（Baldwin & Moses, 1996）。最もよく知られた研究で、12ヵ月の乳児は、母親が静かに幸福な、あるいは興味を示す表情を固定させていた場合、30cmの明らかな崖を渡ったが、母親の表情が恐怖か怒りの場合は渡らなかった（Sorce et al., 1985）。浅い崖では、乳児は母親の顔を完全に無視した。しかし、その後の研究では、乳児が渡るか回避するかを分ける母親の表情の影響力を再現することに失敗しており（Bradshaw, Goldsmith, & Campos, 1987; Vaish & Striano, 2004）、このことは、表情だけでは社会的情報源として十分ではないことを示唆している。母親が幸福の表情を浮かべながら乳児に話しかけると、母親がポジティブな表情だけを示したり、大人向けの発話をするよりも、乳児が 20 ～ 56cm の視覚的断崖を渡る可能性が高くなった（Striano, Vaish, & Benigno, 2006; Vaish & Striano, 2004）。

安全ガラスがなければ、社会的情報は乳児が自身の探索活動から生成した視覚的・触覚的情報と直接ぶつかりあうかもしれない。たとえば、緩斜面では、思いとどまらせる社会的情報は乳児が自分自身で見たり、感じたりしていることに反するし、急斜面では、励ます社会的情報は乳児自身の視覚的・触覚情報と矛盾することになる。しかし、降りるのに成功する確率が不確定であるような曖昧な斜面では、社会的情報と知覚的情報は対等な立場になる。したがって、乳児が自分の能力の限界を認識し、母親を潜在的に有用な情報源として見なしている場合には、曖昧さが大きくなるときにのみ、乳児は母親のアドバイスに従うはずである。母親は離れた場所からあらゆるレパートリーのアドバイスを行うことによって（動きのある表情、声の抑揚や言葉、手や身体による身振り）、それぞれに安全か、曖昧か、危険な斜面を降りるように励ますか、思いとどまらせるかする（Adolph, Karasik, et al., 2010; Adolph et al., 2008; Tamis-LeMonda et al., 2008）。18ヵ月児は、曖昧な斜面でのみ母親のアドバイスに従った。彼らは、母親が「いいよ」と言ったときには歩いたが、「ダメ」と言った場合にはやめた。安全な斜面と危険な斜面では、乳児は社会的情報を無視した。18ヵ月児にテフロン底の靴を履かせて曖昧度が実験的に減らされたとき、乳児は社会的情報の選択的利用のしかたをより浅い斜面のほうに更新した。社会的情報の選択的利用は発達する。生後12ヵ月では、ハイハイ経験の豊かな乳児は安全な斜面でのみ社会的情報に応答するが、このことは彼らが自分の能力を過小評価していることを示唆する。同じ月齢でも、歩行初心者の乳児は、危険な斜面でのみ社会的情報が影響力をもち、このことは、彼らが自分の能力を過大評価していることを示唆している。

視覚的断崖への批判

動物の断崖への反応を初めて観察したのはギブソンとウォークが最初ではなかった。その数十年前に、ラシュレー、ソーンダイク、スポルディング、ヤーキスなどが、さまざまな種類の断崖の縁でラット、ヒヨコ、ブタ、およびカメをテストしている（Walk & Gibson, 1961 に記載されている）。視覚的断崖パラダイムの革新性は、断崖部分をガラスで覆うことにより、錯覚的なものにしたことである。しかしガラスは、特にヒトの乳児を研究する際には、さまざまな問題を抱えていた（ギブソンとウォークはそれに気づいた）。とりわけ、ガラスは、適応的反応における移動運動経験の役割を評価することを困難にしてしまうのである。

ガラスで深い側を覆うことの問題

浅い側をガラスで覆うのは問題ではないが、深い側を覆う場合は視覚による情報と触覚による情報とが矛盾してしまう。ラットでは、最終的にひげが届かないようセンターボードが配置されたが、それとは対照的に、ヒトの乳児はガラスを感じることができる（感じてしまう）。そのため、表面は完全に空虚に見えはしても、固く感じられ、まったく安全に移動できる。子ネコはそのことを学習しないようであるが、ラットは学習する。ラットは、ガラスを感じたなら、深い側を渡る（Walk & Gibson, 1961）。そして、ヒトの乳児も同様であり、試行を繰り返すと回避が減少する（Campos, Hiatt, Ramsay, Henderson, & Svejda, 1978; Eppler, Satterwhite, Wendt, & Bruce, 1997; Walk, 1966）。さらに、家庭で透明なボックスで遊んだ経験をもつ乳児は、視覚的断崖の実験を受けたとき、深い側を避けない（Titzer, 1995）。セッション内の学習の結果として、同じ乳児を深い側で繰り返しテストすることはできず、セッション内でさまざまな測定をすることも（たとえば、崖の高さを変える）、セッションを〔月齢を追って〕縦断的に検討することもできないのである。このように、視覚的断崖の研究報告は、乳児１人につき試行１回のデータである（あるいは、深い側で１回、浅い側で1回の試行)。それぞれの乳児の結果は2値的であり(避けるか、渡るか)、より感度の高い連続的な測度である繰り返し試行における乳児の回避率を検討することはできない。これとは対照的に、乳児の安全を確保するためにガラスの代わりに人間の監視者を用いた研究では、乳児は実験者が〔落ちても〕自分たちを支えてくれるということを学習しない。乳児は数十回の試行をしてもセッション内で学習した証拠を示さず、縦断的な検討において彼らはより慎重になった(慎重でなくなったのではない)(たとえば、Adolph, 1997; Joh, 2011)。ガラスがないので、それぞれの乳児のアフォーダンスの知覚スキルのレベルや正確さを決定する心理測定関数を得ることが可能になる(Adolph & Berger, 2006)。

目的がアフォーダンス知覚の研究である場合は、マルチモーダルな情報に対する乳児の自発的な探索が最も重要である(Gibson et al., 1987)。乳児は、見たり、触れたり、さまざまな方法で障害物に対処することによって情報を生成することができる。触覚的手がかりと他の非視覚的な情報源の統制(断崖をガラスで覆うことの理由である)は、ほとんど解決されていない。それは、乳児が視覚的情報と触覚的情報が競合する際にどのように行動するかを明らかにするだけであり、視覚的情報と触覚的情報が相補的であるか冗長であるときに通常どう行動するかを明らかにするわけではない。どんな視覚的な肌理でもそれがあれば(波打つウォーターベッドやガラスの下に張られた粗い目のネットでさえ)、乳児がためらいつつも渡るということは、視覚的情報も触覚的情報も共に重要であることを示している(Gibson et al., 1987; Gibson & Schmuckler, 1989)。安全ガラスがなければ、乳児はあたかも自分の身体の大きさやバランス能力と照らし合わせて距離を測るかのように、崖のほうや裂け目の向こうに腕を伸ばして断崖の縁を探索し、この間ずっと障害物と目標を見つめ、マルチモーダルな情報を生成している(Adolph, 2000; Kretch & Adolph, 2013)。乳児はまた、障害物に対処するためにさまざまな代替方略を探る。たとえば、本物の崖を降りるとき、まず足から降りたり、座ったまま滑り降りたりする(Kretch & Adolph, 2013)。ガラスは研究者から、乳児が発見したりこのような代替手段を使用するのを観察する機会を奪ってしまうのである。

その上、ガラスは失敗に寛容であるが、本物の崖はそうではない(Adolph, 2000; Adolph et al., 2011; Kretch & Adolph, 2013; Walk & Gibson, 1961)。視覚的断崖においては、乳児は崖を避けようとしているとき、うっかり深い側に身体の一部か全部が乗ってしまっても大丈夫である。母親のほうに向かって思い切ってガラスの上に半身を乗り出してから、後退する。そして、見かけの崖を探索している間、安全ガラスに体重をかけている(Walk & Gibson, 1961)。本物の断崖なら、落ちていただろう。同様に、論文を詳しく読んでみればわかるように、深い側を避けたと判定されたラットは、確かに大半の試行で視覚的断崖の浅い側を探索することに費やしたが、実際には深い側にも行っていたのである（Walk & Gibson, 1961）。したがって、視覚的断崖研究における「回避」と「横断」は、本物の断崖での研究のそれらと同じことを意味しない。前者は、崖の縁での乳児の適応的な行為能力を肯定的に描いて誤解を招く。一方後者は、乳児の適応的な反応より厳しい基準で捉えるのである。

移動運動の経験

視覚的断崖は、初めて光に接した暗室飼育のラットを研究するためにはうまく設計されていたが、高所恐怖の発達における移動運動経験の効果やヒト乳児におけるアフォーダンス知覚に関する研究では不適当であることが明らかとなった。前述したように、研究者は、乳児を視覚的断崖の深い側に置いたときの心拍数（増加、減少、および変更なし）や感情（ネガティブ、ポジティブ、および中立）、そして、深い側を避けた乳児に矛盾した結果を見出した。アフォーダンス知覚のための効果も同様に矛盾している。ハイハイを始めた年齢（月齢）のほうが、ハイハイの経験日数よりも（乳児の年齢（月齢）は一定にして）、深い側の回避についてのより強力な予測因子であることを見出した研究者もいる。これは経験よりも成熟の優位性を説明するものと言える（Rader, Bausano, & Richards, 1980; Richards & Rader, 1981, 1983）、さらに、まだハイハイをしていない乳児に、視覚的断崖の深い側を機械式歩行器（クロウリゲイター（clawligator））で深い側を周回する経験を１ヵ月与えても、そうした移動運動経験それ自体は重要ではないということが示唆されている（Rader et al., 1980）。一方で、ハイハイの経験が回避に対する最強の予測因子であることを見出した研究者もいる。これは、学習の重要性を説明するものである（Bertenthal & Campos, 1987, 1990; Bertenthal, Campos, & Barret, 1984; Bertenthal, Campos, & Kermoian, 1994; Campos et al., 1992; Campos et al., 1978）。ウォーク（1966）の初期のデータは、両方の説明と一致していた。

視覚的断崖は、移動運動経験の詳細についても矛盾したデータを生み出している。たとえば、視覚的断崖で、12ヵ月のハイハイの経験が豊かな乳児と、同じく12ヵ月の二足歩行を始めたばかりの乳児が共に見かけの崖を避けたが、このことは、移動運動経験がハイハイから歩行に転移されることを示唆している（Witherington et al., 2005）。事実、ハイハイ経験の豊かな乳児よりも、歩行初心者の乳児のほうが深い側をより避けたのである。しかしながら、他の研究では、ハイハイする乳児がハイハイの姿勢でテストされた際には深い側を渡ることに慎重であったが、同じ乳児が機械式歩行器で直立した姿勢でテストされた際には。浅い側と深い側を両方とも同じくらいの速度で渡ったのであった(Rader at al., 1980)。

おそらく、移動運動経験の役割に関するこれらの矛盾した結果は、深い側でガラスを使用することに起因する問題によって説明できる。本物の断崖では、ハイハイ経験の豊かな 12 ヵ月児は、自分の能力を超える崖を渡ることを一貫して拒否したが、歩行初心者の 12 ヵ月児は繰り返し崖を超えて進んだ (Kretch & Adolph, 2013)。ハイハイの乳児は、個々のハイハイの技量に合わせてなめらかな心理測定関数を描いて試みが減少した。たとえ自分の能力に対して 1cm～3cm超えるだけの崖であっても、めったに見誤ることはなかった。歩行できる乳児の場合、彼らの能力を 9cm超える崖では 75%の試行で歩き（落ち)、90cmの崖（これは視覚的断崖の深い側と同じ）では 50%の試行で歩いた（落ちた)。

まとめ ── 視覚的断崖を超えて

心理学者にとって、視覚的断崖は画期的なパラダイムとして今も評判を保持している。これは心理学、発達、知覚に関するすべての入門教科書に、大黒柱のように鎮座している。乳児や動物が、市松模様の面に立って断崖の縁越しにのぞき込む幼児や動物のイメージは、この領域の象徴となっている。ウォークにとって、視覚的断崖は、研究が知覚学習や発達など他のさまざまなトピックに移っていったにもかかわらず (Pick & Tighe, 2001)、彼のキャリア全体を通して惹きつけられ、彼の研究室の主要なパラダイムであり続けた (Walk, 1979)。(知覚、学習、そして比較心理学で訓練を受けた）ギブソンにとって、視覚的断崖はアフォーダンス知覚や知覚学習に関するより一般的な問いを着想させ、また、発達研究に全般にわたるまったく新しい世界を切り拓くものであった (Gibson, 1969, 1991)。(視覚的断崖を使用した研究を始めるまで、ギブソンはヒトの乳児を研究したことはなく、また乳児の実験対象をどのように募集するかも知らなかった)。ギブソンは、70 歳や 80 歳になっても知覚運動学習と発達を研究し続け（ウォーターベッドに関する研究が発表されたのは、彼女が 77 歳のときである)、学生を指導し続けた (Adolph, Eppler, & Gibson, 1993; Gibson, 1997)。彼女は、乳児と大人における横断可能性についての知覚研究が成長するのを見て非常に楽しんでいた。彼女が述べているように、本当の問いは、乳児が移動運動経験を獲得するとき正確に何が転移するのかでも、アフォーダンスを特定する知覚情報ですらなく、いかにして行動の柔軟性（flexibility）が獲得されるのかであった（Gibson, 1997）。つまり、あらゆる動物が、瞬間から瞬間へ、課題から課題へと世界の中を動いていくときに、適応的に反応してゆくために欠かせないものをどのようにして学習するのかである。そのような学習は、本能的な誘発因子にさらされたり、刺激との間に連合を形成したり、失敗からのフィードバックに基づいて反応を変えたりする以上のことが必要であるに違いない。なぜなら、獲得された知識は創造的で生成的で、そしてきわめて柔軟なものだからである。行動の柔軟性には、アフォーダンスを適応的に知覚して利用するための「学習の学習」が必要なのである。

ギブソンが、知覚、運動技能獲得、情動発達、そして社会的参照の領域における視覚的断崖パラダイムに触発された未解明の謎について言いたかったこととは何だろうか？ 学生に対する彼女の助言は、いつも、別の実験をやりなさいということだった。

謝　辞

本研究は、カレン・E・アドルフに対する国立保健・人間発達研究所の助成 R37-HD33486 を受けた。視覚的断崖パラダイムの起源について思い出を話してくれた家族と友人たち、ピーター・ゴードン，ジャッキーの家族 ── ジェリー、ロイズ・ギブソン、ジーン・ローゼンバーグ ── そしてジャッキーの学生たち（ロレイン・バーリック、マリオン・エッペラー、アン・ピック、ハーブ・ピック、マーク・シュマックラー、エリザベス・スペルキ、トム・ストッフレーゲン、アル・ヨナス）に感謝します。そして、編集上の指摘をいただいたマーク・ブランバーグ、視覚的断崖の図を描いてくれたグラディス・チャン、そして、本物の断崖の図を描いてくれたサミラ・イラヴァーニに感謝します。

■さらに学びたい人のために

Adolph, K. E., & Berger, S. E. (2006). Motor development. In D. Kuhn & R. S. Siegler (Eds.), *Handbook of child psychology: Vol. 2. Cognition, perception, and language* (6th edn., pp.161–213). New York: John Wiley & Sons.

Bertenthal, B. I., Campos, J. J., & Barrett, K. C. (1984). Self-produced locomotion: An organizer of emotional, cognitive, and social development in infancy. In R. N. Emde

& R. J. Harmon (Eds.), *Continuities and discontinuities in development* (pp.175–210). New York: Plenum Press.

Gibson, E. J., & Schmuckler, M. A. (1989). Going somewhere: An ecological and experimental approach to development of mobility. *Ecological Psychology, 1,* 3–25.

Gibson, E. J., & Walk, R. D. (1960). The "visual clif". *Scientific American, 202,* 64–71.

Kretch, K. S., & Adolph, K. E. (2013). Cliff or step? Posture-specific learning at the edge of a drop-off. *Child Development, 84,* 226–240.

■引用文献

Adolph, K. E. (1997). Learning in the development of infant locomotion. *Monographs of the Society for Research in Child Development, 62,* 3 (Serial No. 251).

Adolph, K. E. (2000). Specificity of learning: Why infants fall over a veritable cliff. *Psychological Science, 11,* 290–295.

Adolph, K. E., & Avolio, A. M. (2000). Walking infants adapt locomotion to changing body dimensions. *Journal of Experimental Psychology: Human Perception and Performance, 26,* 1148–1166.

Adolph, K. E., & Berger, S. E. (2006). Motor development. In D. Kuhn & R. S. Siegler (Eds.), *Handbook of child psychology: Vol. 2. Cognition, perception and language* (6th edn., pp.161–213). New York: John Wiley & Sons.

Adolph, K. E., & Berger, S. E. (2010). Physical and motor development. In M. H. Bornstein & M. E. Lamb (Eds.), *Developmental science: An advanced textbook* (6th edn.). Hillsdale, NJ: Lawrence Erlbaum Associates.

Adolph, K. E., Berger, S. E., & Leo, A. J. (2011). Developmental continuity? Crawling, cruising, and walking. *Developmental Science, 14,* 306–318.

Adolph, K. E., Eppler, M. A., & Gibson, E. J. (1993). Crawling versus walking infants' perception of affordances for locomotion over sloping surfaces. *Child Development, 64,* 1158–1174.

Adolph, K. E., Joh, A. S., & Eppler, M. A. (2010). Infants' perception of affordances of slopes under high and low friction conditions. *Journal of Experimental Psychology: Human Perception and Performance, 36,* 797–811.

Adolph, K. E., Karasik, L. B., & Tamis-LeMonda, C. S. (2010). Using social information to guide action: Infants' locomotion over slippery slopes. *Neural Networks, 23,* 1033–1042.

Adolph, K. E., Tamis-LeMonda, C. S., Ishak, S., Karasik, L. B., & Lobo, S. A. (2008). Locomotor experience and use of social information are posture specific. *Developmental Psychology, 44,* 1705–1714.

Arnold, N. A., Ng, K. T., Jongman, E. C., & Hemsworth, P. H. (2007). Responses of dairy heifers to the visual cliff formed by a herringbone milking pit: Evidence for fear of heights in cows (Bos taurus). *Journal of Comparative Psychology, 121,* 440–446.

Baldwin, D. A., & Moses, L. J. (1996). The ontogeny of social information gathering. *Child Development, 67,* 1915–1939.

Berger, S. E., & Adolph, K. E. (2003). Infants use handrails as tools in a locomotor task.

Developmental Psychology, 39, 594–605.

Berger, S. E., Adolph, K. E., & Kavookjian, A. E. (2010). Bridging the gap: Solving spatial means-ends relations in a locomotor task. *Child Development, 81,* 1367–1375.

Berger, S. E., Adolph, K. E., & Lobo, S. A. (2005). Out of the toolbox: Toddlers differentiate wobbly and wooden handrails. *Child Development, 76,* 1294–1307.

Bertenthal, B. I., & Campos, J. J. (1987). New directions in the study of early experience. *Child Development, 58,* 560–567.

Bertenthal, B. I., & Campos, J. J. (1990). A systems approach to the organizing effects of self-produced locomotion during infancy. In C. K. Rovee-Collier & L. P. Lipsitt (Eds.), *Advances in infancy research* (Vol. 6, pp.1–60). Norwood, NJ: Ablex.

Bertenthal, B. I., Campos, J. J., & Barrett, K. C. (1984) . Self-produced locomotion: An organizer of emotional, cognitive, and social development in infancy. In R. N. Emde & R. J. Harmon (Eds.), *Continuities and discontinuities in development* (pp.175–210). New York: Plenum Press.

Bertenthal, B. I., Campos, J. J., & Kermoian, R. (1994). An epigenetic perspective on the development of self-produced locomotion and its consequences. *Current Directions in Psychological Science, 3,* 140–145.

Bourassa, C. M., Yajima, K., & Leonard, H. A. (1968). Effects of partial and total cerebellar ablations on visual cliff performance in the hooded rat. *Journal of Comparative and Physiological Psychology, 65,* 167–169.

Bradshaw, K. D. L., Goldsmith, H. H., & Campos, J. J. (1987). Attachment, temperament, and social referencing: Interrelationships among three domains of infant affective behavior. *Infant Behavior & Development, 10,* 223–231.

Campbell, A. (1978). Deficits in visual learning produced by posterior temporal lesions in cats. *Journal of Comparative and Physiological Psychology, 92,* 45–57.

Campos, J. J., Bertenthal, B. I., & Kermoian, R. (1992). Early experience and emotional development: The emergence of wariness of heights. *Psychological Science, 3,* 61–64.

Campos, J. J., Hiatt, S., Ramsay, D., Henderson, C., & Svejda, M. (1978). The emergence of fear on the visual cliff. In M. Lewis & L. Rosenblum (Eds.), *The development of affect* (pp.149–182). New York: Plenum.

Campos, J. J., Langer, A., & Krowitz, A. (1970). Cardiac responses on the visual cliff in prelocomotor human infants. *Science, 170,* 196–197.

Davidson, P. W., & Walk, R. D. (1969). Differential visual depth discrimination of hooded as compared to albino rats. *Psychonomic Science, 14,* 207–208.

DeHardt, D. C. (1969). Visual cliff behavior of rats as a function of pattern size. *Psychonomic Science, 15,* 268–269.

Eppler, M. A., Satterwhite, T., Wendt, J., & Bruce, K. (1997). Infants' responses to a visual cliff and other ground surfaces. In M. A. Schmuckler & J. M. Kennedy (Eds.), *Studies in perception and action IV* (pp.219–222). Mahwah, NJ: Lawrence Erlbaum Associates.

Franchak, J. M., & Adolph, K. E. (2012). What infants know and what they do:

Perceiving possibilities for walking through openings. *Developmental Psychology, 48,* 1254–1261.

Gibson, E. J. (1969). *Principles of perceptual learning and development.* New York: Appleton-Century Crofts. [ギブソン／小林芳郎（訳）(1983)『知覚の発達心理学』田研出版]

Gibson, E. J. (1970). The development of perception as an adaptive process. *American Scientist, 58,* 98–107.

Gibson, E. J. (1982). The concept of affordances in development: The renascence of functionalism. In W. A. Collins (Ed.), *The concept of development: The Minnesota symposia on child psychology* (Vol. 15, pp.55–81). NJ: Lawrence Erlbaum Associates.

Gibson, E. J. (1988). Exploratory behavior in the development of perceiving, acting, and the acquiring of knowledge. *Annual Review of Psychology, 39,* 1–41.

Gibson, E. J. (1991). *An odyssey in learning and perception.* Cambridge, MA: MIT Press.

Gibson, E. J. (1997). Discovering the affordances of surfaces of support. *Monographs of the Society for Research in Child Development, 62,* 3 (Serial No. 251), 159–162.

Gibson, E. J. (2002). *Perceiving the affordances: A portrait of two psychologists.* Mahwah, NJ: Lawrence Erlbaum Associates. [ギブソン／佐々木正人・高橋綾（訳）(2006)『アフォーダンスの発見 ── ジェームズ・ギブソンとともに』岩波書店]

Gibson, E. J., Riccio, G., Schmuckler, M. A., Stoffregen, T. A., Rosenberg, D., & Taormina, J. (1987). Detection of the traversability of surfaces by crawling and walking infants. *Journal of Experimental Psychology: Human Perception and Performance, 13,* 533–544.

Gibson, E. J., & Schmuckler, M. A. (1989). Going somewhere: An ecological and experimental approach to development of mobility. *Ecological Psychology, 1,* 3–25.

Gibson, E. J., & Walk, R. D. (1960). The "visual cliff." *Scientific American, 202,* 64–71.

Greenberg, G. (1986). Depth perception on Mongolian gerbils (Meriones unguiculatus) and spiny mice (Acomys russatus and A. cahirinus). *Journal of Comparative Psychology, 100,* 81–84.

Hansson, S. B. (1970). Visual depth discrimination in young eiders (somateria mollissima). *Psychological Research Bulletin, 10,* 16.

Held, R., & Hein, A. (1963). Movement-produced stimulation in the development of visually guided behavior. *Journal of Comparative and Physiological Psychology, 56,* 872–876.

Hiatt, S. W., Campos, J. J., & Emde, R. N. (1979). Facial patterning and infant emotional expression: Happiness, surprise, and fear. *Child Development, 50,* 1020–1035.

Joh, A. S. (2011). Development of learning from falling in young infants: A longitudinal study on the effects of practice, locomotor skill, and learning context. Manuscript in revision.

Joh, A. S., & Adolph, K. E. (2006). Learning from falling. *Child Development, 77,* 89–102.

Kingsnorth, S., & Schmuckler, M. A. (2000). Walking skill versus walking experience as a predictor of barrier crossing in toddlers. *Infant Behavior and Development, 23,*

331–350.

Kretch, K. S., & Adolph, K. E. (2013). Cliff or step? Posture-specific learning at the edge of a drop-off. *Child Development, 84,* 226–240.

Kretch, K. S., Kung, J., Quon, J. L., & Adolph, K. E. (2011, October). *Bridging the gap: Infants' sensitivity to bridge width and drop-off height.* Poster presented at the meeting of the Cognitive Development Society, Philadelphia, PA.

Lashley, K. S., & Russell, J. T. (1934). The mechanism of vision. XI. A preliminary test of innate organization. *Journal of Genetic Psychology, 45,* 136–144.

Lockman, J. J. (1984). The development of detour ability during infancy. *Child Development, 55,* 482–491.

Lore, R., & Sawatski, D. (1969). Performance of binocular and monocular infant rats on the visual cliff. *Journal of Comparative and Physiological Psychology, 67,* 177–181.

Meyer, P. M. (1963). Analysis of visual behavior in cats with extensive neocortical ablations. *Journal of Comparative and Physiological Psychology, 56,* 397–401.

Morrison, P. R. (1982). Distance cues and depth avoidance on the visual cliff. *Perceptual and Motor Skills, 54,* 1195–1198.

Mulvey, G. M., Kubo, M., Chang, C.-L., & Ulrich, B. D. (2011). New walkers with Down Syndrome use cautious but effective strategies for crossing obstacles. *Research Quarterly for Exercise and Sport, 82,* 210–219.

Nealey, S. M., & Riley, D. A. (1964). Loss and recovery of discrimination of visual depth in dark-reared rats. *The American Journal of Psychology, 76,* 329–332.

O'Sullivan, D. J., & Spear, N. E. (1964). Comparison of hooded and albino rats on the visual cliff. *Psychonomic Science, 1,* 87–88.

Pick, H. L., & Tighe, T. J. (2001). Obituary: Richard D. Walk (1920–1999). *American Psychologist, 56,* 1169.

Rader, N., Bausano, M., & Richards, J. E. (1980). On the nature of the visual-cliff-avoidance response in human infants. *Child Development, 51,* 61–68.

Richards, J. E., & Rader, N. (1981). Crawling-onset age predicts visual cliff avoidance in infants. *Journal of Experimental Psychology: Human Perception and Performance, 7,* 382–387.

Richards, J. E., & Rader, N. (1983). Affective, behavioral, and avoidance responses on the visual cliff: Effects of crawling onset age, crawling experience, and testing age. *Psychophysiology, 20,* 633–642.

Rosenblum, L. A., & Cross, H. A. (1963). Performance of neonatal monkeys in the visual cliff situation. *American Journal of Psychology, 76,* 318–320.

Saarni, C., Campos, J. J., Camras, L. A., & Witherington, D. (2006). Emotional development: Action, communication, and understanding. In N. Einsenberg (Ed.), *Handbook of child psychology. Vol. 3. Social, emotional, and personality development* (6th edn., pp.226–299). New York: John Wiley & Sons.

Scarr, S., & Salapatek, P. (1970). Patterns of fear development during infancy. *Merrill-Palmer Quarterly, 16,* 53–90.

Schiffman, H. R., & Walk, R. D. (1963). Behavior on the visual cliff of monocular as compared with binocular chicks. *Journal of Comparative and Physiological Psychology, 6,* 1064–1068.

Schmuckler, M. A. (1996). Development of visually guided locomotion: Barrier crossing by toddlers. *Ecological Psychology, 8,* 209–236.

Schwartz, A. N., Campos, J. J., & Baisel, E. J. (1973) . The visual cliff: Cardiac and behavioral responses on the deep and shallow sides at five and nine months of age. *Journal of Experimental Child Psychology, 15,* 86–99.

Slater, A., Mattock, A., & Brown, E. (1990). Size constancy at birth: Newborn infants' responses to retinal and real size. *Journal of Experimental Child Psychology, 49,* 314–322.

Somervill, J. W. (1971). Motion parallax in the visual cliff situation. *Perceptual and Motor Skills, 32,* 43–53.

Somervill, J. W., & Sharratt, S. (1970). Retinal size in the visual cliff situation. *Perceptual and Motor Skills, 31,* 903–911.

Sorce, J. F., Emde, R. N., Campos, J. J., & Klinnert, M. D. (1985). Maternal emotional signaling: Its effects on the visual cliff behavior of 1-year-olds. *Developmental Psychology, 21,* 195–200.

Striano, T., Vaish, A., & Benigno, J. P. (2006). The meaning of infants' looks: Information seeking and comfort seeking? *British Journal of Developmental Psychology, 24,* 615–630.

Tallarico, R. B. (1962). Studies of visual depth perception: IV. comparisons of texture densities on a visual cliff by chicks. *Perceptual and Motor Skills, 15,* 626.

Tamis-LeMonda, C. S., Adolph, K. E., Lobo, S. A., Karasik, L. B., & Dimitropoulou, K. A. (2008). When infants take mothers' advice: 18-month-olds integrate perceptual and social information to guide motor action. *Developmental Psychology, 44,* 734–746.

Titzer, R. (1995, March). *The developmental dynamics of understanding transparency.* Paper presented at the meeting of the Society for Research in Child Development, Indianapolis, IN.

Trychin, S., & Walk, R. D. (1964). A study of the depth perception of monocular hooded rats on the visual cliff. *Psychonomic Science, 1,* 53–54.

Ueno, M., Uchiyama, I., Campos, J. J., Dahl, A., & Anderson, D. I. (2012). The organization of wariness of heights in experienced crawlers. *Infancy, 17,* 376–392.

Ulrich, B. D., Thelen, E., & Niles, D. (1990). Perceptual determinants of action: Stairclimbing choices of infants and toddlers. In J. E. Clark & J. H. Humphrey (Eds.), *Advances in Motor Development Research* (Vol. 3, pp.1–15). New York: AMS Publishers.

Vaish, A., & Striano, T. (2004). Is visual reference necessary? Contributions of facial versus vocal cues in 12-month-olds' social referencing behavior. *Developmental Science, 7,* 261–269.

van der Meer, A. L. H. (1997). Visual guidance of passing under a barrier. *Early*

Development and Parenting, 6, 149–157.

Walk, R. D. (1966). The development of depth perception in animals and human infants. *Monographs of the Society for Research in Child Development, 31,* 5 (Serial No. 107) .

Walk, R. D. (1968a). The influence of level of illumination and size of pattern on the depth perception of the kitten and the puppy. *Psychonomic Science, 12,* 199–200.

Walk, R. D. (1968b). Monocular compared to binocular depth perception in human *Infants. Science, 162,* 473–475.

Walk, R. D. (1979). Depth perception and a laughing heaven. In A. D. Pick (Ed.), *Perception and its development: A tribute to Eleanor J. Gibson* (pp.63–88). Hillsdale, NJ: Lawrence Erlbaum Associates.

Walk, R. D., & Dodge, S. H. (1962). Visual depth perception of a 10-month-old monocular human infant. *Science, 137,* 529–530.

Walk, R. D., & Gibson, E. J. (1961). A comparative and analytical study of visual depth perception. *Psychological Monographs, 75,* 15 (Whole No. 519).

Walk, R. D., Gibson, E. J., & Tighe, T. J. (1957). Behavior of light- and dark-reared rats on a visual cliff. *Science, 126,* 80–81.

Walk, R. D., Trychin, S., & Karmel, B. Z. (1965). Depth perception in the dark-reared rat as a function of time in the dark. *Psychonomic Science, 3,* 9–10.

Walk, R. D., & Walters, C. P. (1974). Importance of texture-density preferences and motion parallax for visual depth discrimination by rats and chicks. Journal of Comparative and *Physiological Psychology, 86,* 309–315.

Walsh, J. M., & Guralnick, M. J. (1971). The effects of epinephrine and chlorpromazine on visual cliff behavior in hooded and albino rats. *Psychonomic Science, 23,* 1–3.

Witherington, D. C., Campos, J. J., Anderson, D. I., Lejeune, L., & Seah, E. (2005). Avoidance of heights on the visual cliff in newly walking infants. *Infancy, 7,* 285–298.

Yonas, A., & Granrud, C. E. (1985). Reaching as a measure of infants' spatial perception. In G. Gottlieb & N. A. Krasnegor (Eds.), *Measurement of audition and vision in the first year of postnatal life: A methodological overview* (pp.301–322). Norwood, NJ: Ablex Publishing Corporation.

Zwart, R., Ledebt, A., Fong, B. F., de Vries, H., & Savelsbergh, G. J. P. (2005). The affordance of gap crossing in toddlers. *Infant Behavior & Development, 28,* 145–154.

4 ピアジェ再訪
子どもの問題解決能力の研究からの一展望

デイビット・クラー

スイスの心理学者ジャン・ピアジェ（Jean Piaget: 1896-1980）は、歴史上最も影響力のある発達心理学者であり続けている。実際に、ある有名な研究者は25年以上前に、「ピアジェが研究を始める前には、認知発達という研究分野は存在していなかった」と述べている（Siegler, 1986, pp.21–22）。ピアジェの理論の広大さと、子どもの心の発達を検討するための独創的なアプローチは、この分野に計り知れない影響を与えた。そして、この分野は長い期間にわたって受け入れられてきたピアジェの段階理論を大きく越えて発展したが、彼の発達のある特定時点における子どもの行動に関する詳細な分析は、依然として実験や理論に刺激を与え続けている。

彼は100年ほど前に研究をスタートしたが、初期の論文をフランス語で出版したため、1950年代後半になって論文や著作が英語に翻訳され始めるまで、英語圏の発達心理学者への影響はほとんどなかった。特に重要なのは、ジョン・フラベル（Flavell, 1963）による解説書で、これによってピアジェ（そしてフラベルも！）が英語で広く読まれることになった。

ピアジェの実証研究

ピアジェは子どもの思考プロセスのどの側面を検討し、何を発見したのだろうか？ 彼は、ほぼあらゆるものを調査し、どの場合にも何かしら興味深いことを発見したようである。そのトピックは、たとえば一部を挙げるだけでも、時間、速度、距離、生物、人間、空間、数学、論理、道徳性、物理的因果、そして心理学に関する子どもの思考プロセスの発達というように多彩であった。多くの場合、ピアジェは幅広い領域について、パトリシア・ミラー（Miller, 1993）が「子どもの思考の驚くべき特徴」と呼ぶものを発見した。以下に、それらの一部を示す。

・**物理学**：8ヵ月以下の乳児は対象が永続的に存在すると予期しない。もし対象が何かで覆われたり目の前から見えなくなると、乳児の心の中ではそれは存在しなくなってしまう。

・**数**：入学前児は、一列に並んでいるクッキーの間隔が広げられて空間的により広がると、広げる前よりも食べられるクッキーが増えたと信じている。

・**液体の量**：4、5歳児は、水を高さが低くて幅が広いグラスから高さが高くて幅が狭いグラスに移すと、後者のほうが水が多いと信じている。

・**道徳性**：5歳児は、行為の悪さは、加害者の意図よりも、どのぐらい悪い結果をもたらしたかによると信じている。

・**心理学**：幼い子どもは、自分たちが知っていることを必ずしも他の人も知っているわけではないこと、自分とは異なる視点からその場面を見ている人は、その場面の対象の相対的に異なる位置を見ていることを認識していない。

新しい惑星やDNAの構造の発見に匹敵するような大発見がほとんどないこの分野で、一見平凡な日常の行動からもたらされたピアジェの認知発達についての発見は新鮮であり、その観察は画期的であった（Miller, 1993）。

研究スタイルと方法

ピアジェの研究スタイルには、いくつか独特な特徴がある。何よりもまず、私たちが現在、「実験者」と「参加者」と呼ぶものの間の密接な相互作用である。彼のそれぞれの研究には重要な目標があるが（たとえば、数学や論理について考える能力を子どもがどのように発達させるかなど）、ほとんどの研究で、実験者がすべての子どもに正確に同じ方法で実施するための詳細な「定型手続き」を用いなかった。その代わり、丁寧なやりとりと特別な課題が子どもの瞬間瞬間の反応を調べるために用いられた。その結果、2人としてまったく同じ一連の質問をされることはなかったが、ピアジェの質問と課題の性質にはどの場合にも一貫性があった。ピアジェの研究のもう1つの特徴は、音声や映像を記録する器機を使用しなかったことである（このことに驚くかもしれないが、ピアジェが子どもの思考の研究を始めたのは1920年代であったことを思い出してほしい）。そのため彼のデータは「リアルタイム」にとられた手書きのノートに限られていた。コンピュータファイルならデータ収集のずっと後になっても何度でも再検討でき、誤りや意図しないバイアスを訂正できるが、それは使用できなかったのである。3つ目の特徴は、どの研究のデータも主に、比較的小さく、任意の子どものサンプル（しばしばピアジェ自身の子ども）によって生み出されていたことである。そのためこれらの研究に基づく一般化は、頑健な統計的な背景をもっていなかった。実際に、多くのピアジェの先駆的な研究は、サンプルサイズや、非標準的な測定、評定者間信頼性の欠如などの方法論的な問題のため、現代のほとんどの雑誌ではおそらく不採択になるだろう！

それにもかかわらず、ピアジェの実験の多くは、世界中の研究者によって何千とは言わないまでも、何百回と追試されてきた。特に際立っているのが、手続きが正確にピアジェの記述と同じ方法で実行されたときに、結果がほとんどいつも同じであることである。しかしながら、多くの場合、手続きや材料を少し変化させると、ピアジェの理論的な解釈が疑われる結果がしばしば得られた。

たとえば、ピアジェが興味をもち広く研究した1つのトピックは、子どもが集合と部分集合の論理をどの程度理解しているかであった。もっと正確に言えば、下位集合の対象の数がその下位集合が含まれる上位集合の対象の数を超えないことを子どもたちは理解するだろうか？ たとえば、もし森にオークと松（だけ）があるとすると、木よりもオークが多いことはない。この能力の典型的な研究において、ピアジェは7つのおもちゃのオークと3つのおもちゃの松を子どもに提示し、それぞれの木を数えるように求めた。そして、子どもに松よりもオークのほうが多いかどうか尋ねると、子どもは正しく答えた。それから、最も重要な質問をした。「オークのほうが多いかな、木のほうが多いかな？」驚くことに、8歳以下の子どもたちの多くが、木よりもオークが多いと答えた。ピアジェはこの結果を、この年齢の子どもたちは集合の包含の論理を完全に理解できていないことを示すものと解釈した。

上述したように、課題が正確にピアジェ（と彼の生涯の共同研究者であったベルベル・イネルデ）が提示したように子どもに提示されたときには（Inhelder & Piaget, 1964）、結果の再現可能性が高い。しかしながら、課題に小さな変更が加えられるや（下位集合の相対的な大きさを変えたり、2つ以上の下位集合を使用したり、上位集合に別の用語を使ったり、「木」でなく「森」にするなど）、ほとんどの子どもが課題をパスする年齢が大きく変わり、6歳から10歳までとさまざまになる。これは共通したパターンである。まず、ピアジェは認知発達のある側面を調べるために独創的な方法を考案し、驚くべきかつ重要な結果を見出す。その後、ピアジェの発見に刺激された研究者による研究で、実験手続きや関連する理論的解釈の重要な特徴が検討される。たびたび彼らは課題をさせるときの文言のわずかな変化が子どもの成績を大幅に改善することにつながることを見出す。ここに共通しているのは、ピアジェ自身の固有の研究結果は時の試練に耐えたが、それらの結果に対する彼の理論的解釈には多くの疑問があり、それは子どもの知識を評価する方法を体系的に変化させることで明らかとなってきたということである。

ピアジェの理論[1]

彼の実証的な発見に加えて、ピアジェは、何十年間も強い影響を与えることとなった認知発達の理論（心の成長の記述）を生み出した。彼は、心的構造、表象、そしてプロセスの観点から子どもの思考の特性を明らかにする方法を考案した。彼は子どもの成績の分析と報告を一連の段階にまとめ上げた。それぞれの段階は質的に異なる特性をもち、乳児から青年に至る包括的な発達段階理論として一貫しており、「ピアジェ派アプローチ」の特徴と言える（Piaget, 1983 参照）。ピアジェによると、子どもは、以下のように異なる特徴と能力をもつ一連の段階を通して組織的に発達していく。

1. 感覚運動期（生まれてから2歳まで）：乳児の外界の理解は彼らの身体的行為に由来している。外界と相互作用するための能力は、いくつかのステップを経て単純な反射から組織化された一連の行動に進んでいく。

2. 前操作期（2歳から7歳まで）：子どもたちが対象や出来事を表象するためにシンボル（心的イメージ、言葉、ジェスチャー）を使用し始め、しだいに組織化された方法や論理的な方法でシンボルを使うことができるようになる。

---

[1] ここで私は、ピアジェの多数の本に記載され、何百回と引用されて大きな影響を与えてきた寄与をわずかな段落で要約して「ピアジェの理論」という表題を使う大胆さにいくらかの不安を認めなければならない。ピアジェ自身の研究で5,000回以上引用された研究に、ピアジェ（1952）がある。彼のすべての研究への素晴らしいレビューとしては、スコルニック、ネルソン、ゲルマン、ミラー（Scholnick, Nelson, Gelman, & Miller, 1999）がある。

3. 具体的操作期（7歳から11歳まで）：子どもたちは、さまざまな心的操作（可逆性のような内化された行為）を行うことを可能にする論理構造を獲得する。

4. 形式的操作期（約11歳から15歳まで）：心的操作はもはや具体的な対象に限定されない。それらは、言語的あるいは論理的な文のように物理的世界のさまざまな抽象的で形式的な表象に適用されうる。加えて、子どもは現在だけでなく、将来についても推論できるようになる。

ピアジェは、彼の研究分野を「発生的認識論」と呼んだ。「発生的」としたのは、彼が知識の発生、すなわちその起源と発達に興味をもっていたためである（遺伝子に興味をもっていたからではない）。「認識論」は彼が非常に抽象的な意味での知識に興味をもっていたためである。今日、自ら「発生的認識論者」を名乗る研究者はほとんどいないが、ピアジェが認知心理学の分野の創始者のひとりであることに疑いの余地はない。なぜなら、彼は現代の心理学研究の基礎となっている認知革命が起きる数十年も前に研究を始めていたからである（Miller, 2003）。ピアジェは一種の準数学的モデルで彼の理論を定式化した。そこでは、各発達段階は、しだいに知識を表象し修正するためのより強力で柔軟な方法を獲得する。同様に、今日の認知発達の理論は人間の脳のニューラルネットワークで実行される心的プロセスのコンピュータモデルの形式で記述されている（Elman, 2005; Klahr, 2004, Rakison & Lupyan, 2008）。

子どもの問題解決能力
── ピアジェ派とポストピアジェ派の考え方

ピアジェの研究テーマと理論的な寄与はあまりに広大であり、ピアジェが研究した無数のトピックと問いの個々について、認知発達の領域が彼の方法論的および理論的アプローチをいかに乗り越えて進んできたかを説明することは不可能である。その代わり、私は「ピアジェを超える」というテーマをよく表している1つのトピックに焦点を当てたい。ただそれは、ピアジェが研究したことがほとんど知られていないトピックである。しかし、このトピックに焦点を絞ることによって、彼の心理学的な問いへのアプローチの独特さとその詳細の一端を伝え、さらにはピアジェのアプローチと現代の認知発達研究のアプローチとの違い（と類似性）を伝えられるだろう。

まず類似性を見てみよう。「現代」の認知発達研究の基本的な特徴は、子どもの思考が調べられる文脈が非常に詳細に記述されることである。詳細な記述を重視するのは、子どもに提示された課題を注意深く記述することができなければ、そもそも子どもが課題を達成するために用いた方法や認知プロセスを理解することができないからである。この分野へのピアジェの革新的なアプローチをよく示していることの1つは、これから吟味してゆくが、ピアジェの文脈の記述が、40年以上前に書かれたにもかかわらず、今日のトップジャーナルに見られるのと同等のレベルの詳細な情報を提供していることである。

課題

ピアジェは5歳ぐらいの幼い子どもが日々の生活で「前もって考える」ことができるかどうかに興味をもった。彼は、子どもが自然に行ったことを観察するよりも、彼らにパズルを提示して、それを解く子どもの様子を注意深く記録し、分析することにした。彼はハノイの塔（TOH）として知られる一般的なパズルのシンプル版を使用した。このパズルは、円盤の山をある棒から別の棒に動かすもので、2つのルールを守らなければならない。(1) 1回に1枚の円盤しか動かせない。(2) 小さい円盤の上に大きな円盤を置けない。円盤が3枚のパズルを図4.1aに示す。図4.1bに示されているように、解くために動かす最小の数は7回である。ピアジェはこの問題を解く能力が発達する全過程を記録したかったので、とてもシンプルな課題から始めた（図4.1c）。これは2枚の円盤しかなく、3回動かせば解くことができる（円盤2を棒Bに、円盤1を棒Cに、そして最後に棒Cに円盤2を置く）。

以下の段落は、このパズルを解く子どもの能力に関するピアジェの調査からの引用である（Piaget, 1976, Chapter 14）。データの提示やデータの理論的解釈へのピアジェの特徴的なアプローチを伝えるために、直接引用した[2]。これは、ピアジェの言葉で記述された、ある5歳児（「マー」という名前）で観察された内容である。

（子どものコメントは太字で表現）マー（5.4歳）は，2枚円盤版で，円盤2を棒Aから棒C、B、A、Cに移動させてはじめる。

ピアジェ：うーん、塔全体をここに作ってほしいんだ。

[2] わかりやすくするため少し表示形式を変更している。

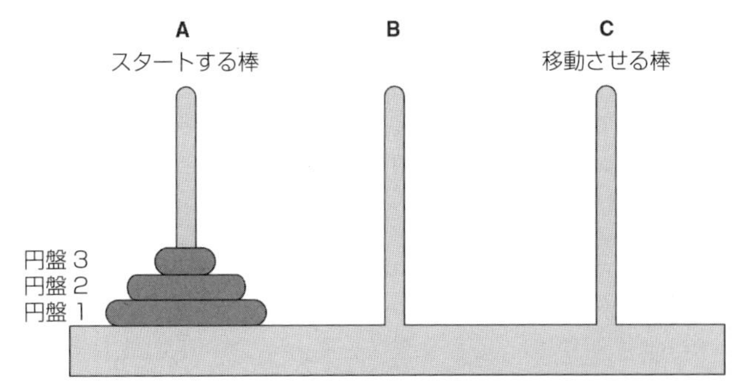

図 4.1(a)「ハノイの塔」パズルの 3 枚円盤版。課題は、2 つの制約のもと、棒 A から棒 C に円盤を移動することである。(1) 1 度に 1 つの円盤だけしか動かせない。(2) より小さい円盤の上により大きい円盤をのせられない。3 枚円盤問題の最小移動数は 7 回である。

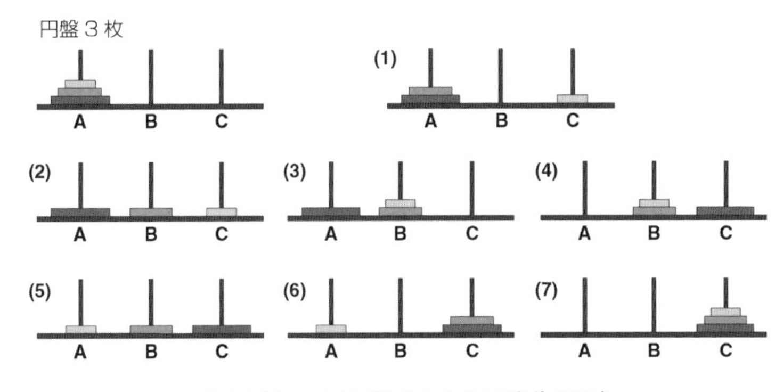

図 4.1(b)　最小回答である 7 回移動の順序

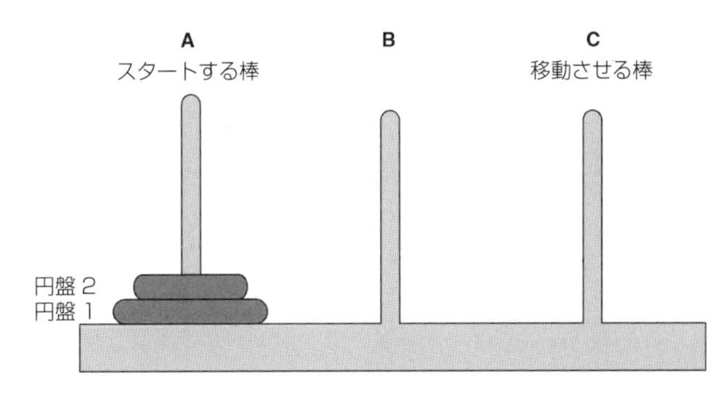

図 4.1(C)　ピアジェ研究の手続きの例として用いた、ハノイの塔パズルの 2 枚円盤版。

（マーは再び円盤２を棒Ａから C、Ｂ、Ａ、Ｃに動かし、それから、円盤１を棒Ａから C、Ｂ、Ａ、Ｃに動かす。そのためタワーが逆さまになってしまう。）

ピアジェ：正しい方法でタワーを積み上げてね。

（マーは再び円盤２を棒Ａから C、Ｂ、Ａ、Ｃに動かし、次にＢに動かす。それから、円盤１を同じ順序で動かす（棒Ａから C、Ｂ、Ａ、C）。したがって円盤１は棒Ｃにあり、円盤２は棒Ｂにある。）

ピアジェ：今、何をしようとしているのかな？

（マーは棒Ｃにある円盤１の上に円盤２を置く。こうしてたまたま、逆だったのを修正して成功する。）

ピアジェ：すごいね。もっと早くできるかな？

（マーは同時に２つの円盤を取る。）

ピアジェ：ダメだよ、１回に１つだけとってね。

（マーは円盤２を棒Ａから棒Ｃに動かし、円盤１をその上に置いたが、間違っていることに気づき、それらをテーブルの上に置き、円盤１の上に円盤２を置き直す。）

ピアジェ：ダメだよ、別の方法はどうかな？

子ども：えー、最初に大きなほうの円盤をとりたい。そのほうがいいよ。

ピアジェ：もう１回やって。

（マーが円盤２を棒ＡからＢに動かし、円盤１をＡからＣに動かす。）

ピアジェ：終わったかな？

子ども：うん、あっ、ちょっと待って。

（彼は棒Ｃの円盤１の上に円盤２を置く（成功）。）

ピアジェ：すごい。もう１回できるかな？

ピアジェは、子どもの行動の分析を下記のように述べて締めくくっている。

この段階の印象的な知見は２つしか円盤を使わない簡単な問題でも解くことが難しいことである。試行錯誤の時間の長さは変化する（マーよりも長い場合も短かい場合もある）。しかしながら、参加者は、誰も計画を立てず、どのようにタワーを動かすかを理解してさえいなかった。彼らは棒ＡからＣに２つの円盤を動かさなければいけないことしかわかっていない。

実際の「ピアジェの方法」では、徐々に難しくなる問題を解く子どもの能力についての実験者の、このような多少非公式的ではあるがしかし体系的な調査に基づいて、実験者と子どもの間の詳細なやりとりを何ページにもわたって報告している。この種の問題解決能力に関する「現代」の研究に特にかかわるのは、この一連の研究から得られたピアジェの結論である。

> 「段階3：このレベルは、11歳から12歳に始まるが、3枚円盤タワー課題で早く安定した回答をすること、初期経験を明確に利用するとともに、より多くの円盤のタワーの場合でも、しだいに推論に基づいた予測ができるようになることが特徴である」。

つまり、ピアジェは子どもが11歳と12歳の間になるまでは、3枚円盤課題に7回の移動で確実に解答（すなわち、図4.1bに示した解答）できるようにならないと主張している。

方法論についてはここまでにしておく。TOHパズルの子どもの成績に関するピアジェの研究についてのより重要な疑問は、ほとんどの5歳児と6歳児が「試行錯誤の後も3枚円盤タワーを動かすことができない。子どもたちは2枚円盤タワーを動かすことに成功はするが、それは教示をなんとかしようとあらゆることを試した後のことであり、論理的なつながりの意識はない」（p.288）という彼の結論である。さらに、「参加者は、誰も計画を立てず、どのようにタワーを動かすかを理解してさえいなかった」（p.290）、また後で、「どんな演繹推論の試みよりも試行錯誤の手続きの体系的な優先があり ･･･ 、偶然正答にたどり着いたという認識もない」（p.291）としている。最後に、先述したように、ピアジェは、子どもは11、12歳になるまで3枚円盤問題を当たり前のように解くことはできないと主張している。

疑問の理由

これは奇妙な結果である。なぜなら、2枚円盤課題では参加者が1つの障害物（小さい円盤）を取り除き、使用していない棒に一時的に置いて大きな円盤を動かせるようにし、それから小さい円盤を置くだけだからである。考えられる限り、最も初歩の課題である。この結果がもうひとつ奇妙なのは、乳児でさえ望ましい目標を達成するために1つの障害物を除去することができたり（McCarty, Clifton, & Collard, 1999）、望ましい対象を取り戻すために道具を使用したりできるということである（Chen & Siegler, 2000）。さらに、日々の状況に対処する幼児の日常の観察でも、彼らは慣れ親しんだ環境で、3、4回の「移動」が必要な「問題」(人形に結ぶ紐が入ったキャビネットに手を伸ばすためにイスを持ってくるような)を解く能力があることを示している。たとえば次のケースを考えてみよう。

場面：庭に子どもと父親がいて、子どもの友だちが自転車で現れる。
子　：お父さん、地下室のドアは開いてるかな？
父　：どうして？
子　：自転車に乗りたいんだ。
父　：お前の自転車は車庫の中だよ。
子　：でも、靴下が乾燥機の中なんだよ。

この子はどんなふうに奇妙なのだろうか？ どのようにこのようなやりとりを説明できるだろうか？ 仮説的な一連のこの子どもの心的活動を表4.1に示す。

表4.1　子どもの要請をもたらした目標と下位目標、制約の仮説的なプロセス

第一目標：自転車に乗る
　制約：靴かスニーカーを履く必要がある
　事実：裸足
　下位目標1：靴を履く
　　事実：庭にスニーカーがある
　　事実：スニーカーは裸足の足を傷つける
　　下位目標2：足を守る（靴下を履く）
　　　事実：靴下を入れてある引き出しは今朝、空だった
　　　推論：靴下はまだ乾燥機の中だ
　　　下位目標3：乾燥機のところに行く
　　　　事実：乾燥機は地下にある
　　　　下位目標4：地下に入る
　　　　　事実：家の中を通ると遠い、庭の入り口を通ると近い
　　　　　事実：庭の入り口はいつも閉まっている
　　　　　下位目標5：庭の入り口をあける
　　　　　　事実：鍵は全部父親が持っている
　　　　　　下位目標6：父親に尋ねる

これは実例（私自身の実際の経験）であり、幼児と過ごした人なら誰にも起こりうることだろう。一方で、この例の分析は、多くの前提に基づいているので説得力が弱い。これらの前提のいくつかは、簡単に検証できる。靴を履かないと自転車に乗れないという制約を子どもが知っているかどうか調べることができる。同様に、乾燥機の場所や、地下室までの近道などの事実についての子どもの知識も調べることができる。いくぶん難しいのが、靴下が引き出しの中にないときどこにあるかといったような日常環境について、子どもがどんな種類の推論を行っているかを調べることであるが、これも十分可能ではある。しかしながら、この仮説的な一連の思考の主要な特徴は、これらの特徴を単独で取り出すことはできないことである。むしろ、特徴はそれらが体系的な手段 - 目的の結びつきへと、組織されていることにある。つまり私は、ここに描いたような種類の行動を示すことができる年齢になるまでには、子どもはすでにある程度の一般的な問題解決プロセスを獲得している、と示唆している。それによって子どもは、関連する環境の特徴に気づき、何らかの体系的な方法で幅広い事実や制約、単純な推論を組み合わせて組織化することによって、効率的に機能できるのである（目標を達成する）。TOH は、これらの問いを検討する理想的な文脈を提供している。

この種の行動は、先の主張と違って、就学前の子どもがこれまでに明らかにされてきたよりも問題解決能力が高いことを示しており、私はこの仮説を（個人の逸話に依存するのではなく）組織的に検討することにした。この章の残りでは、就学前の子どもの問題解決能力を測定するために TOH の一形式と新規の手続きを用いた研究について説明する。同時に、私は第一種の過誤（すなわち、できない子どもに能力があると判断してしまう）を防ぎたい。私が課題の精度を高めるためにとった処置は、課題自身を修正し、部分的な問題を提示し、事前に課題に親しませ、動機づけるお話を加えたことである。第一種の過誤を防ぐための試みとして、子どもに1回に1つ動かしてもらうのではなく、どのように動かすのか全体の計画を話すよう求めた。

複数の下位目標がある問題解決のための就学前児の能力に関する研究

前述したように、ピアジェは子どもの問題解決能力の研究で TOH を用い、このパズルは成人の問題解決能力を研究するためにも広く用いられてきた

(Simon, 1975; Anzai & Simon, 1979)。ここで説明する研究で、私たちは、このパズルの標準的な物理的配置を修正する一方、基本的な形式上の特性は維持した(Klahr & Robinson, 1981)[3]。

材料と手続き

私たちは、サイズの制約を逆にし、棒にゆったりかぶさる、入れ子になった逆さにした缶を用いた。それらを重ねるとき、より大きい缶の上に小さい缶を置くことはできない（図 4.2）。たとえ子どもがサイズの制約を忘れたとしても、材料が物理的にできないことを示してくれる。小さい缶は大きい缶から落ちてしまう。

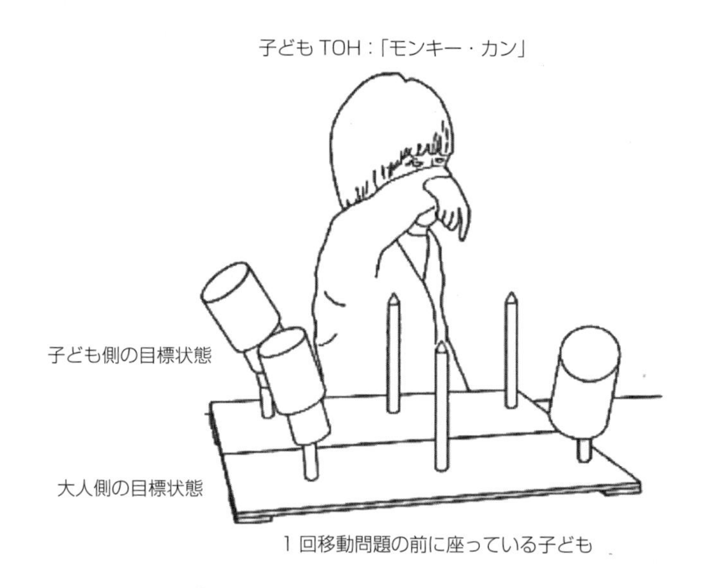

図 4.2 「モンキー・カン」。上になるほどサイズが小さくなる円盤の代わりに、材料としてサイズが大きくなる缶を逆さにして用いた。制約は、(1) 1 度に 1 つの缶だけを動かす。(2) より大きい缶の上に小さい缶を置かない、である。初期状態（実験者の缶）と目標状態（子どもの缶）の両方が示されている。しかしながら、いずれの中間状態も物理的に提示されず、子どもの頭の中で構成されなければならない。この配置は「部分的に解決されている」3 つの缶問題である。問題を解くためには一度の移動だけでよい。

---

[3] 研究者たちは子どもの思考過程を調べるためにこのパズルを今も使っているが、その焦点は今では「実行機能」、「ワーキングメモリ」、「認知的抑制」のような、近年提案された理論的構成概念である（Bull, Espy, & Senn, 2004）。

目標の外在化

初期の配置に加えて、目標となる配置もいつも物理的に提示されていた。私たちは子どもの缶を目標となる配置に置き、実験者の缶を初期の配置に置いた。私たちがこのようにしたのは、ピアジェ版のパズルをした子どもは単に目標の状態がどのようであるかの心的表象を忘れた（あるいは作り出すのに失敗した）のかもしれないと考えたためである。もし目標状態を目に見えるかたちで提示すれば、子どもの制限のある記憶容量に負荷をかけることなく、真の問題解決能力を明らかにすることができるだろうと考えた。

それから子どもは、実験者の缶が自分（子ども）の缶とそっくりになるようにするには、実験者がどのようにしたらいいか、実験者に話すよう求められた。この手続きは、どの程度子どもが一連の中間状態に関する心的表象を作り出せるのか（1回動かした後、それぞれの缶がどこにあるかを「イメージすること」）を明らかにするために用いられた。子どもは、問題を解くために必要な一連の移動の全体を説明するよう求められた。

参加者

カーネギーメロン大学チルドレンスクールに通う51人の子どもが研究に参加した。4歳児と5歳児がそれぞれ19人、6歳児が13人であった。子どもの家庭は大部分が中間層である。各年齢の男女の数はほぼ同じであった。

カバーストーリー

子どもは、以下のカバーストーリーを聞いて、図4.2に示した材料と親しんだ。

昔々、青い川がありました（棒の列の間のスペースを実験者が指さす）。あなたのほうの側の川には3つの茶色い木がありました。私のほうの側にも3つの茶色い木がありました。あなたのほうには、3匹のサルが暮らしていました。大きい黄色いお父さん（黄色い缶を見せ棒に置く）、中ぐらいで青いお母さん（見せて置く）、小さくて赤い赤ちゃん。サルたちは木から木に飛び移ることが好きです（ルールにしたがって）。彼らはあなたのほうの川で暮らしています（適切なジャンプと不適切なジャンプを定める）。私の側にもお父さん、お母さん、赤ちゃんの3匹がいます（実験者の缶を示す）。私のほうは真似をするサルです。彼らは川のこちら側で、ぴったりあなたのサルのようになりたいんです。あなたのサルはそういうふうに重なっていて（子ども側のテーブルの目標状態を指す）、私の側はこうです（実験者側のテーブルを指さす）。私の側のサルもあなたのようになりたいのですが、今、彼らは少し混乱しています。私のサルがあなたのサルとそっくりになるようにするためにはどのようにしたらいいか、教えてくれませんか？ どのようにすれば、あなたのお父さんサルの向かいに私のお父さんサルが来るでしょうか〔お母さん、赤ちゃんも〕？

各問題で、子どもは実験者に必要となる全ての移動の順序を伝え、実験者は肯定的な応答を示すが缶は動かさなかった。それから次の問題が提示された。子どもたちは容易にカバーストーリーを理解して覚え、缶をサルとして捉えることにすぐ同意した。残りのバリエーションについては、この課題の形式的特性を考慮した後に示すのがよいだろう。

課題

私たちは、最小の移動回数が1回から7回までの40の課題を用いた（3つの缶を7回動かす問題は「伝統的な」TOHパズルで、ある棒に3つの缶がある状態から始まり、別の棒に3つの缶がある状態で終わる）。移動回数の違いは「部分的に解決されている」課題を与えることで設定された。つまり、ある棒あるいは別の棒にすべての円盤が積み重ねられた初期状態と最終状態の伝統的な設定でなく、たとえば、最終状態に積み重ねるまでに2回しか動かさなくていい、というように設定された（図4.2は移動が1回だけ必要な問題を示している。つまり、実験者の右側の棒から大きな「お父さん」缶を移動させて、すでに実験者の左側に積み重ねられている小さい「赤ちゃん」缶と中ぐらいの「お母さん」缶の上にかぶせる）。問題はだんだん難しくなる順（つまり移動の数が多くなる）に提示され、子どもが回答できなくなるまで提示された。

結果

知りたい主要な問いは、必要な一連の動きを子どもが答えるのに、どのくらい先まで見通すことができるかである。たまたま偶然解いてしまうことによる能力の過大評価を避けるために、私たちは厳密な基準を用いた。子どもは、移動nの問題4問すべてで最小の移動回数で解答できた場合のみ、n移動問題を解答できるとされた。

すべての課題に対する、正しく解答した各年齢群の子どもの割合を図4.3に

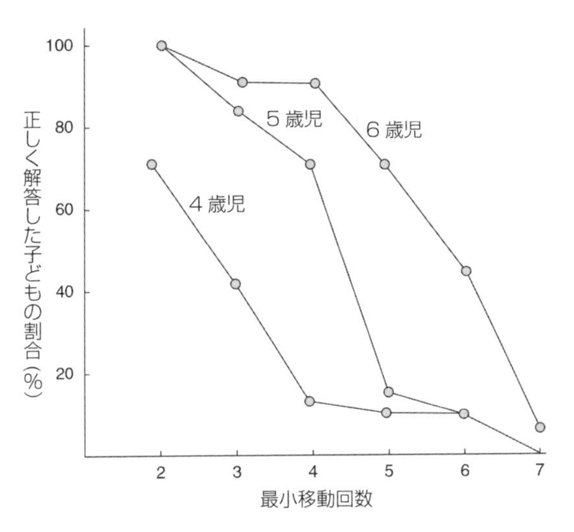

図 4.3　4 歳、5 歳、6 歳児の、n 移動問題 4 問に全部正答した割合

示した。図 4.3 の Y 軸が全体の正答割合ではなく、より厳密な尺度（正しくその課題の最小回数ですべて解答できた子どもの割合）であることは重要である。たとえば、6 歳の 69%が 5 回移動問題を 4 問とも正答したが、5 歳児では 16%、4 歳児では 11%のみであった。

成績の絶対レベルは、ピアジェの初期の主張を考えれば驚かされる結果である。5 歳児の 3 分の 2 以上とほとんどの 6 歳児が 4 回移動問題に一貫して正答しており、6 歳児の半分以上が 6 回移動問題に正答した。4 歳児の大体半分が 3 回移動問題に正答することができた。缶は子どもの解答中あるいは解答後も動かさないので、これらの解答には子どもが将来の状態に関する心的表象を操作する必要があることを思い出していただきたい。さらに、すべての中間状態は、非常に紛らわしいが、2 つの物理的に提示された状態（初期配置と最終配置）とは異なっていた。

まとめのコメント

子どもにとって新奇な任意の問題解決課題が提示されたとき、多くの 6 歳児や一部の 5 歳児は、ピアジェが問題解決に関する研究の中で主張していたよりもうまく、6 回先の動きを考えることができることは明らかである。この能力は、人間の問題解決能力の２つの重要な側面であるプランニングと手段‐目的分析（Newell & Simon, 1972）の両方の組織的な適用によってもたらされると思われる。

「ピアジェ再考」で取り上げたいくつかの論点を伝えるために、問題解決の領域に焦点を当てた。これらの論点には、先駆的な実験に基づく研究、子どものパフォーマンスを刺激し記録する革新的な方法、包括的な理論的モデルの観点からの結果の解釈の試み、そして注意深く計画され実行された実験場面に明らかなように、彼の結論と解釈へのその後の挑戦が含まれる。彼がその後に続く何千もの認知発達の研究者の進む道を切り開いたことに疑いの余地はない。

■さらに学びたい人のために

Klahr, D. (1994). Discovering the present by predicting the future. In M. Haith, B. Pennington, & J. Benson (Eds.), *The development of future-oriented processes* (pp.177–218). Chicago: University of Chicago Press.

Miller, P. H. (2009). *Theories of developmental psychology* (5th edn.). New York: Worth Publishers.

Piaget, J. (1952). *The origins of intelligence in children.* New York: International University Press (originally published in 1936). ［ピアジェ／谷村覚・浜田寿美男（訳）(1978)『知能の誕生』ミネルヴァ書房（原著フランス語からの翻訳）］

Scholnick, E., Nelson, K., Gelman, S. A., & Miller, P. (Eds.) (1999). *Conceptual development: Piaget's legacy.* Mahwah, NJ: Erlbaum.

■引用文献

Anzai, Y., & Simon, H. A. (1979). The theory of learning by doing. *Psychological Review, 86,* 124–140.

Bull, R., Espy, K. A., & Senn, T. E. (2004). A comparison of performance on the towers of London and Hanoi in young children. *Journal of Child Psychology and Psychiatry, 45,* 743–754.

Chen, Z., & Siegler, R. S. (2000). Across the great divide: bridging the gap between understanding of toddlers' and older children's thinking. *Monographs of the Society for Research in Child Development, 65,* 2, (Whole No. 261) .

Elman, J. L. (2005). Connectionist models of cognitive development: where next? *Trends in Cognitive Sciences, 9,* 111–117.

Flavell, J. (1963). *The developmental psychology of Jean Piaget.* Princeton, NJ: Van Nostrand. ［フラベル／岸本弘・岸本紀子（訳）(1969–1970)『ピアジェ心理学入門』（上・下）明治図書出版］

Inhelder, B., & Piaget, J. (1964). *The early growth of logic in the child.* London: Routledge and Kegan Paul (originally published in 1959).

Klahr, D. (1978). Goal formation, planning, and learning by pre-school problem solvers, or "My socks are in the dryer". In R. S. Siegler (Ed.), *Children's thinking: what develops?* (pp.181–212). Hillsdale, NJ: Erlbaum.

Klahr, D. (1985). Solving problems with ambiguous subgoal ordering: Preschoolers' performance. *Child Development, 56,* 940–952.

Klahr, D. (2004). New kids on the connectionist modeling block. *Developmental Science, 7,* 165–166.

Klahr, D., & Robinson, M. (1981). Formal assessment of problem solving and planning processes in preschool children. *Cognitive Psychology, 13,* 113–148.

Klahr, D., & Wallace, J. G. (1972). Class inclusion processes. In S. Farnham-Diggory (Ed.), *Information processing in children* (pp.144–172). New York: Academic Press.

McCarty, M. E., Clifton, R. K., & Collard, R. R. (1999). Problem solving in infancy: the emergence of an action plan. *Developmental Psychology, 35,* 1091–1101.

Miller, G. A. (2003). The cognitive revolution: a historical perspective. *Trends in Cognitive Sciences, 7,* 141–144.

Miller, P. H. (1993). *Theories of developmental psychology* (3rd edn.). New York: Worth Publishers.

Newell, A., & Simon, H. A. (1972). *Human problem solving.* Englewood Cliffs, NJ: Prentice-Hall.

Piaget, J. (1952). *The origins of intelligence in children.* New York: International University Press (originally published in 1936). [ピアジェ／谷村覚・浜田寿美男（訳）(1978)『知能の誕生』ミネルヴァ書房（原著フランス語からの翻訳）]

Piaget, J. (1976). *The grasp of consciousness.* Cambridge, MA: Harvard University Press.

Piaget, J. (1974). *La prise de conscience.* Paris: PUF.

Piaget, J. (1983). Piaget's theory. In P. Mussen (Ed.), *Handbook of child psychology* (4th edn, pp.103–128) Vol. 1. New York: Wiley.

Rakison, D. H., & Lupyan, G. (2008). Developing object concepts in infancy: An associative learning perspective. *Monographs of the Society for Research in Child Development, 73,* 1–110.

Scholnick, E., Nelson, K., Gelman, S. A., & Miller, P. (Eds.) (1999). *Conceptual development: Piaget's legacy.* Mahwah, NJ: Erlbaum.

Siegler, R. S. (1986). *Children's thinking.* Englewood Cliffs, NJ: Prentice Hall. [シーグラー／無藤隆・日笠摩子（訳）(1992)『子どもの思考』誠信書房]

Simon, H. A. (1975). The functional equivalence of problem-solving skills. *Cognitive Psychology, 7,* 268–288.

5　乳児期における模倣
メルツォフとムーア（1977）の研究再訪

アラン・M・スレーター

メルツォフとムーアの古典的研究が生まれた背景

模倣はヒトの最も重要な能力の1つであり、幅広い学習にかかわっている。たとえば新しい行動や言語の基礎、物の用途や特徴に関する知識、文化的知識等の獲得において重要である。また、子どもの社会化においても重要な役割を果たしている。したがって、ヒトとヒト以外の種の両方で、模倣に関する膨大な量の研究が100年以上にわたって刊行され続けているのも驚くにあたらない。乳児期における模倣の起源と発達について研究した最初の研究者のひとりがピアジェであり、彼の観察はまさしく、メルツォフとムーア（Meltzoff & Moore, 1977）の古典的研究の背景である。

ピアジェは、模倣の能力は乳児期の発達と共に漸進的に発達すると指摘した。彼は生後6～8ヵ月における模倣の小さな証拠を発見することができた。「0;5(2)（生後5ヵ月2日）でジャクリーヌ（ピアジェの娘）は、自分の舌を連続して何度か出した。私が彼女の前で、彼女のジェスチャーに調子を合わせて自分の舌を出すと、彼女はその行為をますます繰り返すように見えた。しかしそれは一時的な連携にすぎなかった。15分後、私がまた舌を出しても、彼女が再び始める徴候は見られなかった。その後数日、同じように反応はなかった」。そしてその後、「0;(1)（生後6ヵ月と1日）のとき、私はバイバイと手を振り、舌を出し、口を開けて親指を入れて見せた。しかし反応はなかった。なぜなら最初の動きは〔彼女の〕既知のシェマと対応しておらず、**また、他のものは、自分では見ることができない彼女自身の顔の部分に関するものだったからである**」（Piaget, 1951, pp.27–28）。太字の部分（著者による）については後でコメントする。ピアジェによると、生後9～10ヵ月の間に模倣と解釈しうる行動が存在するが、それはしばしば錯覚である。もしモデル（たとえば大人）が乳児の発した音やジェスチャーを真似すれば、乳児もその音やジェスチャーを続ける可能性が高い。しかしこれは、相手の行為を再生（模倣）しているというよりは、単に子どもが自分自身の行為を繰り返しているだけかもしれない。

ピアジェ派の説明では、生後8ヵ月から10ヵ月頃に最初の「真の」模倣が現れ、自分では見ることのできない行動、たとえば唇の動きなどの模倣行動ができるようになる。模倣能力の主要な発達は、乳児期の終わり、18ヵ月頃にかけて、延滞模倣の能力というかたちで現れる。これをよく示すのが以下の例である。14ヵ月と3日、ジャクリーヌのもとに1歳6ヵ月の男の子が訪れた。男の子はとても機嫌が悪く、ベビーサークルの中にいる間、叫びながら地団太を踏んでいた。「ジャクリーヌは見たことのない光景に唖然とし、彼を見て立ち尽くしていた。翌日ジャクリーヌはベビーサークルの中で叫び、ベビーサークルを動かそうとし、何度も連続して軽く地団太を踏んだ」(Piaget, 1951, p.63)。このことが起きてしばらくしてから、ジャクリーヌはこの出来事を再現した。このことから、ジャクリーヌは男の子の動作を見たときにその行為を内面化したに違いないと考えられる。つまり表象（顔、行為、出来事、ジェスチャーなど、何かについての心的イメージをもつこと、または作ること、と定義される）の能力がすでに現れており、延滞模倣を可能にしたのである。

ピアジェの説は乳児期における模倣の発達についての最初の包括的な説明であり、すぐに他の説が続いた。初期のザゾ（Zazzo, 1957, Maratos, 1998, p.145 に引用）の報告では、生後15日の乳児が舌出しを模倣したことが示唆されたが、彼はこれを再現することは難しいとして、自らこれが模倣であるとの考えを退けた。数年後ガードナーとガードナー（Gardner & Gardner, 1970）が、彼らの生後6週の息子が舌出しを模倣したと報告した。マラトス（Maratos, 1973）は、「模倣の起源と発達は人生の最初の6ヵ月にある」と述べている。これは未出版の博士学位論文であり、（私の知る限り）彼女の研究の最初の刊行物は1982年である。マラトスはピアジェと一緒に研究していた。新生児の前で舌を出して見せたら、彼らも自分の舌を出した、と彼女はピアジェに伝えたらしい。ピアジェは思慮深くパイプを加え、「なんと失礼な！」と答えたという。

要約すると、1970年代の半ばまでに、模倣は生後6ヵ月より前の乳児にとって、獲得不可能ではないが非常に難しく、乳児期を通して漸進的に出現し、乳児期後期において表象能力として結実する、という見方が優勢になった。この見方は、メルツォフとムーアの革新的な研究（1977）の出版によって、まさに覆ろうとしていた。

メルツォフとムーアの研究の概要

参加者は生後12～21日の新生児で、実験は2つの条件で行われた。実験1では、6名の乳児（男児3名、女児3名）が、最初に、無表情のままの実験者と90秒間対面した。その後新生児たちはそれぞれ異なる無作為の順序で、次の4つのジェスチャーを見せられた。唇を突き出す（LP）、口を開ける（MO）、舌を出す（TP）、連続的に指を動かす（SFM；指を順番に動かして手を開いたり閉じたりする）である。それぞれのジェスチャーは15秒間ずつ4回示され、その後に20秒間の反応期間が設けられた。反応期間中は、実験者はジェスチャーの提示を止め、無表情となった。反応期間中の乳児の反応はビデオテープに記録され、乳児がそれぞれのジェスチャーを模倣していたかどうか、その程度をランク付けするように指示された大学院生たちがランダムに交代して得点をつけた。図5.1は、大人（アンディ・メルツォフ）の舌を突き出すジェスチャーを模倣する乳児の様子である。図5.2は実験の結果である。濃い棒グラフは新生児が見せられたジェスチャーを表す。大学院生たちが、最も新生児が模倣をしていたと思われるジェスチャーとして選んだのは、新生児たちが見せられた

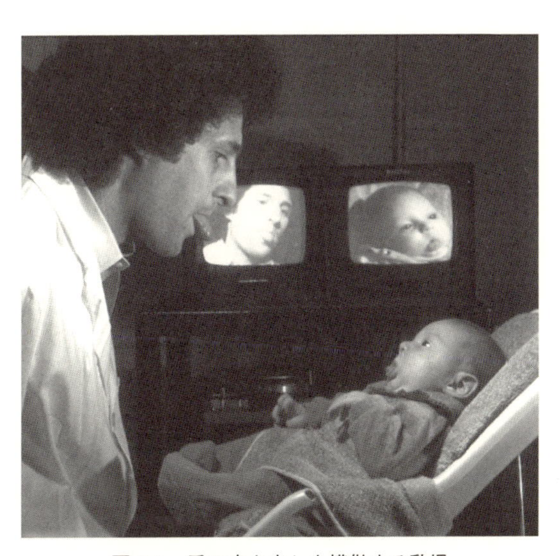

図5.1　舌の突き出しを模倣する乳児

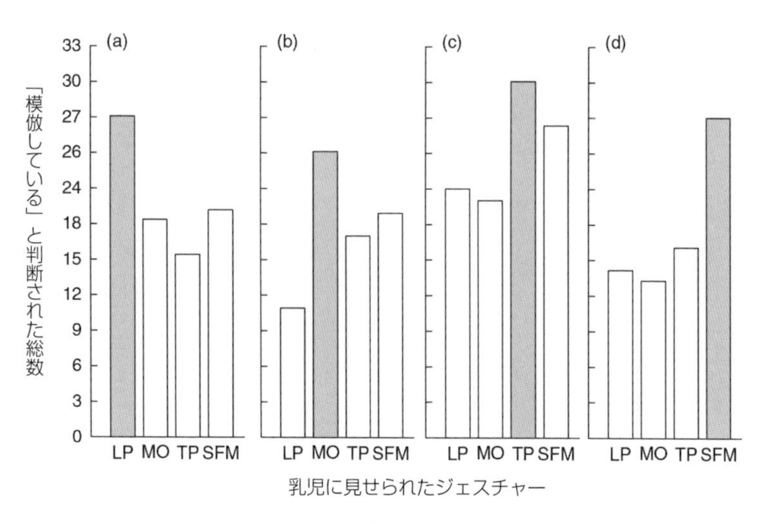

図 5.2　実験 1 の結果

ばかりのものであることが明らかに見てとれる。これは、それぞれのジェスチャーについて統計的に有意な結果であった。

そこで著者たちは、実験者が無意識に、乳児の行動がこれから提示しようとするジェスチャーと一致するまで、そのジェスチャーを行うのを待っているのではないかという可能性、すなわち、実験者が乳児を模倣していた可能性を検討した。この可能性を排除するために実験 2 が実施された。

実験 2 の参加者は、生後 16 ～ 21 日の乳児 12 名であった。この実験では、2 つのジェスチャー、すなわち口を開ける（MO）と舌を突き出す（TP）だけが提示され、それぞれのジェスチャーは、乳児の口の中におしゃぶりが入っているときに示された。したがって実験者は乳児の顔の動きを、いつジェスチャーを提示するかの手がかりにすることができなかった。乳児が 15 秒間見たと判断されるまで当該のジェスチャーが提示され、その後実験者は無表情となり、おしゃぶりを取り除いた。150 秒間の反応期間が設けられ、その間実験者は無表情を保っていた。それに続いて、再び乳児の口におしゃぶりが入れられた状態で、実験者は 2 つ目のジェスチャーを提示した。その後再びおしゃぶりが外された状態で 150 秒間の反応期間が続いた。実験結果は簡単に述べることができる。MO が示された後では、舌を突き出す反応に比べて 3 倍以上の口を開ける反応（MO）が見られ、TP を見せられた後では、口を開ける反応に比べて 4 倍以上の舌を突き出す反応（TP）が観察された。さらに両方の場合において、何のジェスチャーも提示されないベースライン条件に比べて、より多くの適切な反応が見られた。

そこでメルツォフとムーアは、「乳児はどのようにして模倣を行うのか？」と問い、2つの可能性を提示して共に退けた。(1) 模倣は実験者または親によって提供された強化を基礎にしている。しかし、実験者は模倣されるジェスチャーを提示していないときは無表情のままであった。また、ほとんどの親は、乳児が模倣するという考えに驚いた。(2) 模倣は生得的解発機構を基礎としている、すなわち、大人がそのジェスチャーを行うとき、それは単に、自動的で反射的な反応を引き起こすのであって、それが誤って模倣と解釈されうる。しかしながら、模倣されたジェスチャーの幅広さ（4つ）を考慮すると、この可能性はありそうにない。そこで、彼らは3つ目の可能性を支持している。それは、「模倣は、視覚と自己受容感覚の情報を両方の感覚様相に共通する形式で表象する新生児の能力を基礎にしている」(p.77) というものである。

以下は、この可能性の説明である。我々は、五感（視覚、聴覚、触覚、味覚、嗅覚）だけをもっている、という考えに慣れてしまっている。しかしながら、我々には、自己受容感覚として知られている第六の感覚が備わっている。この感覚を説明するために、次のエクササイズをやってみよう。まず、目を閉じたまま片足で立ち、片方の手の人差し指で鼻の先を触ってみよう。あなたは、自分の足や腕、手の動きを見ることができないにもかかわらず、楽にこの動作を行えたことだろう。それは自己受容感覚が備わっているからである。この自己受容感覚は、我々の身体と身体のパーツの位置、動き、姿勢、〔他のパーツとの相対的な〕位置についての情報を提供するもの、と定義することができる。したがって、顔のジェスチャーを模倣するためには、新生児たちは、自分が見ているものを、自分では見ることのできない自分の顔のジェスチャーと関連づけなければならない。後の出版物において、メルツォフとムーアは、このモデルを「アクティブ・インターモデル・マッピング（Active Intermodal Mapping; AIM)」と呼んだ。このモデルを図5.3で説明する。乳児は、大人のジェスチャーを見ることで、自分の顔の自己受容感覚を賦活する（2つの感覚様相、つまり視覚と自己受容感覚を含むので超様相的と言える）。それから乳児はジェスチャーの模倣を試み、自己受容感覚的情報から、自身のジェスチャーがどの程度うまくいったのかを知る（等価性検出器）。そして、さらに試行を重ねることでより正確な模倣を行うことが可能になる。

要約すると、この古典的研究において、メルツォフとムーアは、2つのきわめてよくデザインされ統制された実験から、非常に幼い乳児が、自分自身の顔

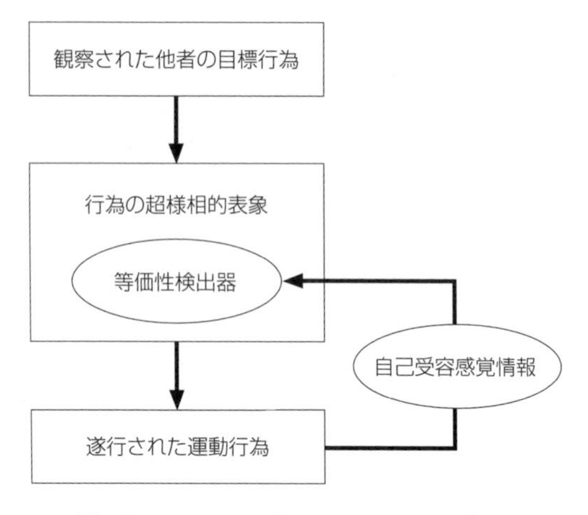

図 5.3　メルツォフとムーアの AIM モデル

を見ることができないにもかかわらず、大人のモデルを見て顔のジェスチャーを模倣することができる、ということの最初の明確な証拠を示した。後の論文（1983）において、彼らは、生後 1 時間から 3 日というさらに幼い乳児ですら、大人の顔のジェスチャーを模倣することができることを実証した。

メルツォフとムーアの研究の影響

メルツォフとムーアの論文（1977）は、乳児期研究全体において最も頻繁に引用される論文であり、これを書いている時点（2011 年 8 月）で、750 件以上引用されている。その影響は非常に大きく、現在も影響を与え続けている。それには少なくとも 3 つの理由がある。乳児の社会的、認知的発達を再概念化したこと、顔の知覚の起源についての新たな説明を行ったこと、乳児における模倣の発達と機能についての新しい説明の端緒となったことである。これらについて、以下に説明する。

乳児の社会的・認知的発達の再概念化

乳児期を通した模倣の発達についての最初の詳細な説明は、ピアジェによってなされた。このことについては簡単に前述した。メルツォフとムーアの発見は、少なくとも 2 つの点において、ピアジェの説明が間違っていることを明確に示している。ピアジェは、唇の動きのような、乳児が感じることはできるが見ることはできないジェスチャーを模倣する能力は、生後8～10ヵ月頃に現れると提唱した。しかし、メルツォフとムーアの発見は、この能力が生後すぐに存在することを示した。ピアジェはまた、表象能力は、乳児期の終わり、14～18ヵ月頃にかけて発現すると述べた。しかしながら、メルツォフとムーアの発見は、人間の顔の表象もまた、視覚的にも自己受容感覚的にも、出生時から可能であることの証拠であり、乳児の発達ついて、それまでとは根本的に異なる説明が必要となった。すなわち、「知覚的に存在しない刺激の抽象的な表象を基礎に行動する能力は、乳児期における心理的発達の到達点ではなく、出発点である」(p.77) という見解である。

他の研究者もまた、乳児は、一連の表象システムをもって世に生まれ出るのであり、それが認知的・社会的発達の基礎であると主張した。たとえば、スペルキとキンズラー (Spelke & Kinzler, 2007) は、乳児は、物体、行為、数、空間、そして社会的パートナーを表象するための、5つの「コア知識」システムをもって生まれてくると提唱した。社会的パートナーを理解することにおける模倣の役割については、後で取り上げる。

顔の知覚の起源

新生児は好んで顔に注目する傾向があり、それゆえ顔の表象をもっていると長く考えられてきた。しかし新生児の顔の表象がどの程度緻密なものであるかについては、意見が一致していなかった。目や口などの顔の内的な特徴に注意を向けなければ顔の表象を模倣できないので、メルツォフとムーアの発見は、新生児が顔の内的な特徴に注意を向けていることの最初の明白な証拠であった。さらに、これを支持する知見がもたらされた。2つの顔を並べて見せられたとき、新生児がより魅力的な顔を選好する傾向にあり、また、魅力による選好に際して顔の内的な特徴に関する情報を利用したのである (Slater et al., 2000)。つまり、メルツォフとムーアの発見は、新生児の顔の表象は出生時点で精巧で緻密なものであることを示す、最初の根拠であった。

乳児期の模倣の発達と機能

メルツォフとムーアの発見は、模倣の能力が出生時にすでに備わっており、乳児期を通じての発達の結果得られるものではないことを示す、公刊された初めての証拠であった。それは、乳児期の模倣の過程と機能を詳細に研究する可能性を浮上させ、彼らの論文が出版されるや熱心な研究が始まり、それ以来ますます多くの研究が続けられている。本章ではこれ以降、この研究から得られたいくつかの知見に焦点を当てる。

メルツォフとムーアの研究に対する批判
── 別の解釈と知見

何人かの研究者が、研究結果の解釈と妥当性について、特に口の開閉（MO）と舌の突き出し（TP）について、疑問を提起した。この２つは、乳児の顔の表情の模倣に関するその後の研究で最も頻繁に提示されるジェスチャーである。疑問は、主に以下の３点である。(1) 模倣反応が再現されない、(2) 新生児はTPは模倣するが、他の表情は模倣しない、(3) MOとTPは単純に乳児の覚醒状態を反映している可能性がある。つまり、穏やかに覚醒した新生児は口を開ける傾向があるが、（大人のTPジェスチャーを見た）より高い覚醒状態の新生児は、舌を突き出す傾向があるのかもしれない。これらについて、順にコメントする。

1. マッケンジーとオーバー（McKenzie & Over, 1983）は、「乳児は顔と手の模倣に失敗する」という彼らの論文のタイトルに明示されているように、メルツォフとムーアの結果を再現できなかった。同様に、アニースフェルドら（Anisfeld et al., 2001）は、新生児が口のジェスチャーを模倣するという説得力のある証拠を見出せなかった。

2. アニースフェルドたち（Anisfeld et al., 2001）は、「TPでは、乳児はMO反応よりも多くのTP反応をしたが、MOでは効果が見られなかった」（p.111）と報告した。これは、以前のアニースフェルドらの報告（1996）の「TP反応は明確で一貫していたが、他の効果は弱く一貫していなかった」という知見を再現するものであり、さらにはより古く、ケイツら（Kaitz, Meschulach-Sarfary, Aurbach, & Eidelman, 1988）によっても報告されている。

3. ジョーンズ（Jones, 2006）は「TPは興味を引く遠刺激に対する一般的な反応」であるとし、大人のモデルによるTPの乳児の模倣は、真の模倣というよりも、一般的な覚醒のサインであると指摘している。

これらの批判に対して、少なくとも3つの返答が考えられる。1つ目は、初期の模倣の機能に関するものである。次節で見るように、メルツォフは、新生児は、模倣のジェスチャーを提示する大人の同一性を確かめるために(「あなたは、私に向かって舌を出している人ですか？」)模倣するのだと示唆している。もしそうであるとしたら、ピアジェの乳児が顔のジェスチャーを模倣しなかったのは、乳児がすでに彼を知っていたからだということになる！ 同様に、もしこれからモデルとなるジェスチャーをして見せる実験者が実験前に乳児に紹介されていたなら、潜在的な模倣的反応は弱くなっただろう。

2点目は、新生児模倣の得点化の難しさと関連している。図5.2に立ち返れば、2つのことが明らかだ。(モデルによって)生み出されたジェスチャーは、他のジェスチャーよりも頻繁に採点者にそれとして識別される。しかし、乳児のそれぞれのジェスチャーに対して、4つのジェスチャーの全てが、何人かの採点者によって、提示されたものに最も近いと考えられ、同定されている。つまり、採点者によるジェスチャーの識別にはかなり変動性があり、他の研究者によっても、「(新生児の)模倣的行動を自発的行動からどの程度区別できるかには大きな個人差がある」ことが示されている(Ullstadius, 2000, p.239)。これは、キャンポスら(Campos, 2008)による結論、すなわち、「初期の知覚、認知、社会的コンピテンスの最もドラマチックな発見の多くは、曖昧なものである」という主張と整合している。

第三の論点は、メルツォフとムーアの論文(1997)以来、新生児模倣に関するデータが豊富に蓄積されてきたことである。今日までに、多くの研究者が単著で(または共著で)新生児による模倣について肯定する知見を発表している。なかには、生後1時間以内に新生児が初めて見た顔を模倣することを報告しているケースもある(Reissland, 1988)。人間の新生児については、明確に模倣されたと認められるジェスチャーは、MO、TP、唇の突出し、連続的な指の動きに加えて、頭の動き、喜び、悲しみ、そして驚きの顔の表情、さらに「Ah」、「m」、「a」といった発声も含まれる。後者は、模倣が行われたときの、大人の口の動きを真似ようとする新生児の口の動きによって、模倣かどうかが判別された。

模倣の能力は人類に限られたものだと考えられてきた。しかし最近の研究では、チンパンジーの新生児やある種のサルも模倣をすることが示されており、これらの事例において、ジェスチャーは、ヒトの大人のモデルによって行われている。明和（山越）・友永・田中・松沢（2004）は、母親によって育てられた「生後7日未満の2頭のチンパンジーが … ヒトの顔のジェスチャー（TPとMO）を識別し模倣することができた」（p.437）と報告した。より大きいサンプルである5頭のチンパンジーの新生児においても、舌打ちを模倣したことが報告されている（Bard, 2007）。また、アカゲザルの新生児は、唇鳴らしを模倣し（MOを見た後に）、TPも模倣することが見出されている（Ferrari et al., 2006）。社会性の高い霊長類であるノドジロオマキザルは、彼らの行動を模倣する人間との相互作用を好み、信頼や好意、向社会的行動、人間の中に入ろうとする態度をより多く示すことが報告されている（Paukner, Suomi, Visalberghi, & Ferrari, 2009）。この発見は、模倣が強力な社会的機能を有することを示唆している。この点については次節でより詳細に述べる。

要約すると、これまでの証拠は、模倣の能力が誕生時に存在しているとことを示している。次節では、相互に関連した3つの問題について論じる。すなわち、「乳児はどのように模倣するのか？」「乳児はなぜ模倣するのか？」そして、「模倣についての研究はどのように進歩してきたのか？」である。

まとめ ── メルツォフとムーアの研究はいかに思考を前進させたか、その後思考はいかに発展したか

乳児はどのように模倣するのか

前節では、メルツォフとムーアのAIMモデルを説明したが、それは乳児が模倣することを可能にする仕組みについての初めての説明であった。彼らの1977年の論文から何年も経って、いわゆる「ミラーニューロン」（mirror neurons: MNs）についての最初の論文が発表された（Dipellegrino et al., 1992; Rizzolatti et al., 1996）。MNsは霊長類の脳にある神経細胞で、ある行動をしたときに発火する。しかし、他の人が行動をするのを見るときにも、彼ら自身はその行動をしていないにもかかわらず、同じ神経細胞のセットが発火するのである。MNsは今や、模倣、行動の理解、言語発達、社会的学習を含む多くの発達プロセスにとって重要な神経基盤として、ますます認識されるようになっている。よく知られているが、ラマチャンドラン（Ramachandran, 2000）は、「生物学にとってのDNAの役割を、ミラーニューロンは心理学において果たすだろう」とその重要性を述べた。MNsはヒトであることの鍵であること、

また、自閉傾向の高い人が他者との適切な社会的相互作用を行うことが難しい原因の一部として、MN システムの不在が示唆されている。

MNs は当初サルの脳で発見され、ヒトの脳にも存在するに違いないと推測されていたが、それが確認されるまでには長い年月を要した。マカメルら（Mukamel et al., 2010）は、てんかん発作の部位をつきとめるため、21 人の患者の同意を得た上で、脳に電極を埋め込み、単一細胞の活動を記録した。彼らは 1 つの条件において、参加者に顔の表情または手のジェスチャーのビデオを見せた。別の条件では、患者はそれらのジェスチャーを自分自身で行った。そして多くの神経について記録すると、行動を見るときにもその行動をするときにも反応があった。マカメルらは以下のように結論づけた。「これらの結果は、総合すると、人間の脳には、自己および他者によって行われる行為の知覚的側面と運動的側面を柔軟に統合・分化する神経ミラーリング機構を備えた、複合的なシステムが存在することを示唆している」（p.6）。

MN システムは明らかにヒトの模倣と関連しており、またおそらく必要不可欠なものであろう。そして、乳児が模倣することを可能にする仕組みを説明するために、MNs が AIM モデルと協同して活動する、と推測することは合理的である。しかし、MNs は説明の一部にしかなりえない。この後述べるとおり、乳児は新奇のジェスチャーも模倣することができ、また、模倣は発達の経過とともにより柔軟になるのである。

乳児はなぜ模倣するのか

乳児の模倣に関してはいくつか論争があるが、1 点については合意がある。すなわち、模倣の能力は人間の標準的な社会的発達に不可欠であり、我々はおそらく、社会的存在であるよう生得的に決定された資質を備えており、この傾向は、おそらく共感や道徳的判断とも関連しているということである。これらのテーマについて、3 つの研究結果を通して説明する。

キャステリオと共同研究者たち（Castiello et al., 2010）はある果敢な研究で、双子を妊娠している 4 人の女性に 4D（3D に時間的変化を加えたもの）の超音波スキャンを行った。彼らは、双子が妊娠約 14 週という早期に、互いに撫であうような腕の動きを行うこと、またその動きは子宮の他の部分へ向けられるものとは異なることを発見し、「胎児期の「社会的」相互作用は … 霊長類一般、特にヒトの社会的な傾向を典型的に示している」（p.10）と指摘した。この視点は、彼らの論文のタイトルの最初の 4 語 ──「Wired to be social」（社会的であるよう配線された）に強調されている。

発達的に数ヵ月進んで、ハムリン、ウィン 、ブルーム（Hamlin, Wynn & Bloom, 2010）は、3ヵ月の乳児に、丘の頂上に登ろうとして失敗しているように見える「クライマー」（目のついた赤い円）を見せた。2つの実験条件があり、一方では、「クライマー」が丘の上に到達できるように助ける「援助者」（上のほうに押し上げる者）が現れる。もう一方では、「妨害者」（下のほうに押し下げる者）が、「クライマー」を頂上付近からふもとまで押し戻す。乳児の注視時間が記録され、彼らは「妨害者」よりも「援助者」を見ることを好んだが、これは「3ヵ月の乳児でさえも、第三者に対する社会的行動に基づいて他者を評価する …」（p.1）ことを示している。これは、非常に幼い乳児にも他者の社会的行為と非社会的行為を評価することが可能であることを示す証拠であり、「社会的評価は世界を知覚することの基盤である」（Hamlin & Wynn, 2011, p.30）という指摘につながった。この点については後でコメントするが、後ほど説明するように、より前のメルツォフの論文でも予見されたであろうことである。

3つ目の知見は、ポール・ブルーム（Bloom, 2010）のニューヨークタイムズの記事である。

> さきごろ、ある研究者チームが、1歳の男の子が正義をその手に入れるのを目撃した。その男の子は人形劇を見終わったところであったが、その劇では、1つの人形がボール遊びをしながら、他の2つの人形とやりとりをしてた。中央の人形が、ボールを右の人形へ渡すと、右の人形はそのボールをパスして戻す。それから中央の人形がボールを左の人形へ渡すと …、左の人形はボールと一緒に逃げていってしまう。その後で、両端の2体の人形がステージから下ろされ、子どもの前に置かれた。どちらも隣にはお菓子の山があった。そこで子どもは一体の人形からお菓子を取り上げるように指示された。この状況で多くの子どもがそうするように、その男の子は「いじわるな子」のほうの山からお菓子を取った。しかし、この罰では十分ではなかった。男の子は身を乗り出し、人形の頭をぴしゃりと打った。

乳児の社会・道徳的推論についてのこれらの最近の知見は総体として、人間は誕生前から社会的であり、生まれてすぐに他者の意図と道徳的行為を評価することができ、そして少なくとも1歳までには、その理解に基づいて行為することができる、ということを示唆している。これらはメルツォフの乳児期における模倣の役割についての推測に合致している。

多くの点で、乳児期における模倣の役割に関するメルツォフの推測は、乳児の社会・道徳的推論におけるこれらの発見に先行しており、ほとんど予期していた。メルツォフはまた、乳児は社会的であるように生まれ、「ある程度の人への理解を備えて人生を始め」(1995a, p.43)、他者が自分と同じような知覚、情動、そして心理学的状態をもっている、すなわち他者は「自分のようである」と解釈する際に模倣を利用すると論じた(Melzoff, 2007)。次節で見るように、幼い乳児も、他者の同一性を確かめる手段として模倣を使うように思われる。加えて、もちろん、模倣はきわめて重要な学習のメカニズムである。「乳児は明確に教えられる前に、模倣を通して、スキルや習慣、行動パターンについて多くのことを学習する」(Melzoff & Moore, 1997, p.179)。

その後思考はいかに発展したか

メルツォフとムーア(1997)の革新的な発見は、乳児期の模倣における膨大な研究の蓄積が始まる先駆けだった。この節では、この研究の試みからのいくつかの発見について述べる。新奇な行動の模倣、延滞模倣、行動的再演(re-enactment)、生物と無生物モデルの模倣、合理的模倣、他者の意図理解、選択的模倣をトピックとして取り上げる。

メルツォフとムーアは、最初の論文から17年後に出版された論文(1994)で、生後6週の新生児に、MO、TP、そして第三の新奇なジェスチャー、舌を口の端のほうに突き出す(TPside)を加えて提示した実験について報告している。最後のジェスチャーを行うために、大人のモデルは舌を出し、ゆっくりと口の端のほうに動かした。新生児はそれぞれ、上記のジェスチャーのうちの1つだけを、日を違えた3日間に見せられた。2日目と3日目は、新生児は前日と同じ大人のモデルから無表情を90秒間提示され、その後に前日と同じジェスチャーを見せられた。したがって即時模倣(ジェスチャーを見せた後すぐに起きる模倣)と延滞模倣(24時間をあけて2日目、3日目に、そして、大人がモデルジェスチャーを行う前の90秒間に起きる模倣)を測定することが可能だった。その結果を簡単に述べると、新生児は即時模倣を示すが(新しい発見ではない)、延滞模倣も示す。そしてTPside条件においては、彼らの模倣の試みは、時間と共にモデルにより近いものになった。

後の2つ発見は、共に興味深く新しい。それは、乳児が延滞模倣を示した最も早い年齢である。また大人のジェスチャーの表象を24時間後に思い出すことができることを示した最初であり、表象は乳児期の最後まで可能ではないというピアジェの主張を否定するものである。メルツォフらは、乳児は大人のモデルの同一性を確認し、「その人が同じ人かどうか」知るために模倣を行っていると推測し、そしてそれは「人びとを理解し、コミュニケーションするための原初的な手段」(p.83) であると解釈した。新生児が時間と共にTPsideをより正確に模倣したことは、初期の模倣が融通のきかないものではなく、そして、経験によって修正可能であることを示している。この発見は、他の研究者たち(たとえば、Soussignan et al., 2011) によっても報告されている。

行動的再演に関して、メルツォフ (1995b) は18ヵ月の乳児に、ある特定の方法で行為することを意図しているように見える大人を見せた。たとえばある乳児たちは、おもちゃのバーベルの両端を引き抜こうとして手が滑って失敗する大人を見せられ、もう一方の条件では別の乳児たちが、同じ行動をして成功する大人を見せられた。その後、両グループの乳児にバーベルが与えられた。どちらのグループにおいても、乳児たちは大人と同じ動作を行い、バーベルの両端を引き抜くことに成功した。最初のグループの乳児たちは、バーベルの両端を引き抜くという大人の意図を推測しており、模倣する機会が与えられた際に彼らの動作は成功したのだと思われる。

興味深いことに、その乳児らは、機械の手やピンセット装置がバーベルに対して同じ、失敗する動作をした場合には、このように行動しなかった。失敗モデルがピンセット装置だった場合、「成功する」行動をする割合は6倍も少なかった。

この例では、模倣には人間のモデルの意図を理解する能力が含まれている。しかし、ピンセット装置は意図をもっているとは見られていない。この有生モデルと無生モデルの区別は、別の研究者によっても見出されている。たとえば、レガースティとマルコバ (Legerstee & Markova, 2008) は、10ヵ月の乳児に物体を使って何かをする人間の行為者と、2つの非人間行為者を見せた。いずれも、物体を入れ物に入れるか、または入れたものを出すかであった。乳児は、成功裡に物体を入れるか出すかした行為者、または、失敗した行為者 (たとえば、人間の行為者が容器に入れようとする、または出そうとしたが、物体を落としてしまった) を見せられた。レガースティらは、乳児はすべての行為者の成功した試みを模倣したが、人間の行為者の失敗した行動のみ、完成させて模倣した (つまり、物体を落とさなかった！) ということを見出した。この事実から彼らは、「乳児は人間の行為者と非人間の行為者の行動を両方とも真似するが、意図の模倣を行うのは人間についてのみである」(p.81) と結論した。

メルツォフ (1995b) は、乳児が失敗した人間のモデルの意図を解釈し、後で失敗した行為を完成させることを、行動的再演と呼んでいる。彼の発見が刺激となって、何人かの研究者が今度は合理的模倣の表題のもとで実験している。最初はガーグリー、ベッカーリンとキラリー（Gergely, Bekkering & Király, 2002）で、14ヵ月児に、身を乗り出し額でライトボックスの上端に触れて点灯させる大人を見せた。条件1では、大人は手がふさがっている状態で（ブランケットを身にまとい、両手で押さえている）額でライトをつけた。もう一方の条件では、大人の手は自由な状態で、額でライトをつけた。1週間後乳児にテストを行い、以下のことが見出された。両手が自由な条件においては、乳児は大人のアクションを模倣し額でライトをつけた。しかし両手がふさがっている条件では、乳児はライトをつけるために手を使うほうがずっと多かった。これは、両手がふさがっている条件では、乳児はもしモデルの手が空いていたなら額ではなく手を使うだろう推論したが、しかし両手が自由な条件では、手でなく額を使う理由があったはずだと推論したためであると解釈された。「合理的模倣」と呼ばれるのはこのためである。これは人間に限定されたものではなく、チンパンジーでさえも、合理的に模倣することができる！（Buttelmann, Carpenter, Call & Tomasello, 2007）。現在では、この「ヘッドタッチ・パラダイム」を使った多くの研究がある。最近の研究のある条件で、これも14ヵ月児のものだが（Paulus, Hunnius, Vissers, & Bekkering, 2011）、大人が両手を上げた状態、つまり手が自由な状態でヘッドタッチを行ったが、この場合乳児は頭よりも手を使った。すなわち、彼らは大人には手を使わない理由がある、と推論しているかもしれないが、14ヵ月児は手を上げながら身を乗り出すことが同時にできないので、手を使う以外の選択肢がなかったのである！

結論として、メルツォフとムーアの研究（1997）は、乳児期の模倣の起源と発達についてのピアジェの説明は間違っていること、新生児は大人のモデルの顔と手のジェスチャーを模倣することができること、表象の能力は誕生時から存在し、乳児期の最後になって初めて出現するのではないことを明確に実証した。彼らの研究は、乳児の発達を劇的に再概念化する嚆矢となり、また、乳児期の模倣の性質と特性に関する、長い持続的な研究努力の幕開けでもあった。ここまで見てきたように、乳児の模倣は柔軟であり、大人のモデルの意図や情動を検出し、それに影響を受けることがますますわかってきた。

■さらに学びたい人のために

Goswami, U. (2008). *Cognitive development: The learning brain.* Hove and New York: Psychology Press.

Meltzoff, A. N. (2004). The case for developmental cognitive science: Theories of people and things. In G. Bremner & A. Slater (Eds.), *Theories of infant development* (pp.145–173). Oxford: Blackwell Publishing.
Meltzoff, A. N., & Williamson, R. A. (2010). The importance of imitation for theories of social-cognitive development. In J. G. Bremner & T. D. Wachs (Eds.), *The Wiley-Blackwell handbook of infant development* (pp.345–364) . Oxford: Wiley-Blackwell.
Rizzolatti, G., & Craighero, L. (2004).The mirror neuron system. *Annual Review of Neuroscience, 27,* 169–192.

■引用文献

Anisfeld, M. (1996). Only tongue protrusion is matched by neonates. *Developmental Review, 16,* 149–161.
Anisfeld, M., Turkewitz, G., Rose, S., Rosenberg, F. R., Sheiber, F. J., Coutier-Fagan, D. A., Ger, J. S., & Sommer, I. (2001). No compelling evidence that newborns imitate oral gestures. *Infancy, 2,* 111–121.
Bard, K. A. (2007). Neonatal imitation in chimpanzees (Pan troglodytes) tested with two paradigms. *Animal Cognition, 10,* 233–242.
Bloom, P. (2010). The moral life of babies. *New York Times,* 5th May.
Buttelmann, D., Carpenter, M., Call, J., & Tomasello, M. (2007). Enculturated chimpanzees imitate rationally. *Developmental Science, 10,* F31–F38.
Campos, J. J., Witherington, D., Anderson, D. I., Frankel, C. I., Uchiyama, I., & Barbu-Roth, M. (2008). Rediscovering development in infancy. *Child Development, 79,* 1625–1632.
Castiello, U., Becchio, C., Zoia, S., Nelini, C., Sartori, L., Blason, L., D'Ottavio, G., Bulgheroni, M., & Gallese, V. (2010). Wired to be social: The ontogeny of human interaction. *PLoS ONE, 5,* 1–10, e13199.
Dipellegrino, G., Fadiga, L., Gallese, V., & Forgassi, L. (1992). Understanding motor events - a neuropsychological study. *Experimental Brain Research, 91,* 176–180.
Ferrari, P. F., Visalberghi, E., Paukner, A., Fogassi, L., Ruggiero, A., & Suomi, S. J. (2006). *PLoS Biology, 4,* 1501–1508.
Gardner, J., & Gardner, H. (1970). A note on selective imitation by a six-week-old infant. *Child Development, 41,* 1209–1213.
Gergely, G., Bekkering, H., & Király, I. (2002). Rational imitation in preverbal infants. *Nature,* 415, 755.
Hamlin, J. K., & Wynn, K. (2011). Young infants prefer social to antisocial others. *Cognitive Development, 26,* 30–39.
Hamlin, J. K., Wynn, K., & Bloom, P. (2010). Three-month-olds show a negativity bias in their social evaluations. *Developmental Science, 13,* 923–929.
Jones, S. S. (2006). Exploration or imitation? The effect of music on 4-week-old infants' tongue protrusions. *Infant Behavior and Development, 29,* 126–130.
Kaitz, M., Meschulach-Sarfarty, O., Aurbach, J., & Eidelman, A. (1988). A re-examination

of newborns' ability to imitate facial expressions. *Developmental Psychology, 24,* 3–7.

Legerstee, M., & Markova, G. (2008). Variations in 10-month-old infant imitation of people and things. *Infant Behavior and Development, 31,* 81-91.

Maratos, O. (1973). The origin and development of imitation in the first six months of life. Unpublished PhD thesis, University of Geneva.

Maratos, O. (1982). Trends in the development of imitation in the first six months of life. In T. G. Bever (Ed.), *Regressions in mental development: Basic phenomena and theories* (pp.81–101). Hillsdale, NJ: Earlbaum.

Maratos, O. (1998). Neonatal, early and later imitation: Same order phenomena? In F. Simion & G. Butterworth (Eds.), *The development of sensory, motor and cognitive capacities in early infancy: From perception to cognition* (pp.145–160). Hove, East Sussex: Psychology Press.

McKenzie, B., & Over, R. (1983). Young infants fail to imitate facial and manual gestures. *Infant Behavior and Development, 6,* 85–95.

Meltzoff, A. N. (1995a). Infants' understanding of people and things: From body imitation to folk psychology. In J. L. Bermudez, A. Marcel, & N. Eilan (Eds.), *The body and the self* (pp.43–69). Cambridge, MA, and London: MIT Press.

Meltzoff, A. N. (1995b). Understanding the intentions of others - re-enactment of intended acts by 18-month-old infants. *Developmental Science, 31,* 838–850.

Meltzoff, A. N. (2007). "Like me": a foundation for social cognition. *Developmental Science, 10, 126–134.*

Meltzoff, A. N., & Moore, M. K. (1977). Imitation of facial and manual gestures by human neonates. *Science, 198,* 75–78.

Meltzoff, A. N., & Moore, M. K. (1983). Newborn infants imitation adult facial gestures. *Child Development, 54,* 702–709.

Meltzoff, A. N., & Moore, M.K. (1994). Imitation, memory, and the representation of persons. *Infant Behavior and Development, 17,* 83–99.

Meltzoff, A. N., & Moore, M. K. (1997). Explaining facial imitation: A theoretical model. *Early Development and Parenting, 6,* 179–192.

Mukamel, R., Ekstrom, A. D., Kaplan, J., Iacoboni, M., & Fried, I. (2010). Single-neuron responses in humans during execution and observation of actions. *Current Biology, 20,* 1–7.

Myowa-Yamakoshi, M., Tomonaga, M., Tanaka, M., & Matsuzawa, T. (2004). Imitation in neonatal chimpanzees (Pan troglodytes). *Developmental Science, 7,* 437–442.

Paukner, A., Suomi, S. J., Visalberghi, E., & Ferrari, P. F (2009). Capuchin monkeys display affiliation toward humans who imitate them. *Science, 325,* 880–883.

Paulus, M., Hunnius, S., Vissers, M., & Bekkering, H. (2011). Imitation in infancy: Rational or motor resonance? *Child Development, 82,* 1047–1057.

Piaget, J. (1951). *Play, dreams, and imitation in childhood.* New York: W. W. Norton & Co. Inc.

Ramachandran, V. S. (2000). Mirror neurons and imitation learning as the driving force

behind "the great leap forward" in human evolution. *Edge, 69,* May 29.
Reissland, N. (1988). Neonatal imitation in the 1st year of life in rural Nepal. *Developmental Psychology, 24,* 464–469.
Rizzolatti, G., Fadiga, L., Gallese, V., & Fogassi, L. (1996). Premotor cortex and the recognition of motor actions. *Cognitive Brain Research, 3,* 131–141.
Slater, A., Bremner, J. G., Johnson, S. P., Sherwood, P., Hayes, R., & Brown, E. (2000). Newborn infants' preference for attractive faces: The role of internal and external facial features. *Infancy, 1,* 265–274.
Soussignan, R., Courtial, A., Canet, P., Danon-Apter, G., & Nadel, J. (2011). Human newborns match tongue protrusion of disembodied human and robotic mouths. *Developmental Science, 14,* 385–394.
Spelke, E. S., & Kinzler, K. D. (2007). Core knowledge. *Developmental Science, 10,* 89–96.
Ullstadius, E. (2000). Variability in judgement of neonatal imitation. *Journal of Reproductive and Infant Psychology, 18,* 239–247.
Zasso, R. (1957). Le problěme de l'mitation chez le nouveau-né *Enfance, 10,* 135–142.

6 乳児期における対象の永続性
ベイラージョンの跳ね橋実験再訪

デニス・マレシャル、ジョーディ・カウフマン

ベイラージョンの古典的研究が生まれた背景

1985年に、ベイラージョン、スペルキとワッサーマンは、後に乳児の認知発達における一里塚と目されることとなる研究を発表した。対象の永続性――対象は、その存在が感じられなくなっても（文字通り「見えなくなっても、心から消えても」）存在し続けているという気づき――は、1歳をすぎるまでは十分に獲得されないというピアジェ（Piaget, 1954）の主張は、何十年にもわたる、乳児初期の認知に関する支配的な考え方だった。ベイラージョン、スペルキとワッサーマン（1985）は、一連の見事な研究のなかで、5ヵ月（のちには3ヵ月半；Bailargeon, 1987）の乳児が、隠された対象が存在し続けていると記憶しているらしいこと、そしてそれら対象がその物理的特徴を保持していると知っていることを示した。

鍵は、隠された対象を能動的に取り戻すこと（たとえばリーチング）を知識の尺度とするピアジェ派の基準から離れることであった。代わりにベイラージョンら（1985）は、以前から用いられていた乳児の知覚的弁別能力を評価するための方法に頼った。いわゆる期待背反（Violation of Expectation; VoE）パラダイムは、乳児は慣れた予想どおりのイベント（出来事）よりも、新規な、あるいはびっくりするようなイベントにより注目するだろうという考えの上に成り立っている（Charlesworth, 1969参照）。ベイラージョンは、あるテストイベントでは対象の知覚的差異が乳児により長い注視を誘発し、また別のイベントでは概念的な差異（たとえば、対象の永続性）が乳児に長い注視を誘発するような一連のテストを考案した。彼らは、もし乳児が、知覚的に見慣れたイベントに類似しているが概念的な情報とは背反するイベントをより長く見るとしたら、

それは必然的に、乳児が概念的情報への背反に反応していることを意味すると考えた。

ベイラージョンの研究の概要

このような考えに基づいて、ベイラージョンら（1985）は、「跳ね橋」研究を組み立てた。この研究では、5ヵ月半の乳児を小さなステージの前に座らせる。彼らは最初に、平らな状態からぐるっと180度手前から向こうへと回転する小さなスクリーンに対して馴化（じゅんか）させられた（図6.1参照）。馴化の後すぐ、乳児は2つのうちどちらか一方のイベントを提示される。1つのイベント（予想されたイベント）では、乳児は、回転するスクリーンの軸のすぐ後ろに置かれたカラフルな木製のブロックを見る。それから、スクリーンが回転しながら上がっていき、垂直（ブロックが完全に隠れる）を過ぎ、112度の位置で止まるのを見るが、これはブロックが邪魔をしてさらに回転することができないことに一致している。もう一方のイベント（驚きイベント）では、乳児は同じ一続きのイベント（ステージにブロックが置かれ、スクリーンが回転して上がっていく）

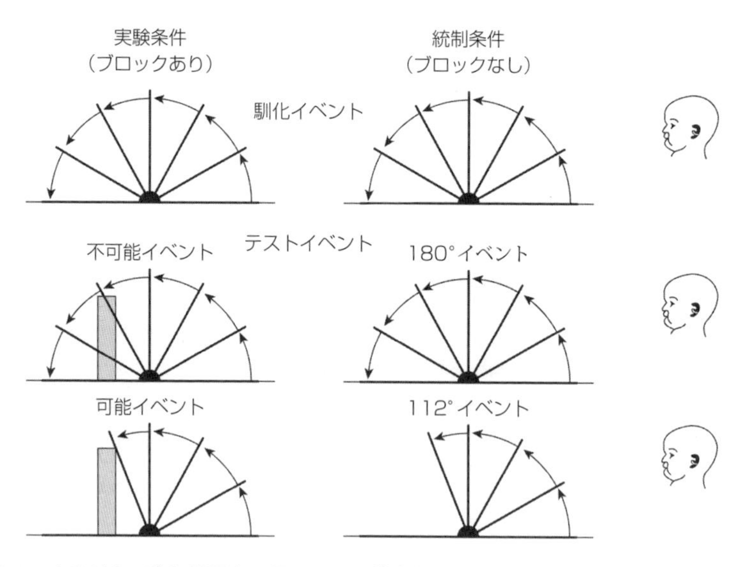

図6.1　オリジナル跳ね橋研究で用いられた基本的な方法の説明図（Baillargeon, Spelke & Wasserman, 1985）

を見るが、スクリーンは112度で止まらずに、まるで隠れたブロックがなくなってしまったかのように、それを通り越して向こう側まで回転し続ける。ベイラージョンらは、たとえ完全な180度の回転は乳児が馴化の間に提示されたものとまったく同じだとしても、乳児は驚きのないイベントよりもこのイベントのほうをより長く注視することを見出した。彼女らは、乳児はブロックが隠されてもその存在を覚えており、ブロックが回転するスクリーンを止めるだろうと考えていたのに、スクリーンが112度を過ぎても動いたため驚いて、より長く注視したと結論づけた。この解釈は、ブロックが回転するスクリーンの経路にではなく、スクリーンの隣に置かれた統制条件によって支持された。この条件では、乳児は部分的な回転よりも完全に回転するほうを長く注視するという傾向は示さなかった。これは、乳児の注視時間に対するブロックの効果は、明白にブロックがスクリーンの動きを妨害するという乳児の表象に関連していることを示していると著者たちは考えた。

ベイラージョンの研究の影響

馴化をしてから、次に物理的には予想どおりであるが知覚的には似ていないイベントと、物理的には驚きであるが知覚的には似ているイベントでテストするという手法を利用して、ベイラージョンは、急成長する乳児の隠された対象に対する理解の組織的調査に乗り出した。特に、彼女は、3ヵ月半～12ヵ月の間に、乳児が、隠された対象物の高さ（Baillargeon, 1987; Baillargeon & Graber, 1987）、位置（Baillargeon & Graber, 1988）、堅さ（Baillargeon, Graber, DeVos, & Black, 1990）に敏感になることを見出した。ベイラージョンと共同研究者たちはまた、互いに隣接して置かれた物体間、上下に置かれた物体間に存在しうる物理的な支持関係についての乳児の理解を徐々に解明していった（Baillargeon, 2004; Needham & Baillargeon, 1993, 2000）。他の研究者たちもVoE法を用いて、さらに軌道（Spelke et al., 1992; Spelke et al., 1994）、他者中心性空間（たとえば、物体の空間的な位置がそれを見ている観察者の位置に縛られていないこと。Kaufman & Needham, 2011）、物体を個別化する上での特徴の役割（たとえば、Kaufman & Needham, 2010; Needham & Kaufman, 1997; Wilcox, 1999; Wilcox & Baillargeon, 1998）、そして小さな数の判別（Wynn, 1992; Xu & Carey, 1996）の初期の理解について解明していった。このように印象的な幅広い早熟な能力を示すことから、全部ではないにしろ物体に関する知識の大部分は、生まれたときから存在していると示唆する研究者もいる（たとえば、Spelke, 1994）。

ベイラージョンの研究に対する批判

これらの結果を総合すると、ベイラージョンと共同研究者たちによって示された早熟なスキルと、9ヵ月未満の乳児は典型的には隠された対象に手を伸ばさないというピアジェの記述した有名な知見との間には明らかな食い違いがある。いくつかの可能な説明が提案されたが、その多くは、跳ね橋研究の結論は、乳児の豊かな概念能力というより、研究者側の「過剰な解釈」（Haith, 1998）による――すなわち、乳児の選好の根底には「認知的な」ものなど何も存在しない――という見解をとっている。

たとえば、ハイス（Haith, 1998）は、乳児の反応には、いつでもより簡潔な知覚的説明があると主張している。この説明は、乳児は上に述べた実験で使用された回転妨害のイベントに無関心だろうという考えに基づいている。たとえば、跳ね橋の結果について説明するなかで、ハイスは、乳児が一種の残存する視覚的記憶痕跡のために、いったん視覚的に遮られてもブロックを見続けているのであり、その結果として乳児は、それが不可能だからではなく、ある物理的な対象が別の物理的対象を通り抜けるのを見ることの新規性のために、この「不可能な」イベントをより長く見るのだと示唆した。乳児の新規性への反応は、物理的な知識に基づいている必要はまったくなく、ただ単に現実世界では一般的に、対象は妨げられずに他の対象を通り過ぎるようには見えないという事実に基づいていると主張した。

リベラ、ウェイクリーとランガー（Rivera, Wakeley, & Langer, 1999）もまた、ベイラージョンの跳ね橋研究の結果について、知覚的解釈を支持する主張をしているが、ハイス（1988）とは違って、乳児に視覚的記憶の痕跡が残存しているためとはしない。リベラと共同研究者たちの批判は、2つの可能な跳ね橋の動き（1つは180度、もう1つは112度）の間の乳児の注視時間を計測した彼ら自身の研究に基づいている。この実験（先行する馴化の段階がないという点でも、ベイラージョンの実験と異なっている）では、乳児は180度の動きがもう一方と同じく可能であるにもかかわらず、112度よりも180度の動きのほうを好んだ。そこでリベラたちは、（たとえば、動きがより長く続くからといった）認知的には何ら面白みのない理由で、乳児は単に180度の回転を見ることに対する一般的な選好性をもっていると主張した。言い換えれば、彼らは、ハイスと同様に、ベイラージョンの跳ね橋の結果は、見えない対象について考える能力を持ち出すことなく説明できると主張した。

跳ね橋の知見に対する別の知覚的説明が、ボガーツ、シンスキーとシリング（Bogartz, Shinskey, & Schilling, 2000）によって提唱された。彼らは、オリジナルの跳ね橋研究（Baillargeon et al., 1985; Baillargeon, 1987）における180度の不可能なイベントに対する相対的に長い注視時間は、隠された対象の心的表象というより、単純に親近感のあるものへの選好を反映していると主張した。実際、人間と人間以外の動物を対象とした研究で、同じ刺激が繰り返し提示されると、注視の持続とその後の減少（馴化）に先立って、しばしば短時間の注意の増加（鋭敏化）が起こることが示されている（Kaplan & Werner, 1991; Sirois & Mareschal, 2002）。ボガーツら（Bogartz et al., 2000）は、ベイラージョンの跳ね橋実験における乳児は十分に馴化しておらず、これが馴染みあるものへの選好という結果を招いたのであり、驚きイベントは知覚的な次元で馴化イベントに類似しているように見えるという事実がこれを支持していると主張している（しかし、Baillargeon, 2000 参照）。似た説明が、他の多くの論文でもなされている（たとえば、Bogartz, Cashon, Cohen, Schilling, & Shinskey, 2000; Bogartz et al., 2000; Cashon & Cohen, 2000; Cohen & Cashon, 2003; Schilling, 2000）。

これらの知覚的な説明は、もちろん、ベイラージョンや他の研究者たち（たとえば、Aslin, 2000; Baillargeon, 2000, 2004; Munakata, 2000）によって反論された。それは主として、彼らが次の1つ、もしくは1つ以上で失敗していることに基づいている。(1) 彼らは、ベイラージョンのオリジナルの跳ね橋研究における統制条件について説明していない（たとえば、ブロックが跳ね橋に隣接して置かれる条件。そこでは180度の回転に対しても120度の回転に対しても選好が見られない）。(2) 乳児に概念的能力を仮定するほうが研究の大部分に対してずっと簡潔な説明であるのに、彼らは乳児における対象の表象を示す多くの研究のそれぞれに対して、別々の非常に特殊な知覚的説明を仮定している。そして、(3) 知覚的説明を推し進める研究は、課題から乳児の気を逸らしてしまうようなどうでもいいような視覚刺激か、混乱させるような一続きのイベントを使っている。

驚くことではないが、隠された対象を表象する早熟な能力を指し示す知見の大部分は知覚的な混乱で説明できるという主張によって、これらの議論（たとえば、Bogartz et al., 2000; Cashon & Cohen, 2003）による乳児の早熟な能力への懐疑論が、ベイラージョンと共同研究者たちよりも説得的ということにはならなかった。20年近くに及ぶ文献上の議論と、主要な会議におけるこのトピックに関する大いに期待を寄せられた2つの討論（1997年の児童発達研究学会（Society for Research in Child Development: SRCD）でのハイス 対 スペルキ；1998年の乳児研究国際学会（International Conference for Infant Studies: ICIS）でのベイラージョン 対 スミス）を経て、行動的な方法だけが科学的コンセンサスを作り出すわけではないことが明らかになった。これらの討論から浮かび上がった2つの鍵となる疑問は、(1) 何が実際に対象の永続性の証拠を構成するのか？（すなわち、受動的な驚きで十分なのか、行動的なかかわりが必要とされるのか）、そして、(2) どこでどのようにこの能力が始まるのか？ これらの疑問に答えるために、研究者たちは跳ね橋タイプの課題にかかわる神経プロセスの分析や、対象の永続性の出現を探るコンピュータモデルの開発へと転じている。

研究はいかに前進したか
研究Ⅰ：対象の永続性の神経基礎を理解する

最近の研究は脳波記録（EEG）を用いて、乳児がいかに対象を表象するのかに新しい光を投じている。EEGは、実験参加者の頭皮に設置されたセンサーを通じて大脳の活動を記録する方法である。そうした研究から、生後6ヵ月の乳児でも、大人に類似したやり方で実際に対象を表象することが示されている。タロン-ボードリーと共同研究者たち（Tallon-Baudry et al., 1998）は、大人が隠れた対象を心にイメージし続けるよう促されたときに、側頭葉皮質の活動が明らかに増加することを報告している。この結果と、このタイプの活動が乳児の脳でも検出可能であるという発見（Csibra et al., 2000）とが、カウフマンと共同研究者たちによる、乳児における対象の永続性研究のまったく新しい方向性の基礎を形づくった。

まず、カウフマン、シブラ、ジョンソン（Kaufman, Csibra, & Johnson, 2003）は、おもちゃの電車がトンネルに入って出て行くビデオを見ている間の乳児の大脳の反応を計測した（図6.2参照）。各試行は、あらかじめ「可能」試行か「不可能」試行となるよう決められた。可能試行では、電車が画面に現れ、トンネルの中に入っていき、通り抜けて出てきて、そのまま画面のもう一方の端に消えるまで動いていく。この後、手が下りてきてトンネルを持ち上げ、そこに電車がないことを明らかにする。不可能試行は、トンネルを持ち上げるイベントの前に、電車はトンネルに入るだけで、その中で停止した。つまりトンネルが持ち上げられたら電車が見えるはずである以外は同じであった。

予想された不在

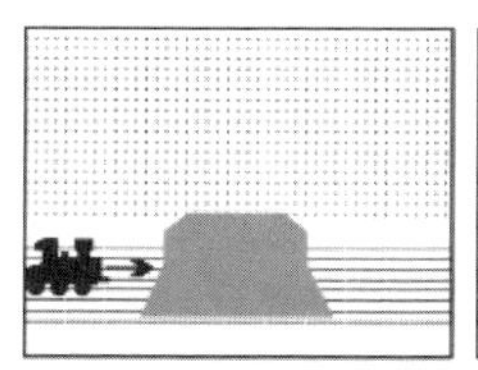

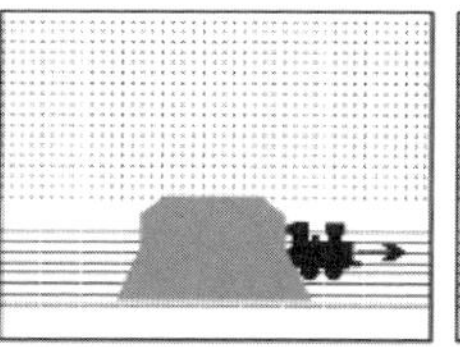

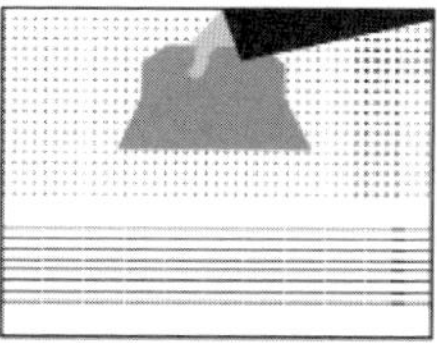

予想されなかった不在

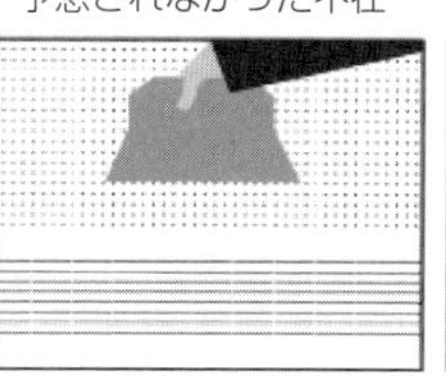

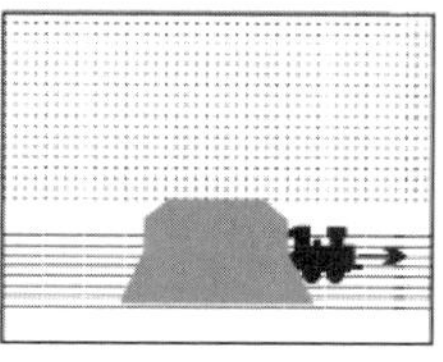

図 6.2　カウフマン，シブラとジョンソン（Kaufman, Csibra, & Johnson, 2003）で用いられた、不可能なイベント（下）と可能なイベント（上）の継起

研究の結果は２つのことを示した。１つ目は、乳児は可能なイベントよりも不可能なイベントをより長く見たことである。注視時間が計測されたが、それは単純に、ビデオ画面が実物を使ったベイラージョンとグラバー（1987）の研究で見られたのと同様の視覚反応を乳児から引き出したことを確認するためであった。２つ目の、そして最も重要なことは、カウフマンたちが、心的表象を引き起こすであろう隠れた対象が存在する時間と条件において、乳児の有意な右側頭葉皮質の活性化を見出したことである。電車がトンネルに入って、手が下りてくるまで止まっているときにはいつでも、右側頭葉大脳の活動が増加した。この活動は、大人を対象としたタロン - ボードリーの結果とタイミングと場所が類似していたが、これは、隠れた対象を表象することの背後にある乳児と大人の神経プロセスが類似していることを示唆している。

さらに、引き起こされた大脳活動は、不可能な条件で対象が存在しないことが見せられても、すぐにはなくならなかった。実際は、その活動が増大した。これを「驚き」の神経信号として解釈する人もいるかもしれないが、著者たちはより節約的な解釈を提案した。対象が隠れると、対象の存在の表象を維持するメカニズムの一部として側頭葉の活動が増加する。トンネルが持ち上げられても対象が見えないとき、乳児の脳は、期待に反する視覚的入力に直面してもこの表象を維持するために、より強くはたらく必要がある。このようにしてこの活動は、次の試行によって乳児の注意が引き離されるまで増加するのである。

つまり、カウフマンら（2003）の研究は、乳児の大脳と大人の大脳が類似の課題において似たタイプの活動を示すことから、乳児の対象の永続性に関する神経的な証拠を提示したのである。もし、見えなくなることが乳児の意識から実際に消えることであれば、「脳からも消える」だろうが、そうではなかったと言える。とはいえ、この主張は部分的にのみ説得力がある。というのも、乳児は、対象が存在し続けているという何らの実際の概念、もしくは知覚なしに、その対象を覚えているかもしれないからである。つまり、この大脳の活動は、手がトンネルに伸びてきたことと対象が出現することとの間に形成された予期に関連しているかもしれないし、あるいは、その対象が存在し続けているという知覚とは無関係に、対象についての記憶と関連しているかもしれない。

この問題に取り組むために、カウフマン、シブラ、ジョンソン（2005）は、乳児におもちゃの写真を提示し、その後で次の2つのうちいずれかの方法で写真が消えるようにした。つまり、分解してしまう（継続的存在とは一致しない）か、もしくは遮られて見えなくなったように見える（継続的存在と一致している）。前の研究とは違って、これらの出現と消滅に手は現れない。この消滅のタイプのバリエーションは、大脳の活動が、以前に見たものの単純な記憶痕跡に関連しているのではなく、対象の継続的存在の知覚と関連するという仮説を検証するために選ばれた。

またしても、分解のイベントではなく、対象が遮蔽されるイベントの後で右側頭葉の活動が増加する結果となった。これは乳児の大脳の右側頭葉の活動が（大人の場合と同じく）継続的存在に適合する対象処理に関連しており、対象の永続性理解に重要であることを示している。

こうした研究の流れにおける最後の拡張は、オリジナルの跳ね橋実験により近いパラダイムを用いたもので、乳児の大脳の活動が遮蔽された対象と顔に対して異なる反応をするかどうかを調べるために実施された（Southgate, Csibra, Kaufman, & Johnson, 2008）。乳児はおもちゃ、あるいは顔が、回転してだんだん上がってくるスクリーンによって遮蔽されるのを見た。その少し後で、スクリーンが下がり、前のものとは違う、もしくは同じままの顔あるいはおもちゃが現れた（顔はいつも顔のままであり、おもちゃも、いつもおもちゃであった）。研究1と2の結果がおおよそ再現された。おもちゃの遮蔽に関しては大脳の活動の増加があった。だが、面白いことに、この活動は顔が隠されたときには現れなかった。このことは、少なくとも乳児に関しては、対象の存在を記憶するために利用される大脳のメカニズムは、顔を記憶するのには用いられないという興味深い可能性を導く。この結果は、乳児が遮蔽された顔の位置を記憶するのがあまり上手ではないという行動観察研究とも一致している（Mareschal &

Johnson, 2003)。

まとめると、これら3つの神経画像研究は、乳児の対象の永続性における大脳活動の役割を明らかにする一助となった。特に、(1) 乳児の脳でも大人の脳でも、見えない対象の記憶を維持するのに右側頭葉がかかわっている (Kaufman et al., 2003);(2) このプロセスは、遮蔽イベントに特定的な神経物理学的な特徴によって引き起こされると思われる (たとえば、対象は継続的な存在と一致するやり方で消えなければならない。Kaufman et al., 2005);そして、(3) 乳児における隠された対象の記憶の基礎にある活動は、隠された顔の記憶にはかかわっていない。

研究はいかに前進したか 研究Ⅱ:学習のメカニズムを理解する

過去15年間に、隠された対象の位置と軌跡の記憶に関する表象が、その遮断の後に対象が再び現れる経験に即して「段階的に」生起しうることを示すコネクショニスト・モデルがいくつか開発された (Mareschal, Plunkett, & Harris, 1999; Munakata, McClelland, Johnson, & Siegler, 1997)。コネクショニスト・モデルは、「大脳スタイル」の学習と情報処理のコンピュータ・シミュレーションを行う (Rumelhart & McCelland, 1986)。

コネクショニストのネットワーク・モデルは、重みづけのなされたコミュニケーション・ライン (理想化されたシナプス) を通して結ばれている単純な処理ユニット (理想化された神経の集まり) からなる。ユニットは、しばしば回路として、またこれらの回路間をつなぐ重みづけられたコミュニケーション・ラインとして表される。活性化が、これらの結合の重みを通じて、ユニットからユニットへ流れる。あるユニットは入力ユニットと呼ばれ (それらを通じて情報がネットワークへ入る)、他のユニットは出力ユニットと呼ばれる (そのユニットを通して情報がネットワークから離れる)。その他のすべてのユニットは隠れユニットと呼ばれる。ネットワーク情報は、最初、入力ユニット層を横断する活性化のパターンとしてコード化される。次にその活性化は重みづけの最初の層を通ってフィルターされ、隠れユニットの帯を横断する活性化パターンを形成する。隠れユニットを通って形成された活性化パターンは、ネットワークに独自に提示される情報の内的な再 - 表象を構成する。隠れユニットにおける活性化は、出力ユニットに達するまでネットワークを流れ続ける。出力ユニットで形成された活性化パターンが、最初の入力に対するネットワークの反応となる。

ネットワークの全体的な振る舞いは、結合の重みによって決定される。電気信号がネットワーク内を流れるとき、ネットワーク内の連続した層の間にある結合の重みの設定に沿って変形される。学習（たとえば、行動を適応させる）は、ある安定した行動が獲得されるまで結合の重みを調整することによって成し遂げられる。監督付きネットワークでは、（所与の入力に対する）出力反応が目標となる反応にあうまで、それらの重みを調整する。目標は熱心な先生から来る場合もあるし、環境の観察から受動的に来る場合もあるが、それはシステム外から来なければならない。監督なしネットワークでは、ある内的な制約が満たされるまで、それらの重みを調整する（たとえば、最大限に異なる入力は、最大限に異なる内的表象をもたなければならない）。

多くのコネクショニスト・ネットワーク・モデルは、たった100ユニットしかないような非常にシンプルなものである。これは、対応するタスクを解決する大脳の部分が、たった100のニューロンしか用いていないという意味ではない。これらのモデルは神経モデルではなく、行動の情報処理モデルであるということを理解することが重要である。これらのモデルは、大脳に似た計算特性をもつシステムが、いかにして乳児において観察される行動を引き起こすことができるのかの例を提供する。

ムナカタら（Munakata et al., 1997）のモデルは、対象と遮蔽物からなるマイクロワールドに焦点を当てている。このマイクロワールドにおいて、遮蔽スクリーンは、ステージを横切って動き、一時的に目標物をその前で隠す。この遮蔽が起こるとき、目標物は消え、遮蔽が終わると目標物は再び現れる。このマイクロワールドは、単純な結像部を通して把握され、結像部は次の時間段階でどんな知覚的入力があるか予想することを学習する。つまりモデルは、時間段階xの入力と、時間段階x+1の入力を結びつけることを学習する。入力結像部は7つの入力ユニットをもつ2つの列で構成される（図6.3）。下の列は移動するスクリーンの位置をコード化する。スクリーンの位置は、2つのユニットをオンにし、他のすべてをゼロにセットすることでコーディングされる。上の列は、1つのユニットをオンにし他のすべてをゼロにセットして、静止した対象の位置をコード化する。イベントが始まると、図6.3のパターンの継起は、左から右へ行き、再び戻るスクリーンの動きをコーディングする。対象が隠されるとき、対象の位置を示すユニットはオフになる。

モデルは4種類のイベントを経験する。ボール - 障害物イベントでは、

図6.3　ムナカタら（Munakata et al., 1997）で用いられた入力ユニットの図式

ネットワークは固定されたボールが移動するスクリーンによって隠されるのを見る。障害物のみイベントでは、ネットワークは、ボールが提示されず障害物だけが場面を横切るのを見る。ボールのみイベントでは、ネットワークはすべての時間、同じ位置にある固定されたボールを見る。最後に、何もなしイベントでは、ネットワークはイベントの間中ずっと何も見ない。ネットワークのパフォーマンスは、2つの異なる条件で比較することによって評価される。スクリーンが動いて去ったときに対象の再出現を予想する能力は、ネットワークのボールに対する敏感さを報告することで評価される。その敏感さは、対象の位置をコーディングするユニット（ユニットの上の列）の、ボール - 障害物条件において対象が再び現れるはずの時点での活性化の程度から、ボールのみ条件での同じ時点における活性化の基準値を差し引いて計算される。その差は、対象がいつ再出現するはずか（すなわちネットワークにボール - 障害物イベントを与えたとき）、いつ再出現しないはずか（すなわち障害物のみイベントのとき）についてのネットワークの「知識」、あるいは予期を反映すると仮定された。このパフォーマンスの尺度を用いて、著者たちは、経験が増えるとネットワークの対象への敏感さが増し、遮蔽の持続時間が長くなると敏感さが減ることを見出した。

この研究の鍵となる結論は、知識の段階的な表象という考えである。つまり対象の永続性は、全か無かの概念というより、徐々に獲得されるのである。それゆえ、この概念の基礎となる表象は段階的な状態で存在し、年齢と経験によってより強固になり、より複雑な消失イベントをもサポートするようになる。

マレシャル、プランケットとハリス（Mareschal, Plunkett, & Harris, 1999）は、軌跡予想モジュールを組み込んだ対象の永続性獲得のモデルを提案し、同じく繰り返される結びつきを強めることによって隠された対象の表象が段階的に生起することをシミュレーションした。しかしながら、マレシャルらのモデルは、対象の認識に関連する特性情報を処理する第二の並行ルートも取り入れている（図6.4）。この構造は、視覚的情報処理の二重ルート仮説（Milner & Goodale, 1995）を基にしている。この仮説によると、視覚的な対象情報は2つの分離さ

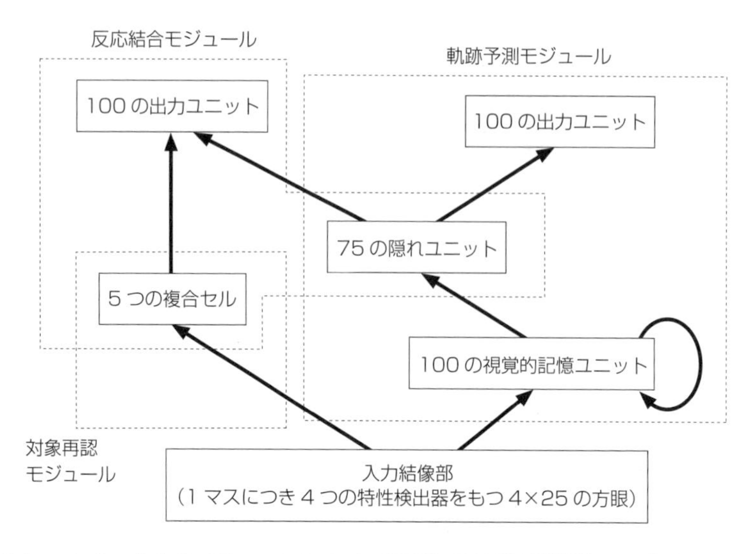

図 6.4　マレシャルたち（Mareschal et al., 1999）のモデル構造図。モデルは2つの視覚的情報処理のルートからなり、1つは対象の同定を、もう1つはその軌跡を扱う。それらは反応統合モジュールによって調整される。

れたルートを通って処理される。1つは対象を認識するための特徴を処理することに特化されたルート、もう1つは対象への動きかけを可能にするための、対象の運動、位置、形状に特化したルートである。

ムナカタたちのモデルと同じく、マレシャルたちのモデルもまた、その入力として対象を遮蔽するマイクロワールドを取り上げ、現時間段階を基に次の時間段階の入力を予想するよう訓練される。結像部は4×25の方眼からなり、対象はその方眼上で2×2の位置を占める。遮蔽物はその方眼の中央で4×4の位置を占める。マレシャルのモデルでは、（ムナカタたちのように）遮蔽物が動くのではなく、対象が動く。モデルは、対象が方眼上を水平方向あるいは垂直方向に方眼を横切って進むのを提示される。水平方向に動いていくときに、対象は中央のスクリーンの背後に完全に隠される。

図 6.5 は、隠された対象の次の位置を予測するネットワークの能力を図式的に表したものである。左のパネルは、結像部上に何が投影されたかを示している。右のパネルは、訓練されたネットワークによって予想された対応する対象の位置を示している。列は、連続する時間段階に相当する。特に、ネットワークに利用可能な直接的な知覚的入力がある t = 3 段階は、t = 2 段階と正確に同じであることに注目してほしい。ネットワークは、対象がどのくらい長くス

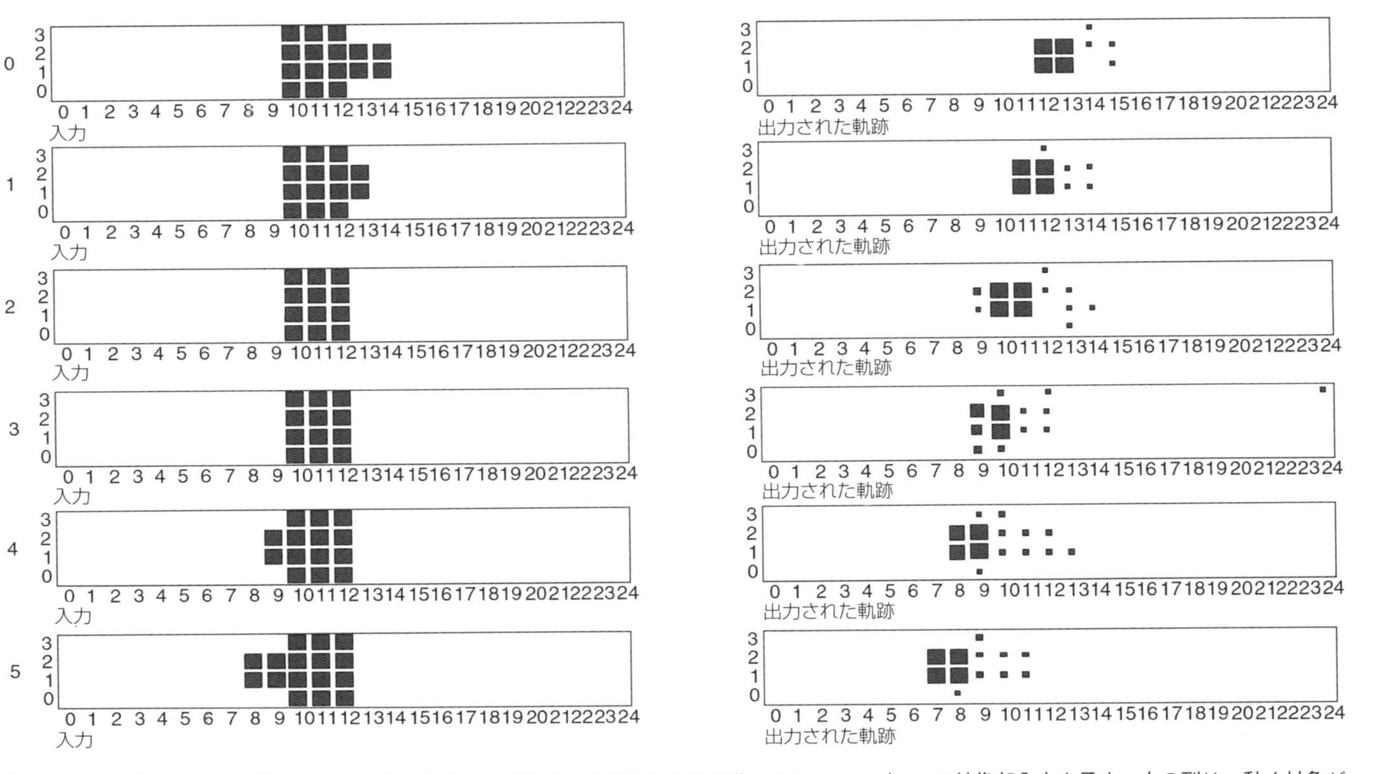

図 6.5　訓練後のモデルの追跡能力の視覚的表現。左の列は、連続的な時間段階につれてのモデルへの結像部入力を示す。右の列は、動く対象が次の時間段階でどこにいるかについてのモデルの予想を示す。モデルは、遮蔽されたとき・遮蔽されないときの対象の次の位置をうまく予想する。

クリーンの背後にあるかを考慮に入れて、対象の次の出現を予想することができる。

これらのコネクショニスト・モデルは両方とも、隠された対象の軌跡に関する予想が、対象についての、段階的で分散型の短期記憶表象から生起し、隠れユニットの中で結合が繰り返されることによって促進されると論じる。それらはコネクショニスト・モデルなので、知識もまた、複合的なネットワークの結合の重みづけとネットワークを流れる活性化の間の相互作用の中に具体化されている。対象の表象は外的世界の経験を通して徐々に現れる。しかしながら、マレシャルのモデルでは、発達に伴い、異なる機能システムにわたって情報を統合するために付加的な実行要素が必要とされる（これは、背側・腹側視覚皮質処理のルート）。この説明によれば、乳児は、（ベイラージョンによって観察されたような）単一の対象の特徴の違反への驚き反応に比べて、（ピアジェによって観察されたような）隠された対象へのリーチングは遅れることになる。なぜなら意図的リーチングをするときには、多数の機能システムにわたって情報を調整することがさらに必要とされるからである。乳児は、VoE タイプのパラダイムにおいてさえ、特徴と位置の両方の情報を結合させて処理することができないという事実がその後示された（Mareschal & Johnson, 2003）。

最後に

ベイラージョンら（1985）のオリジナルの跳ね橋研究は、新しい方法を巧みに利用することで、非常に幼い乳児であっても、多くの発達心理学者たちが可能と考えていたよりずっと洗練された能力をもつことを示すことができると示した点において画期的であった。これにより、同様の種類の、対象に基づく洗練された能力を示す研究の氾濫がもたらされた。しかしながら、早熟な能力に制約があることから、対象の永続性は全か無かの能力ではないという（すでにピアジェによって主張されていた）考えを強めることになった。それは、乳児期のほぼ全体にわたって発達する。モデル化と神経画像研究は、対象の永続性を示すいくつかの指標は大人と乳児において同じであり（たとえば、右側頭葉の活動）、乳児の段階と大人の段階の間にある種の連続性があることを示唆しているが、しかし重要な違いがある（たとえば、乳児は対象の位置と対象を同定する情報を覚えておくことができないし、VoE 課題と比べてリーチング課題において隠された対象の知識を示す能力の出現が遅れる）。その違いもまた、視覚的な対象処理にかかわる機能的神経システムの組織化と長期にわたる発達に訴えることによって説明することができる。

さらに、これらのモデルは、行動のパターンの説明に際して、異なる年齢で観察される能力のレベルを単純に整理して示すよりも、学習と生起のメカニズムを問うことのほうがずっと生産的だという事実に光を当てた。最後に、発達科学のゴールは、能力の発展を説明することである。これを行うにはメカニズムについての理論が必要である。コネクショニストタイプのモデルは、この点に関して最も実り多いように見える。なぜならそれらは、神経情報処理と認知的に関連する問いの間の断絶に橋を架けようとしているからである。

謝　辞

本章を書くにあたり、オーストラリア・リサーチ協議会（Australian Research Council）の発見的プロジェクト（Discovery Projects）資金計画のサポートを受けた（プロジェクト・ナンバー DP110101598）。

■さらに学びたい人のために

Baillargeon, R. (1999). Young infants' expectations about hidden objects: A reply to three challenges. *Developmental Science, 2,* 115–132.

Haith, M. M. (1998). Who put the cog in infant cognition? Is rich interpretation too costly? *Infant Behavior and Development, 21,* 167–179.

Hood, B., & Santos, L. (2010). *The origins of object knowledge.* Oxford: Oxford University Press.

Kaufman, J., Csibra, G., & Johnson, M. H. (2005). Oscillatory activity in the infant brain reflects object maintenance. *Proceedings of the National Academy of Sciences of the United States of America, 102,* 15271–15274.

Mareschal, D., Plunkett, K., & Harris, P. (1999). A computational and neuropsychological account of object-oriented behaviours in infancy. *Developmental Science, 2,* 306–317.

■引用文献

Aslin, R. N. (2000). Why take the cog out of infant cognition? *Infancy, 1,* 463–470.

Baillargeon, R. (1987). Object permanence in 3 1/2-and 4 1/2-month-old infants. *Developmental Psychology, 23,* 655–664.

Baillargeon, R. (1999). Young infants' expectations about hidden objects: A reply to three challenges. *Developmental Science, 2,* 115–132.

Baillargeon, R. (2000). Reply to Bogartz, Shinskey, and Schilling; Schilling; and Cashon and Cohen. *Infancy, 1,* 447–462.

Baillargeon, R. (2004). Infants' reasoning about hidden objects: Evidence for event-general and event-specific expectations. *Developmental Science, 7,* 391–414.

Baillargeon, R., & Graber, M. (1987). Where's the rabbit? 5.5-month-old infants' representation of the height of a hidden object. *Cognitive Development, 2,* 375–392.

Baillargeon, R., & Graber, M. (1988). Evidence of location memory in 8-month-old infants in a nonsearch AB task. *Developmental Psychology, 24,* 502–511.

Baillargeon, R., Graber, M., DeVos, J., & Black, J. (1990). Why do young infants fail to search for hidden objects? *Cognition, 36,* 255–284.

Baillargeon, R., Spelke, E. S., & Wasserman, S. (1985). Object permanence in five-month-old infants. *Cognition, 20,* 191–208.

Bogartz, R. S., Cashon, C. H., Cohen, L. B., Schilling, T. H., & Shinskey, J. L. (2000). Reply to Baillargeon, Aslin, and Munakata. *Infancy, 1,* 479–490.

Bogartz, R. S., Shinskey, J. L., & Schilling, T. H. (2000). Object permanence in five-and-a-half-month-old infants? *Infancy, 1,* 403–428.

Cashon, C. H., & Cohen, L. B. (2000). Eight-month-old infants' perception of possible and impossible events. *Infancy, 1,* 429–446.

Charlesworth, W. R. (1969). The role of surprise in cognitive development. In D. Elkind & J. Flavell (Eds.), *Studies in cognitive development. Essays in honor of Jean Piaget* (pp.257–314). Oxford: Oxford University Press.

Cohen, L. B., & Cashon, C. H. (2003). Infant perception and cognition. In I. B. Weiner (series Ed.) & R. M. Lerner, M. A. Easterbrooks & J. Mistry (vol. Eds.), *Developmental psychology II Infancy: Vol. 6. Comprehensive handbook of psychology* (pp.65–89). New York: Wiley and Sons.

Csibra, G., Davis, G., Spratling, M. W., & Johnson, M. H. (2000). Gamma oscillations and object processing in the infant brain. *Science, 290,* 1582–1585.

Haith, M. M. (1998). Who put the cog in infant cognition? Is rich interpretation too costly? *Infant Behavior and Development, 21,* 167–179.

Kaplan, P. S., & Werner, J. S. (1991). Implications of a sensitization process for the analysis of infant visual attention. In M. J. S. Weiss & P. R. Zelazo (Eds.), *Newborn attention: Biological constraints and the influence of experience* (pp.278–307). Norwood, NJ: Ablex Publishing.

Kaufman, J., & Needham, A. (2010). The role of surface discontinuity and shape in 4-month-old infants' object segregation. *Visual Cognition, 18,* 751–766.

Kaufman, J., & Needham, A. (2011). Spatial expectations of young human infants, following passive movement. *Developmental Psychobiology, 53,* 23–36.

Kaufman, J., Csibra, G., & Johnson, M. H. (2003). Representing occluded objects in the human infant brain. *Proceedings of the Royal Society, Series B: Biological Sciences, 270,* S140–143.

Kaufman, J., Csibra, G., & Johnson, M. H. (2005). Oscillatory activity in the infant brain reflects object maintenance. *Proceedings of the National Academy of Sciences of the*

United States of America, 102, 15271–15274.

Mareschal, D., & Johnson, M. H. (2003). The "what" and "where" of object representations in infancy. *Cognition, 88,* 259–276.

Mareschal, D., Plunkett, K., & Harris, P. (1999). A computational and neuropsychological account of object-oriented behaviours in infancy. *Developmental Science, 2,* 306–317.

Milner, A. D., & Goodale, M. A. (1995). *Oxford psychology series: The visual brain in action.* Oxford: Oxford University Press.

Munakata, Y., McClelland, J. L., Johnson, M. H., & Siegler, R. S. (1997). Rethinking infant knowledge: Toward an adaptive process account of successes and failures in object permanence tasks. *Psychological Review, 104,* 686–713.

Needham, A., & Baillargeon, R. (1993). Intuitions about support in 4.5-month-old infants. *Cognition, 47,* 121–148.

Needham, A., & Baillargeon, R. (2000). Infants' use of featural and experiential information in segregating and individuating objects: A reply to Xu, Carey and Welch (2000). *Cognition, 74,* 255–284.

Needham, A., & Kaufman, J. (1997). Infants' integration of information from different sources in object segregation. *Early Development and Parenting, 6,* 137–148.

Piaget, J. (1954). *The construction of reality in the child.* New York: Basic Books.

Rivera, S. M., Wakeley, A., & Langer, J. (1999). The drawbridge phenomenon: Representational reasoning or perceptual preference? *Developmental Psychology, 35,* 427–435.

Rumelhart, D. E., & McClelland, J. L. (1986). *Parallel distributed processing: Exploration in the microstructure of cognition, Vol. 1: Foundations.* Cambridge, MA: MIT Press. [ラメルハート, マクレランド& PDP リサーチグループ／甘利俊一（監訳）田村淳ほか（訳）(1989)『PDP モデル ―― 認知科学とニューロン回路網の探索』産業図書]

Schilling, T. H. (2000). Infants' looking at possible and impossible screen rotations: The role of familiarization. *Infancy, 1,* 389–402.

Sirois, S., & Mareschal, D. (2002). Models of habituation in infancy. *Trends in Cognitive Sciences, 6,* 293–298.

Southgate, V., Csibra, G., Kaufman, J., & Johnson, M. H. (2008). Distinct processing of objects and faces in the infant brain. *Journal of Cognitive Neuroscience, 20,* 741–749.

Spelke, S. E. (1994). Early knowledge: Six suggestions. *Cognition, 50,* 431–445.

Spelke, E. S., Breinlinger, K., Macomber, J., & Jacobson, K. (1992). Origins of knowledge. *Psychological Review, 99,* 605–632.

Spelke, E. S., Katz, G., Purcell, S. E., Ehrlich, S. M., & Breinlinger, K. (1994). Early knowledge of object motion: Continuity and inertia. *Cognition, 51,* 131–176.

Tallon-Baudry, C., Bertrand, O., Peronnet, F., & Pernier, J. (1998). Induced y-band activity during the delay of a visual short-term memory task in humans. *The Journal of Neuroscience, 18,* 4244–4254.

Wilcox, T. (1999). Object individuation: Infants' use of shape, size, pattern, and color. *Cognition, 72,* 125–166.

Wilcox, T., & Baillargeon, R. (1998). Object individuation in infancy: The use of featural information in reasoning about occlusion events. *Cognitive Psychology, 37* 97–155.

Wynn, K. (1992). Addition and subtraction by human infants. *Nature, 358,* 749–750.

Xu, F., & Carey, S. (1996). Infants' metaphysics: The case of numerical identity. *Cognitive Psychology, 30,* 111–153.

7 子どもの目撃記憶と被暗示性
セシとブルックのレビュー（1993）再訪

ケリー・マクウィリアムズ、ダニエル・ベデリアン‐ガードナー、スー・D・ホッブス、サラ・バカノスキー、ゲイル・S・グッドマン

背景と概要

セシとブルック（Ceci & Bruck, 1993）のレビュー論文が『サイコロジカル・ブレティン（*Psychological Bulletin*）』に掲載されるのに先だって、法廷における子どもの証言の問題が、19世紀初頭のヨーロッパ以来の注目〔訳注1〕を再び集めた。このレビューの公刊に先立つ10年ほど前に、児童虐待に関する衆目を集めた事例が、告発のドラマチックな側面（たとえば、育児場面での性的虐待、被害児の多さ、子どもへの拷問を伴う儀式的虐待）も手伝って、メディアで数々取り上げられた。これらの事例のうちの2つが、子どもの被暗示性の問題を強調するため、セシとブルック（1993）によって紹介されている。

ウィー・ケア保育園の事例では、（マーガレット）ケリー・マイケルズが、子どもへの性的虐待の疑いにより訴えられた。最初に虐待の疑いが持ち上がったのは、当時26歳だったマイケルズがウィー・ケア保育園での保育士の仕事を辞めた直後のことであった。以前この保育園に通っていた4歳児が、小児科医の診察〔訳注2〕中に、保育園でケリー・マイケルズによって検温を受けたことについて述べた。そこで、この4歳児とそのクラスメイトであった他の元園児たちが、副検事による面接を受けることとなった。ソーシャル・ワーカーがそれぞれの両親に、子どもたちとよく話をするように伝えた後に、元園児たちは性的虐待の申し立てを認め、その内容について詳しく述べた。1988年、2年半の後に、ケリー・マイケルズは47年の刑期を言い渡された。（彼女は後に、子ど

〔訳注1〕ビネーによる『被暗示性（*La suggestibilité*）』の公刊（Binet, 1900）。
〔訳注2〕肛門での検温。

もの被暗示性に関する心理学的な研究にも一部基づいて控訴し、釈放された）

ウィー・ケア保育園の事例の数年前には、カントリー・ウォークの事例において、36歳のフランク・ファスターと彼の17歳の妻イリーナが、複数件に及ぶ性的虐待の疑いで訴えられた。ファスターより保育を受けていた何名かの子どもの保護者は、子どもたちが問題行動を示し始めたことを心配していた。ファスターは、多数回に及ぶ肛門性交、強姦、虐待などの罪で告発され、3年にわたって取り調べと裁判が行われた。面接の中で子どもたちが行った申し立てには、ペニスへのキスや直腸への指の挿入から、サメに乗って人の頭部を食べるというような内容のものまであった（Ceci & Bruck, 1993）。フランク・ファスターは、複数の終身刑を言い渡され〔訳注3〕、イリーナは国側の証人として、夫に不利な証言を行ったことにより、刑期10年に対して、10年の執行猶予が与えられた。（ファスターの6歳の息子は、のどの淋病の陽性反応を示した。ファスターには、殺人と性的虐待の前科があった。ファスターは有罪判決に対して上訴し、ブルック博士は彼のために証言したが、彼の有罪判決が取り下げられることはなかった）

これらの事例は、子どもの証言が与え得る影響をよく示している。セシとブルックはレビューを通して、これらの事例を引用し、子どもの被暗示性の問題について論じた。上記の事件や、カリフォルニア州マンハッタン・ビーチのマクマーチン幼稚園で起こったような他の類似の事件が、子どもへの不適切な面接の結果により生じた極端な例として強調され、子どもによる虚偽の報告や記憶の誤りの危険性についての関心を高めることとなった。事件の多くは、子どもの目撃証言研究が再び注目を集めた1980年代頃に時を同じくして起こっており、多くの研究者が子どもによる虚偽の証言に関する研究をすることとなった（Goodman, 2006）。これらの衝撃的な事例は、極めて暗示性の高い質問方法によって生じた、子どもの空想的な報告に焦点を当てていた。このような注目は時には適切である。問題は、こうした注目が実際の虐待、とりわけ性的虐待の被害にあった子どもたちの影を薄くし、潜在的に傷つけてしまう危険性をもつことである。こうした事例ではしばしば、被告人の証言と食い違う子どもの証言が取り沙汰される。（これらの事例に関するセシとブルックの解説への批判については、Cheit & Mervis, 2007 と Myers, 1995 を参照。）

たとえば、ポーター・ゴードの事例などにみられるように、子どもの被暗示性の高さに注目することは、実際の虐待被害児が現れたときに潜在的なリスク

〔訳注3〕米国では終身刑何回と言うような判決がある。

となる。1980年代、サウスカロライナ州の名門ポーター・ゴード校の校長と一教師が数名の生徒に対して性的虐待を行っていた可能性があった。どうやら虐待は生徒の間では知られていたようだが、誰もこの暴力行為を報告しようとはしなかった。1人の生徒が学校関係者の前に名乗り出たが、その訴えを信じてもらえず、告発を行ったことに対して繰り返し叱責を受けた。その生徒が当局に通告し裁判を求めたのは、何年も後の大人になってからのことであった。彼の主張は、40年もの間にわたり13人の男子生徒を虐待した罪をその教師が認めたことで立証された（Goodman, 2006）。カトリックの聖職者による性的虐待の衝撃的な事件もまた、大人が当初の子どもの訴えを疑い、教会関係者によって何年もの間隠ぺいされていた他のいまわしい例である。

虚偽の申し立てを防ぐことと本当に虐待の被害にあっている子どもから正確な報告を得ること、そして、子どもによる虐待の申し立てを疑うことと信じることのバランスは、1990年代初頭の研究者たちに固有の問題ではない。セシとブルックの論文の要約からもわかるように、この問題は何十年もの間、研究者たちを悩ませてきた。そしてそれは、今日もまだ続いている。

セシとブルック（1993）の論文には、子どもの証言研究の歴史についてのレビューが含まれている（Goodman, 1984も参照）。歴史レビューは、この論文の基調を定める、セイラムの魔女裁判の短い説明から始まる。子どもの証人を疑う際に、古くからよく引用される例である。しかし、セイラム裁判では、大人も、疑いなく虚偽の証言を行っている点に注意しなければならない。さらに、子どもの証言がかかわる現代の（少なくともアメリカ合衆国の）裁判の多くは、性的虐待、そして、殺人、家庭内暴力、誘拐などの重大犯罪に関するものがほとんどであり、当然ながら社会的介入を促すこととなった。いずれにしても、子どもの目撃証言に関する科学的研究が最初に注目を集めるようになったのは、1800年代後半から1900年代初頭になってからのことであった。

子どもの被暗示性に関する体系的な研究は、しばしばヨーロッパの心理学者、特にビネー（Binet, 1900）による『被暗示性（*La suggestibilité*）』の公刊に始まるとされる。ビネーや、彼と同時代の研究者であるシュテルン（Stern）、ヴァレンドック（Varendock）、そして、リップマン（Lipmann）たちの実験結果から、誘導質問を繰り返すことによる有害な影響と、イエス／ノーで答える質問ではなく自由報告を用いることの有効性が示された。子どもの証言の誤りの大半が、不適切な質問形式によって引き起こされるものであることが多くの研究で示されてきたにもかかわらず、当時の専門家の多くは、子どもを目撃証人とするべきではないと主張した（Goodmanm, 1984）。これらの初期の実験ののち、ヨーロッパの心理学者たちは、個々の証人についての評価により焦点を当てるようになった。残念なことに、当時、子どもの被暗示性に関する研究は、法律家の心理学的研究への攻撃も手伝って、米国では深く実施されていなかった。

1920年代、1930年代はほとんど研究がなされず、いくつかの力がはたらいて約50年ほど後に再興されることになるまでは、この領域は事実上は停滞していたといえる。セシとブルック（1993）は、この再興が4つの要因によってもたらされたと考えている。すなわち、心理学者による専門家証言がますます認められるようになったこと、社会改革運動にかかわるような公民権の問題などその時代の問題について研究を行いたいという社会科学者の意欲、子どもが被害者となる犯罪の増加に伴い法曹界が子どもの証人に関係するデータを求めたこと、そして最後に、大人の目撃証言研究の論理的な延長として研究が進められたこと、であった。これら4つの要因や、子どもの証言における被暗示性への懸念を引き起こすきっかけとなった衝撃的な虐待事件により、セシとブルック（1993）は、子どもの被暗示性がどのようにして証言の誤りを引き起こすのかに特に焦点をおいて、1979～1992年の間に行われた実証研究をレビューした。このレビューでは、認知的、社会的、動機的、そして生物学的な要因と被暗示性との関連についての研究が検討された。

おそらくセシとブルックのレビューの最も印象的な部分は、子どもの被暗示性を説明するのに役立つ、認知的な理論や認知的な要因について考察しているところである。このレビューが書かれた同時期に、このトピックに関連する多様な理論的な問題について編纂した刊行物はほとんどなかった。このレビュー論文は、大人と比較した子どもの記憶の影響の受けやすさや被暗示性の問題に適応されるような、記憶の痕跡理論（現在のブレーナードとレイナのファジー・トレイス理論（Fuzzy Trace Theory）の前駆、Brainerd, Reyna, & Ceci, 2008参照）やソース・モニタリング理論（Johnson & Raye, 1981; Mitchell & Johnson, 2009）などを扱っている。子どもの虚記憶に関して、記憶の痕跡理論では、記憶が2つの別々の「痕跡」に保存されると考えられている。1つは、「逐語的な痕跡（verbatim trace）」で、出来事の豊かな表層的詳細情報から構成されている。もう1つは、「要約的な痕跡（gist trace）」で、これは、出来事の意味がより一般化され、要約されたものである。逐語的な痕跡は急速に衰退していくため、記憶に基づいた報告を行う際には、「要約的な痕跡」に頼るしかない。この理論によれば、発達的な差異は、逐語的な痕跡と要約的な痕跡のどちらにより依存するのかによって生じる。一方、ソース・モニタリング理論では、被暗示性は、思い出した情報の正しい起源を判断できないために生じると仮定される。

この理論に基づけば、たとえば、子どもが情報源を区別できないようなときに誤りが生じる（たとえば、面接の中で面接者が子どもに誤った情報を提示した場合、これは１つの情報の起源となり、それに対して子どもが実際に出来事を目撃したり体験した時点でのことも、もう１つの情報の起源となる）。社会的、そして、動機的な要因に関しては、子どもの嘘研究も含めて、当時の実証的な研究がレビューされた。

このレビューの印象的な点は、子どもの被暗示性に影響を及ぼす認知的、社会的な要因の相互作用について、重要な知見を提供しているところにある。たとえば、セシとブルックは、子どもの虚偽の報告は、最初は社会的要因によって引き起こされるが（たとえば、子どもは面接者を喜ばせるために虚偽と知りながら報告する）、時間の経過とともに、その虚偽の報告が子どもの自伝的記憶の一部となってしまう可能性について述べている。加えて、このような社会的要因と認知的要因の相互作用が発達的に変化するという考えは重要であり、今日もさらに研究する価値がある。

子どもの被暗示性についての生物学的な影響の部分では、覚醒とストレスに焦点を当てている。司法場面では、証人である子どもは、トラウマとまでは言えずともストレスの高い出来事について報告しなければならず、また、その報告を行う場面自体も同様にストレスを感じる場合が多い。ストレスと記憶の研究に関するセシとブルックのレビューは、査読のある科学雑誌に掲載されていない多数の研究に基づいている。しかし 1990 年代初期には、ストレスやトラウマを伴う出来事での子どもの被暗示性に関する公刊論文はほとんどなかった。この学術領域は、セシとブルックのレビューの頃に比べて格段に広がりを見せている（たとえば、Howe, Goodman, & Cicchetti, 2008; Chae, Ogel, & Goodman, 2009 参照）。

セシとブルックは、研究結果をまとめて、被暗示性には顕著な年齢差があると結論した。これは、20 世紀の研究の転換期からすでに知られていた結論である。彼らは子どもが正確な証言を提供することができないわけではないことを認めたが、大人と比較した場合、子どもは不正確さへの脆弱性が高いとした。そして、子どもが誘導されやすいかどうかを問うことは、適切ではないと結論づけた。セシとブルックによれば、正しい問いは次のようなものである。子どもは大人に比べて被暗示性が高いことにより、法廷で真実を追究する際の妨げとなると見なされるのか？ 子どもが法廷で証言することを認めるかどうかを決定するためには、その証言能力を査定するための審問が必要となるのか？ 裁判官は、子どもに特有の被暗示性のリスクについて、陪審員に教示することが求められるのか？

以下、セシとブルックの『サイコロジカル・ブレティン（*Psychological Bulletin*）』の論文がもたらした影響に焦点を当てる。彼らのレビュー論文は、子どもの目撃証言研究だけではなく、子どもの証言に関する法律や実践にも大きな影響を与えた。ここでは、両方の領域について述べる。そして、このレビューが公刊されたのちに実施された研究についても、ほんの狭い範囲の中のごく一部を取り上げる。我々がカバーする部分は、完全にはほど遠いが、この重要な研究分野の現在のいくつかの動向について、その傾向を（たとえ、選択的なものであったとしても）示せたらと思う。

セシとブルックのレビュー論文の影響とそれに対する批判

セシとブルックのレビューに対する反応はさまざまであった。多くの研究者や法律家たち（特に被告側の弁護人）は、このレビューに拍手を送り、しばしば引用した。この論文は、アメリカ心理学会の一部門である心理学的社会問題研究学会から、性的虐待に関する「年間最優秀論文」として、ロバート・チン賞（Robert Chin Award）を受賞した。

しかし、他の人びとの間では、その反応はずっと否定的なものであった。たとえば、有名な法学者であるジョンE. B.マイヤーズ教授（Myers, 1995）は、セシとブルックのこの論文、および関連論文について、以下のように述べている。

> 今日問題となっているのは、児童保護制度や子どもの信憑性において影響力のある多くの論者が、彼らの論文の一部で、不当に否定的な「偏見」を与えたことである。これらの論者たちは、子どもの信憑性に関する対話において中心的な役割を果たしているため、彼らの「偏見」に注意を向け、それが子どもを守るための正当な努力の結果に打撃を与える可能性があることを強調することが重要である。

> 読者はセシとブルックの論文から、多くの（ほとんどではないとしても）面接が不適切に行われており、子どもの性的虐待に関する報告がしばしば虚偽であるという印象を得るであろう。著者たちは時おり、子どもの強さや、適切な面接について言及しているが、それはことわざに言う干し草の山の中から針を探すようなものであった。彼らが学術領域に重要な貢献をしたことは確かであるが、彼らの論文は児

童保護制度や子どもの信憑性に関して、必要以上に悲観的な見方を伝えている。

セシとブルックの論文のさらなる２つの側面についても述べる必要がある。まず、『サイコロジカル・ブレティン』の論文において、彼らは、子どもの強さを強調するどのような研究に対しても、わざわざその価値を下げようとしているように見える。意見を異にする専門家を非難しても、議論を進めることにはつながらない。

第二の問題は、『サイコロジカル・ブレティン』と『社会政策リポート（*Social Policy Report*）』の論文が、公平なレビューであるという考えである。実際には、どちらの論文も、物語の一側面のみを巧みに支持する内容のものである。これらの論文は客観的ではなく、論文とはそのように表現されるべきものではない。心理学的研究や学術論文は、子どもの証言の信憑性や児童保護制度についての議論において重要な役割を果たす。残念なことに、セシとブルックの２つの論文は、議論を進める上で必要となる客観性を欠くと言わざるをえない。帰するところ、これらの論文は、子どもたちと子どもを守るために作られた制度に対して、不当な懐疑論を焚きつけていると言える（マイヤーズの批判に対する回答については、Ceci, Bruck, & Rosenthal, 1995 を参照）。

研究への影響

セシとブルックのレビューは大きな影響を与え、それ以降、子どもの被暗示性に関する学術領域は成長し、成熟してきた。この章でも取り上げるが、ストレスが子どもの記憶や被暗示性に与える影響、ストレス価の高い出来事についての子どもの目撃証言における個人差の問題、そして、子どもの証人に対する科学的根拠によりに裏付けられた正当な質問方法など、セシとブルックが取り上げた重要な問題についての研究が続けられてきた。継続的な科学的努力の過程で、研究者たちは、これらの研究成果を現実場面に応用した。実際の性的虐待の取り調べにおいて、子どもである証人から最も完全で正確な報告を得ると期待される、科学的根拠に基づいた司法面接（Forensic interviews）プロトコルを提供したのである。この研究は、セシとブルックの論文の結果を直接受けたものではなく、子どもの証言研究一般によるものではあるが、彼らのレビューは多くの研究を刺激し、大きく将来的な方向性を示したと言える。次に，このレビュー論文公刊後に実施された、今日の子どもの被暗示性に関する膨大な科学論文の中のほんの一部を紹介する。さらに、セシとブルックのレビューの法的な影響力についても、我々の見解を示す。

ストレス、記憶、そして、被暗示性

これまで何十年もの間、研究者たちは、ストレスが記憶や被暗示性に及ぼす影響について完全に理解することができずにきた。しかし、幸いにも、概念的な進歩が見られ、その進歩は使用される用語にも影響を及ぼした。セシとブルックのレビューにあるような過去の論文では、「覚醒」または「ストレス」などの用語が、今日から見ればかなりあいまいな方法で用いられていた。現在、研究者たちは、感情価の次元（ポジティブからネガティブまで）と覚醒度の次元（退屈から興奮状態まで。Bradley & Lang, 1994）を区別して捉えている。ネガティブな感情価と高い覚醒度との交点で生じるような感情を伴う経験は、子どもの目撃証言研究に最も関連する部分であると言える。この次元的アプローチとは対照的に、「苦痛」、「恐怖」、「怒り」のような個別の感情についても、子どもの記憶や被暗示性との関連を研究するべきであると主張する研究者もいる（Davis, Quas, & Levine, 2008）。

いずれにしても、覚醒と被暗示性との関連を検討した過去の研究では、その結果に矛盾がある。セシとブルックが言うように、ある一連の研究では、覚醒が子どもの記憶に有益な影響を及ぼし、被暗示性に対して抵抗としてはたらくことが示される一方で、別の研究では、覚醒が記憶や被暗示性に対して衰弱させるような結果をもたらすことが示された。また、その他の研究では、ポジティブ、ネガティブな効果共に見出すことができなかった。

セシとブルックは、これらの矛盾する結果の原因として、研究で用いた方法論の違いを指摘したが、それは妥当な論点であると言える。近年、心理的ストレスと記憶に関する子どもの目撃証言研究で効果的と思われることのひとつは、実験で用いる刺激の特性によるストレスと、参加者自身のトラウマ的背景がもたらすストレスとを方法論的に区別することである（Goodman, Quas, & Ogle, 2010）。ある研究では、思い出すよう求められた情報が苦痛を伴う内容であるが、参加者にはそれと知られた虐待の歴史がない（たとえば、Goodman et al., 1997; Merritt et al.,1994）。他の研究では、実験で用いる情報が中立的、もしくは、少しポジティブなものであっても（たとえば、大人とのやりとり）、参加者は幼児期に虐待経験のある人を対象としているものもある（Chae, Goodman, Eisen, & Qin, 2011; Goodman, Bottoms, Rudy, Davis, & Schwartz-Kenney, 2001）。子どもの証言の問題では、被虐待児と虐待経験のない子どもたちの両方について、トラウマ的、もしくは、ストレス価の高い出来事における記憶を検討した研究がきわ

めて重要である。

ストレス価の高い出来事についての記憶と被暗示性に関する子どもの証言研究は、虐待経験のない子どもを対象としたものが多い。ストレス価の高い出来事についての子どもの記憶研究の結果は未だに研究間で矛盾が残るが、特に、虐待経験のない子どもたちを対象としたこれらの研究では、子どもの被暗示性に関するいくつかの予測変数が明らかとなっている。たとえばグッドマン、クアス、バターマン - フォーンス、リドゥルスバーガー、クーン（Goodman, Quas, Batterman-Faunce, Riddlesberger, & Kuhn, 1994）は、虐待経験のない子どもたちを対象に、尿道カテーテル処置などのストレス価の高い医療処置に関する記憶について検討した。子どもの情動的な反応に加えて、子どもがその出来事の意味を理解していないことや、保護者とのコミュニケーションの欠如が、不正確で被暗示性の高い報告の指標となることが示された。

虐待経験のある参加者を対象とした研究では、言語検査と知能検査の結果に反映されるような、いくつかの領域における認知的な遅れとの関連はみられるものの、虐待経験そのものが子どもの記憶能力に不利にはたらく、もしくは、被暗示性を高めるといったような結果は示されなかった。現実には、虐待経験のある子どもたちの注意、および、記憶の処理過程の特性が、心理的ストレスを伴う出来事の記憶に有益に働いたり、被暗示性に対する抵抗を強める可能性がある。虐待経験のある子どもは、ネガティブな刺激に対して過覚醒的であることが示されている（Pollak, Vardi, Bechner, & Curtin, 2005）。虐待経験のある子どもは、虐待経験のない子どもに比べて、一度そのようなネガティブな刺激に触れると、それらの刺激から注意を逸らすことが難しい（Maughan & Cicchetti, 2002）。このネガティブな情報に対する焦点化は、虐待経験のある子どもたちの法的な文脈における記憶に基づいた報告に、ポジティブな影響を与える可能性がある。アイゼン、グッドマン、クイン、デイヴィス、クライトン（Eisen, Goodman, Qin, Davis, & Crayton, 2007）は、虐待経験のある子どもの肛門検査と静脈穿刺の２種類の記憶について検討した。全体的に見ると、被暗示性を引き出すような面接において、虐待経験のある子どもは，虐待経験のない子どもと同じような結果を示した。しかしながら、身体的虐待，性的虐待の被害経験のある子どもは、一定の優位性を示した。たとえば、これらの子どもはネグレクトの経験のある子どもたちに比べて、ストレス価の高い出来事に関する正しい解答の割合が高かった。それでも、虐待経験のある子どもと、虐待経験のない統制群の子どもの基本的な記憶能力の間に違いがないことに留意する必要がある。たとえば、ハウ、シチェッティ、トス、セリット（Howe, Cicchetti,

Toth, & Cerrito, 2004）は、標準的な実験室での記憶実験で、子どもたちの本当の記憶と虚偽の記憶についての報告を検証した結果、虐待状況による有意な差は示されなかった。

個人差とストレスを伴う経験

法制度にとっての格別な関心は、誘導に対して感受性の高い証人と、感受性の低い証人を原理的に弁別するといった、被暗示性における個人差の問題についてである。ストレス価の高い出来事に対する子どもや保護者の反応の個人差が、セシとブルックにレビューされているような、心理的ストレスと被暗示性の一貫しない研究結果を解明する鍵となる可能性があることがわかった。幸いに、『サイコロジカル・ブレティン』の論文の公刊以降、ストレス価の高い出来事に関するもので、特に、子どもの被暗示性と関連する個人差要因を取り上げた研究論文が出ている。ブルックとメルニク（Bruck & Melnyk, 2004）は、さまざまな個人差要因と子どもの被暗示性との関連を検討した69本の研究結果を綿密にまとめた。この研究により、信頼できる予測変数として現れたのはごくわずかな変数であった。その１つが、養育者とのアタッチメントにかかわるものである。

実際に、子どもの記憶の誤りやストレス価の高い出来事における被暗示性と、養育者とのアタッチメントとの関連は、学術領域で最も頑健な研究結果の１つである（Alexander et al., 2002a; Alexander et al., 2002b; Goodman, Quas, Batterman-Faunce, Riddlesberger, & Kuhn, 1997）。したがって、その研究結果をここで簡単に紹介する。

回避型のアタッチメントが、ストレス価の高い情報についての子どもの記憶の誤りや被暗示性の信頼できる予測変数として現れたのに対して、安定型のアタッチメントは、情動的でストレス価の高い情報についてのより正確で完全な記憶報告と一貫して関連していた（Alexander et al., 2002a; Chae, Goodman, & Edelstein, 2011; Dykas, Erhlich, & Cassidy, 2011）。ボウルビィ（Bowlby, 1980）のアタッチメント理論では、苦痛や養育者への要求が生じるような状況下では，アタッチメント・システムが活性化され、子どもはアタッチメント対象からの癒しを求めると考えられている。これらの情動的・身体的な要求が生じるような状況において、アタッチメント対象が敵対的であったり，無反応である場合には、子どもはネガティブでストレス価の高い情報から注意を逸らすことによって、アタッチメント・システムを非活性化させることを学ぶ（たとえば、要求を感じないようにする）。つまり、より回避性の高い子どもは、情動的な刺激を処理することを避けることで、不快な状況を和らげようとする。これらの子どものネガティブな情動を調整するための方略は、動揺や要求の原因となっている刺激を回避することである。これは、ボウルビィが「防御的排除（defensive exclusion）」と呼んだ過程を通して、ストレス価の高い情報についての符号化やリハーサルの潜在的な欠損をもたらす。

ダイカスら（Dykas et al., 2011）は、ストレス誘発情報の回避に関する世代間伝達を唱えた。このようにして、ストレス価の高い出来事の前後やその最中における養育者の行動は、子どもが記憶する情報と関連する可能性が高い。たとえば、回避型のアタッチメント方略をもつ養育者は、より安定型のアタッチメント方略をもつ養育者に比べて、子どもとストレス価の高い出来事について話し合う機会が少ないだろう（Goodman et al., 1997）。ストレス価の高い出来事後の、養育者と子どもとの間の会話の欠如は、起こった事実について子どもがリハーサルする機会を奪い、心理的なストレスを伴う出来事を体系付けて整理することで意味付けを行う能力を制限し、記憶の貯蔵に干渉し、そして、おそらくは高い被暗示性へと導く可能性がある。

トラウマの処理における個人差の理論的意義は別にして、養育者が子どもとストレス価の高い出来事について話し合う問題は、司法の文脈において重要である。性的虐待を打ち明ける子どもは、多くの場合母親に行う。打ち明けたときに母親が子どもにどのように質問したか、そしてその後で、母親が子どもと虐待についてどのような会話を交わしたのかは、法律上の重要な問題となる。被告側弁護人はしばしば、母親が子どもに虚偽の性的虐待の報告をするよう誘導したと主張するからである。今日では子どもに司法面接を行う専門家が心理学的研究により親しむようになり、誘導質問の危険性について認識し、オープン質問（open-ended questioning）を活用した面接技法を用いるようになった。その結果、被告側弁護人の関心は、母親がどのように子どもから話を聞いたかという点に集中している。アタッチメント理論は、この問題領域においても有益な知見を提供することができるかもしれない。

司法面接

セシとブルック（1993）のレビュー以来、子どもへの司法面接に関する研究が開花し、司法場面における子どもへの最適な面接技法についての、明確でより包括的な理解が進んだ。子どもの証人に対する面接での目的は、証人から最も正確で完全な報告を得ることである。残念なことに、子どもへの面接は、「あなたの身に何が起こりましたか？」とだけ尋ねればすむような簡単な課題ではない[訳注4]。セシとブルック（1993）のレビューや、その後の膨大な研究からうかがい知れるように、子どもへの面接は、繊細で複雑な過程である。面接官は、質問のタイプ、タイミング、そして、頻度を認識していなければならない。子どもの被暗示性、つまり、子どもの犯す誤りに狭く焦点を絞ったセシとブルックのレビュー論文に対して、一部の研究者たちは、子どもによる虚偽の報告に重点を置きすぎており、虚偽の申し立ての可能性以外の研究課題を無視していると感じた（Lyon, 1995）。確かに、虚偽の申し立てが生じる可能性があることは、子どもへの面接における法的な懸念点である。その一方で、実際に経験した虐待についての重要な詳細情報を省略したり、実際に虐待を受けている子どもたちがその事実を否定する方向に被暗示性がはたらいてしまう可能性について検討することも重要である（Lindsay, 2007; Lyon, 1995; Lyon & Saywitz, 2006）。セシとブルックのレビュー論文に続いて、影響力のある様々な研究者たちが、子どもの証人への理想的な面接方法を決定するための実験を行った。

どのようにすれば、面接官は、虐待に関する本当の報告を増やし、虚偽の報告を減らすという二重の課題を遂行することができるのだろうか？ 理想的には、少ない数のオープン質問によって子どもから完全な報告を引き出すことである。しかし、実際に虐待の被害にあった子どもたちは、オープン質問で尋ねられただけでは、必ずしも開示しない（Lindsay, 2007）。これに加え、子どもたちはこの種の質問の文脈を必ずしも理解しているとは言えない。たとえば、面接官が、虐待経験について述べることよりも、一般的な回答を求めていると、子どもは理解してしまうかもしれない。その結果、子どもによる開示が誤って解釈されるような結果に終わる可能性がある（Pool & Lindsay, 2001）。

セシとブルックのレビュー論文以降、何人かの研究者たちは、面接をより正確なものにし、虚偽の申し立ての事例を減らすために、子どもへの司法面接プロトコルを開発した（たとえば、Saywitz, Geiselman, & Bornstein, 1992; Saywitz, Synder, & Nathanson, 1999; Yuille, Hunter, Joffe, & Zaparniuk, 1993）。特に注目に値するものとして、マイケル・ラムと共同研究者が開発した、性的虐待事例における子どもへの司法面接で今日よく使用されている、米国国立小児保健・人間発達研究所（National Institute of Child Health and Human Development；NICHD）プロトコルがある（Lamb, Orbach, Hershkowitz, Esplin, & Horowitz, 2007）。このプロトコルは、まず自由報告を引き出す質問に焦点を当て、その

〔訳注4〕司法面接ではこのような「誘いかけ」と呼ばれるオープン質問を用いるよう推奨される。

後、子ども自身によって提供された情報に基づいた手がかり質問を用いて面接を進めるように構成されている。子ども自身によって提供された情報のみを用いることで、面接者は子どもの報告をゆがめる危険性がある情報や、あるいは報告がゆがめられていないような場合であっても、子どもの信憑性を損ねる可能性のある誤情報を提示してしまうことを避けることができる（Lyon, 1995）。幼児の報告は時に、事後に与えられた誤情報による有害な影響を受けやすい（Sutherland & Hayne, 2001; Quas, Malloy, Melinder, Goodman, D'Mello, & Schaaf, 2007 も参照）。したがって、出来事に関する不正確な情報を含んだ質問は避けることが賢明である。これらのプロトコルの開発は一部、子どもの被暗示性や、アナトミカル・ドール〔訳注5〕の使用を含めた子どもへの不適切な面接に関するセシとブルックや他の研究者の懸念に答えるものであった。

セシとブルックのレビューが公刊された当時、アナトミカル・ドールが司法面接で使用されることは、珍しいことではなかった。これらの人形の目的は、虐待された子どもが、他の方法では難しい、もしくは、恥ずかしいような本当の性的な経験を開示できるよう、手助けすることであった。しかし、セシとブルックのレビューに明らかなように、これらの人形は性的虐待という出来事においては特に誘導的であり、その使用によって虚偽の報告が生じるという懸念が高まった。アナトミカル・ドールに関する研究では、ドールが子どもの誤りの原因となり、一般的な他の補助物に比べてもより誤りを引き起こしやすいことは特定できなかったものの（たとえば、Koocher et al., 1995 参照）、面接者が誘導性の高い質問と組み合わせて用いることの危険性や、人形に対する子どもの行動を誤って解釈してしまう問題など，用いることによるリスクがあまりに大きいことが多方面から指摘され、いくつかの法廷ではその使用が制限された。

そのため、司法面接ではアナトミカル・ドールの代わりに、人体図が広く用いられるようになった。しかしながら、最近の研究では、子どもが虐待を開示する助けとして描画を用いることについても懸念が指摘されている（たとえば、Bruck, 2009）。そのため、NICHD プロトコルでは、補助物一般の使用が禁止されている。

〔訳注5〕性器や胸の膨らみなどを備えた解剖学的に正確な人形。多くの場合、性教育等で用いられる。

法への影響

セシとブルックのレビューが、子どもの記憶や被暗示性の研究の方向性に重要な影響を与えたことは明らかである。彼らの論文やそれに続く研究の影響は、心理学のコミュニティを大きく超え、司法や児童保護制度などの現実社会にまで及び、適用された。

セシとブルックのレビューがもたらした重要な結果の1つは、子どもへの司法面接に注目をもたらしたことであった。セシとブルックは、子どもは非常に被暗示性が高く、繰り返される強制的な、あるいは誘導的な質問は、どのようなものであっても、子どもの報告を変容させる ── そして、おそらく子どもの記憶を永遠に変えてしまう可能性がある ── ことを示唆した。この理論の法曹コミュニティにおける影響力は、たとえば「汚れを帯びた証拠の審理（taint hearing）」〔訳注6〕の提案などに見られる。ニュージャージー州のケリー・マイケルズに対する有罪判決への控訴において、セシとブルックは、率先して、子どもの証人に対する「汚れを帯びた証拠の審理」を支持する意見書を法廷に提出した。（意見書（amicus brief）とは、係争中の法的な事案に強い関心をもつ第三者によって法廷に提出される文書である）。それは、強制的な面接方法によって、子どもの記憶が永久的に変容し、そのために子どもの証言が「汚染された」か否かを判断することを目的とした公聴会を法廷審理前に開くことを裁判官に求めるものであった。こうした審理は、誘導的な質問によって子どもの自伝的記憶が永久に変容し、その証人はその出来事についてはもはや明確で、正確な記憶を有していないという理論に基づいたものであった（Goodman, 2006）。この「汚れを帯びた証拠の審理」が抱える多くの問題の中の1つは、その当時得ることができた科学的データの多くが、子どもの記憶が永久的に変容することを示しておらず、誘導質問による長期的な影響が実際にはどのようなものなのか、解明されていなかったことである。現在では、少なくともいくつかの古典的な研究でみられるように、そのような質問が永久的に記憶をゆがめることはほとんどないことが示されているが（Huffman, Crossman, & Ceci, 1997）、司法にか

〔訳注6〕訳語は，小山貞夫編著『英米法律語辞典』（研究社 , 2011）より。ここでは、被告人側から動議があった場合に、公判前に子どもの証言が「汚されて」いないかを専門家が評価するという手続をいう。「汚れ」が一定の基準を超えていれば証拠から排除し、「汚れ」が一定の基準に満たなければ証拠として用いても良いとされる。採用する場合には取調べの抑圧的ないし暗示的傾向について専門家が陪審員に説明をする。

かわるいくつかの状況においては、永久的な記憶の変容が生じる可能性を排除することはできない。「汚れを帯びた証拠の審理」は，強制的な面接と、それに伴う虚偽の報告を明らかにする上で効果的であるが、同時にこれが、実際に虐待の被害にあっている子どもたちの信憑性を常習的に損なわせようとする弁護士にも公聴会の機会を与えてしまう可能性がある (Goodman, 2006)。ケリー・マイケルズの控訴後、ニュージャージー州は子どもの証人に対する「汚れを帯びた証拠の審理」を認めたが、最終的にはこれらの審理を差し控えた。証人が指導されていない、正確な記憶をもはや有していない可能性を含めて、弁護人はいつでも証人の証言能力に対して異議を唱えることができることから、多くの人が「汚れを帯びた証拠の審理」は必要がないと見なした。

子どもの被暗示性の研究は、米国の最高裁判所の判決、つまりアメリカの「国法」にも影響を与えた。例として、子どもの証言研究が「ルイジアナ州対ケネディ裁判 (Kennedy v. Louisiana, 2008)」判決で引用された。その中で、米国最高裁判所は、子どもへの強姦罪に対する死刑判決は適切ではないという判決を支持した。この事例では、8歳の女児が残忍に強姦され、ひどい内部損傷を負った。この犯罪を死によって罰するべきではないとする理由に関しては、大半を占める多くの理由が引用されたが、その1つが子どもの証人の信憑性の問題にかかわっている。裁判官は、子どもによる証言は被暗示性の影響を受けやすいとする科学的研究を引用し、子どもの証言がしばしば最も強い証拠となり得るこのような事例では、誤った有罪判決がなされる可能性があるとした。この決定の中でセシとブルックのレビューが直接引用されたわけではなかったが、セシとフリードマン (Ceci & Friedman, 2000) の論文に言及し、子どもの記憶、被暗示性、そして、嘘の研究について議論がなされた (たとえば、Quas, Davis, Goodman, & Myers, 2007)。セシとブルックの研究の影響力の証左である。

セシとブルックのレビューによる残念な法的効果の1つは、一部の法学者が、面接を繰り返すことが子どもの記憶に有害であり、面接を繰り返すこと自体が誘導となりうると早期に結論づけてしまったことである。この見方は、大衆紙で助長される結果となった。たとえば、トルドー (Trudeau, 1997) は、大衆紙においてセシとハフマンら (Ceci, Huffman et al., 1994) の研究について述べ、以下のように引用している。

…我々は、4週目、5週目、8週目、10週目、12週目と、彼らを呼んでは毎回同じことを尋ねた。一生懸命思い出してください、このようなことが起こりましたか？ …10週目、11週目までに、3歳と4歳児の大多数が、実際にネズミ捕りに手を挟まれたと報告した。

しかし、グッドマンとクアス（Goodman & Quas, 2008）が指摘したとおり、セシとハフマンら（1994）の研究で、面接を繰り返した結果として虚偽の報告が有意に増加したということはない（しかし、Ceci, Loftus, Leichtman, & Bruck, 1994 参照。繰り返し質問を行うような文脈では，複数の誘導的な技法が使用されることが示されている）。にもかかわらず、これらの大衆紙の記事は、度重なる面接そのものが誤りを引き起こすという見方を助長させた。残念なことに、この結論は、ルイジアナ州対ケネディ裁判（2008）の最高裁判決の中で明示された。最近の研究では、誘導的な面接の繰り返しが不正確さを増加させることはあるが、必ずしもそうであるとは限らないことが示されている（皮肉にも、逆の効果を及ぼすことさえある。だがそのような質問方法が、実際の訴訟事件で推奨されるということではない。Quas et al., 2007）。さらに、誘導的ではない面接を繰り返すことで、子どもの記憶を正確に保つことができ（Goodman & Quas, 2008）、法的に価値の高い情報をさらに引き出す結果につながることもある（La Rooy et al., 2010）。

オープン質問による子どもへの司法面接プロトコルの開発と共に、セシとブルックによってレビューされた研究を含む子どもの証言研究が与える最も重要かつ継続的な法的意義は、アメリカ国内だけにとどまらない、全世界的な児童の権利擁護センター（Child Advocacy Centers; CACs）の普及にある（Santos & Goncalves, 2009）。これらのセンターは、1980年代のデイケアでの歴史的な事件や、その結果生じた子どもの被暗示性に対する懸念に応えて、子どもへの司法面接を責任ある、そして、慎重を期した方法で行うことを進めるために設立された。上記の1980年代の事例では、子どもの証人への面接のための適切なプロトコルと形式が欠如していたことが明らかになった。極めて暗示性の高いテクニックが多数使用されたことだけではなく、子どもの中には、十数回とまでは言わないまでも、様々な法律家による面接を繰り返し受けたものもいた。研究では、面接の繰り返しが、必ずしも記憶に有害な影響があるとは言えないとされているが、被害児にとって最も大きなストレス要因の1つであることが示されている。面接を繰り返すことによって、子どもは犯罪にかかわるデリケートな内容について何度も説明しなければならないからである（Goodman, 2006）。児童の権利擁護センターの目的は、子どもたちが訓練された面接の専門家によって1度だけ、もしくは、少なくとも限られた回数だけ面接を受ければよいように、司法面接の過程を効率化することである。面接には警察官、地方検事、児童保護局が立ち合い、別室で面接をモニターすることが一般的である。こうすることで、1つの面接の中で、関連するすべての質問を、理想的な非誘導的な方法で聞くことが可能となる。一般的には、面接はビデオ録画され、面接方法と子どもの応答に関する客観的な記録が残ることになる。近年の研究では、児童への標準的な司法面接に比べ、児童の権利擁護センターでの司法面接では、子どもや家族の満足度が高いことが示されている（Connell, 2009）。

まとめ

セシとブルックのレビューは、子どもの被暗示性についての科学的な思考を発展させた。これは、画期的な貢献として残っている。このレビューは、当時の学術研究をまとめ上げた。レビューの焦点や観点のバランスが完全にとれているとは言えないが、子どもの被暗示性に影響を及ぼす可能性のある理論や要因について思慮深い議論を提供した。取り上げられた論文の多くは、現在もなお適切であり、当面の間はそうあり続けるだろう。

しかし、その後、研究と思想はセシとブルックのレビュー論文を越えて発展した。たとえば、被暗示性と記憶の影響の受けやすさの問題は魅力的な理論的トピックであり、法学的な観点からも重要であるものの、子どもの証言研究には、被暗示性の問題以外にも多くの課題が存在することを今ではたくさんの人が認識している。科学的根拠に基づいた、子どもへの司法面接プロトコルの出現は、結果的により前向きで、有効な一歩であった。このより前向きな一歩は、セシとブルックのはたらきによって後押しされ、子どもの目撃記憶や被暗示性の研究を行っている他の研究者たちによって前進させられてきた。

結果的に、子どもの被暗示性の問題と子どもへの司法面接の問題は、セシとブルックのレビューで指摘されたよりも、もっと複雑であることを理解しておかなければならない。近年の論文において、セシは、子どもの証人には、多くの場合、誘導質問が必要となることを認めている（Ceci & Friedman, 2000）。法学的な観点から言えば、証人によってすでに言及されていない情報が含まれる、もしくは、暗示される質問は、どのような質問も誘導質問である。そのため、「何があったか教えてください」という非誘導的な質問の後に、「他に何かありましたか？」という質問を行った場合、他に何かが起こったということを子どもがすでに述べていない場合には、後者の質問は誘導と見なされることになる。検察が起訴するために必要となるきわめて特定の情報を子どもの証人から得るためには、いくらかの誘導質問は不可避である。オープン質問による子どもへの司法面接プロトコルにおいても、いくらかの特定的な（すなわち、誘導）質問を行うことが認められている（Lamb et al., 2007）。

さらに、セシのその後の研究では、誘導質問が、面接による要因というよりはむしろ、子ども側の要因によって生じることを示している。ギルストラップとセシ（Gilstrap & Ceci, 2005）が言うように、「全体として見れば、面接者による誘導質問が、その情報に対する子どもの不本意な同意を増加させるという、これまでの研究で見出されていた結果にはならなかった」（p.40）。ギルストラップとセシ（2005）の研究では、研究者によって用意された出来事（子どもたちの教室にマジシャンが訪問する）について、3～7歳の子どもが法律の専門家からの面接を受けた。その結果、子どもの不本意な同意と関連する質問のタイプは、不正確な誘導質問だけであることが示された。それでも、子どもの正確性については、「事実上、介在している大人の行動を飛ばして、子ども自身の行動から直接予測することが可能であった」（p.40）。言い換えれば、子どもの証言内容の正確さは、面接官による質問をすべて取り除き、面接の中で得られた子どもからの情報に基づいてのみ予測可能なのである。このように総合して考えると、子どもの被暗示性による誤りは、大人の質問によって引き起こされたものではなかった。

また、セシの最近の研究によれば、必ずしも年長児に比べ年少児のほうがより被暗示性が高く、虚偽の記憶を報告しやすいとは言えず、表象構造や知識基盤といった要因に依存することが示されている（Ceci、Papierno と Kulkofsky、2007）。他の研究者たちは、子どもの記憶が強く維持されているときに過度に誘導的な質問を行うと、被暗示性に対する抵抗を強めうることを示している（Quas et al., 2007）。

このように、セシとブルック（1993）の描いた、比較的単純な、そして、悲観的とも言える見取り図は、世界的な科学研究の努力によって、より陰影に富む理解に置き換えられた。セシとブルックのレビュー論文では、我々のひとり（Goodman）は、被暗示性に対する子どもの抵抗力について、あまりに楽観的であると非難された。一方で、セシとブルックは、あまりに悲観的であるとして非難された（たとえば、Myers, 1995）。真実は、この2つの間のどこかにありそうだ。子どもは正確な証人でありうるし、暗示に抵抗する力をもっている（Harris, Goodman, Augusti, Chae, & Alley, 2009 を参照）。しかし、時に、非常に暗示に影響されやすい（Ceci & Bruck, 1995）。1993 年以降、研究者たちは子どもの被暗示性について多くのことを学んだが、実際の法的事例の複雑さを前にすると、我々はまだ多くのことを学ぶ必要があると思い知らされるのである。

謝　辞

本章の一部は、全米科学財団（National Science Foundation; 補助金 0545413）の助成を受けた研究に基づいている。本稿に表明されたすべての意見、研究結果、結論、そして、提案は、著者らによるものであり、必ずしも全米科学財団の見解を表すものではない。この章に関する問い合わせは、Dr. Gail S. Goodman, Department of Psychology, University of California, 1 Shields Avenue, Davis, CA 95616（ggoodman@ucdavis.edu）まで。

訳者謝辞

「taint hearing」の訳語を決めるにあたり，岡山大学大学院法務研究科の小浦美保先生より，多くの適確な助言を賜りました。ここに記して深く御礼申し上げます。

■さらに学びたい人のために

Bottoms, B. L., Nadjowski, C., & Goodman, G. S. (Eds.) (2009). *Child victims, child witnesses, and child offenders: Psychological science and law.* New York: Guilford.

Ceci. S. J., & Bruck, M. (1995). *Jeopardy in the courtroom: A scientific analysis of children's testimony.* Washington, DC: APA Books.

Howe, M. L. (2011) . *The nature of early memory.* New York: Oxford University Press.

Kuehnle, K., & Connell, M. (Eds.) (2009). *Child sexual abuse allegations.* Hoboken, NJ: John Wiley & Sons.

Lamb, M. E., LaRooy, D., Malloy, L., & Katz, C. (2011). *Children's testimony: A handbook of psychological research and forensic practice.* Chichester, UK: Wiley.

■引用文献

Alexander, K.W., Goodman, G. S., Schaaf, J. M., Edelstein, R. S., Quas, J. A., & Shaver, P. R. (2002a). The role of attachment and cognitive inhibition in children' s memory and suggestibility for a stressful event. *Journal of Experimental Child Psychology, 83,* 262-290.

Alexander, K.W., Quas, J. A., & Goodman, G. S. (2002b). Theoretical advances in understanding children's memory for distressing events: The role of attachment. *Developmental Review, 22,* 490-519.

Binet, A. (1900). *La suggestibilité* (Suggestibility). Paris: Schleicher Freres.

Bowlby, J. (1980). *Attachment and loss. Vol. 3: Loss, sadness, and depression.* New York: Basic Books.［ボウルビィ／黒田実郎・横浜 恵三子・吉田 恒子（訳）(1991)『母子関係の理論 ―― Ⅲ対象喪失』岩崎学術出版社］

Bradley, M. M., & Lang, P. J. (1994). Measuring emotion: The self-assessment manikin and the semantic differential. *Journal of Behavioral Therapy and Experimental Psychiatry, 25,* 49–59.

Brainerd, C. J., Reyna, V. F., & Ceci, S. J. (2008). Developmental reversals in false memory: A review of data and theory. *Psychological Bulletin, 134,* 343–382.

Bruck, M. (2009). Human figure drawings and children's recall of touching. *Journal of Experimental Psychology: Applied, 15,* 361–374.

Bruck, M., & Melnyk, L. (2004). Individual differences in children's suggestibility: A review and synthesis. *Applied Cognitive Psychology, 18,* 947–996.

Ceci, S. J., & Bruck, M. (1993). The suggestibility of the child witness: A historical review and synthesis. *Psychological Bulletin, 113,* 403–439.

Ceci, S. J., & Bruck, M. (1995). *Jeopardy in the courtroom: A scientific analysis of children' s testimony.* Washington, DC: APA Books.

Ceci, S. J., Bruck, M., & Rosenthal, R. (1995). Children's allegations of sexual abuse: Forensic and scientific issues: A reply to commentators. *Psychology, Public Policy and Law, 1,* 494–520.

Ceci, S. J., & Friedman, R. D. (2000). The suggestibility of children: Scientific research and legal implications. *Cornell Law Review, 86,* 34–108.

Ceci, S. J., Huffman, M. L., Smith, E., & Loftus, E. F. (1994). Repeatedly thinking about a non-event. *Consciousness and Cognition, 2,* 388–407.

Ceci, S. J., Loftus, E. F., Leichtman, M., & Bruck, M. (1994). The possible role of source misattributions in the creation of false beliefs among preschoolers. *International Journal of Clinical and Experimental Hypnosis, 42,* 304–320.

Ceci, S. J., Papierno, P. B., & Kulkofsky, S. C. (2007). Representational constraints on children's suggestibility. *Psychological Science, 18,* 503–509.

Chae, Y., Goodman, G. S. & Edelstein, R. S. (2011). Autobiographical memory development from an attachment perspective: The special role of negative events. *Advances in Child Development, 40,* 1–49.

Chae, Y., Goodman, G. S., Eisen, M. L., & Qin, J. J. (2011). Event memory and suggestibility in abused and neglected children: Trauma-related psychopathology and cognitive functioning. *Journal of Experimental Child Psychology, 110,* 520–538.

Chae, Y., Ogle, C., & Goodman, G. S. (2009). Remembering negative childhood experiences: An attachment theory perspective. In J. A. Quas & R. Fivush (Eds.), *Education and memory* (pp.3–27). New York: Oxford University Press.

Cheit, R., & Mervis, D. (2007). Myths about the country walk case. *Journal of Child Sexual Abuse, 16,* 95–115.

Connell, M. (2009). The child advocacy center model. In K. Kuehnle & M. Connell (Eds.), *The evaluation of child sexual abuse allegations: A comprehensive guide to assessment and testimony* (pp.423–449). Hoboken, NJ: John Wiley & Sons.

Davis, E. L., Quas, J. A., & Levine, L. (2008). Children's memory for stressful events: Exploring the role of discrete emotions. In M. L. Howe, G. S. Goodman, & D. Cicchetti

(Eds.), *Stress, trauma, and children's memory development* (pp.236–264). New York: Oxford University Press.

Dykas, M. J., Ehrlich, E., & Cassidy, J. (2011). Links between attachment and social information processing: Examination of intergenerational processes. *Advances in Child Development and Behavior, 40,* 51–94.

Eisen, M. L., Goodman, G. S., Qin, J., Davis, S., & Crayton, J. (2007). Maltreated children's memory: Accuracy, suggestibility, and psychopathology. *Developmental Psychology, 43,* 1275–1294.

Gilstrap, L., & Ceci, S. J. (2005). Reconceptualizing children's suggestibility: Bidirectional and temporal processes. *hild Development, 76,* 40–53.

Goodman, G. S. (1984). Children's testimony in historical perspective. *Journal of Social Issues, 40,* 9–31.

Goodman, G. S. (2006). Children's eyewitness memory: A modern history and contemporary commentary. *Journal of Social Issues, 62,* 811–832.

Goodman, G. S., Bottoms, B. L., Rudy, L., Davis, S. L., & Schwartz-Kenney, B. M. (2001). Effects of past abuse experiences on children' s eyewitness memory. *Law and Human Behavior, 25,* 269–298.

Goodman, G. S., & Quas, J. A. (2008). Repeated interviews and children' s memory: It's more than just how many. *Current Directions in Psychological Science, 17,* 386–390.

Goodman, G. S., Quas, J. A., Batterman–Faunce, J. M., Riddlesberger, M. M., & Kuhn, J. (1994). Predictors of accurate and inaccurate memories of traumatic events experienced in childhood. *Consciousness and Cognition, 3,* 269–294.

Goodman, G. S., Quas, J. A., Batterman-Faunce, J. M., Riddlesberger, M. M., & Kuhn, J. (1997). Children's reactions to and memory for a stressful event: Influence of age, anatomical dolls, knowledge, and parental attachment. *Applied Developmental Science, 1,* 54–75.

Goodman, G. S., Quas, J. A., & Ogle, C. M. (2010). Child maltreatment and memory. *Annual Review of Psychology, 61,* 325–351.

Harris, L., Goodman, G. S., Augusti, E. -M., Chae, Y., & Alley, D. (2009). Children's resistance to suggestion. In K. Kuehnle & M. Connell (Eds.), *Child sexual abuse allegations* (pp.181–202). NJ: John Wiley & Sons.

Howe, M. L., Cicchetti, D., Toth, S. L., & Cerrito, B. M. (2004). True and false memories in maltreated children. *Child Development, 75,* 1402–1417.

Howe, M., Goodman, G. S., & Cicchetti, D. (2010). *Stress, trauma and memory development.* New York: Cambridge University Press.

Huffman, M. L., Crossman, A. M., & Ceci, S. J. (1997). Are false memories permanent? *Consciousness and Cognition, 6,* 482–490.

Johnson, M. K., & Raye, C. L. (1981). Reality monitoring. *Psychological Review, 88,* 67–85.

Kennedy v. Louisiana, _U. S._, 128 S. Ct. 2641, 171 L. Ed. 2d 525 (2008).

Koocher, G., Goodman, G. S., White, S., Friedrich, W., Sivan, A., & Reynolds, C. (1995).

Psychological science and the use of anatomically detailed dolls in child sexual abuse assessments. *Psychological Bulletin, 118,* 199-222.

Lamb, M. E., Orbach, Y., Hershkowitz, I., Esplin, P. W., & Horowitz, D. (2007). A structured forensic interview protocol improves the quality and informativeness of investigative interviews with children: A review of research using the NICHD Investigative Interview Protocol. *Child Abuse and Neglect, 31,* 1201-1231.

La Rooy, D., Katz, C., Malloy, L., & Lamb, M. E. (2010). Do we need to rethink guidance on repeated interviewing? *Psychology, Public Policy, and Law, 16,* 373-392.

Lindsay, D. S. (2007). Autobiographical memory, eyewitness reports, and public policy. *Canadian Psychology, 48,* 57-66.

Lyon, T. D. (1995). False allegations and false denials in child sexual abuse. *Psychology, Public Policy, and Law, 1,* 429-437.

Lyon, T. D. (1999) . The new wave in children' s suggestibility research: A critique. *Cornell Law Review, 84,* 1004-1087.

Lyon, T. D., & Saywitz, K. J. (2006). From post-mortem to preventive medicine: Next steps for research on child witnesses. *Journal of Social Issues, 62,* 833-861.

Maughan, A., & Cicchetti, D. (2002). Impact of child maltreatment and interadult violence on children's emotion regulation abilities and socioemotional adjustment. *Child Development, 73,* 1525-1542.

Merritt, K. A., Ornstein, P. A., & Spicker, B. (1994). Children's memory for a salient medical procedure: Implications for testimony. *Pediatrics, 94,* 17-23.

Mitchell, K. J., & Johnson, M. K. (2009). Source monitoring 15 years later: What have we learned from fMRI about the neural mechanisms of source memory? *Psychological Bulletin, 135,* 638-677.

Myers, J. E. B. (1995). New era of skepticism regarding children's credibility. *Psychology, Public Policy, and Law, 1,* 387-398.

Pollak, S. D., Vardi, S., Bechner, A. M., & Curtin, J. J. (2005). Physically abused children's regulation of attention in response to hostility. *Child Development, 76,* 968-977.

Poole, D. A., & Lindsay, S. D. (2001). Children's eyewitness reports after exposure to misinformation from parents. *Journal of Experimental Psychology: Applied, 7,* 27-50.

Quas, J. A., Davis, E., Goodman, G. S., & Myers, J. E. B. (2007). Repeated questions, deception, and children's true and false reports of body touch. *Child Maltreatment, 12,* 60-67.

Quas, J. A., Malloy, L., Melinder, A. M., Goodman, G. S., D'Mello, M., & Schaaf, J. (2007). Developmental differences in the effects of repeated interviews and interviewer bias on young children's event memory and false reports. *Developmental Psychology, 43,* 823-837.

Santos, B. R., & Goncalves, I. B. (2009). *Testimony without fear (?): Non-revictimizing cultures and practices.* São Paulo: Childhood Brazil.

Saywitz, K., & Camparo, L. (2014). Interviewing children: A primer. In A. Ben-Arieh, J. Cashmore, G. Goodman, & G. B. Melton (Eds.), *The SAGE handbook of Child research.* Newbury Park, CA: Sage.

Saywitz, K. J., Geiselman, R. E., & Bornstein, G. K. (1992). Effects of cognitive interviewing and practice on children's recall performance. *Journal of Applied Psychology, 77,* 744–756.

Saywitz, K. J., Snyder, L., & Nathanson, R. (1999). Facilitating the communicative competence of the child witness. *Applied Developmental Science, 3,* 58–68.

Schaaf, J. M., Alexander, K. W., & Goodman, G. S. (2008). Children's false memory and true disclosure in the face of repeated questions. *Journal of Experimental Child Psychology, 100,* 157–185.

Sutherland, R., & Hayne, H. (2001). Age-related changes in the misinformation effect. *Journal of Experimental Child Psychology, 79,* 388–404.

Thierry, K. L. (2009). Practice retrieving source enhances young children' s discrimination of live and story events. *Journal of Applied Developmental Psychology, 30,* 882–532.

Trudeau, M. (1997, June 26). Children's memories. Morning edition. Available at http://www.npr.org/templates/story/story.php?storyId=1028938

Yuille, J. C., Hunter, R., Joffe, R., & Zaparniuk, J. (1993). Interviewing children in sexual abuse cases. In G. S. Goodman & B. L. Bottoms (Eds.), *Child victims, child witnesses: Understanding and improving testimony* (pp.95–115). New York: Guilford Press.

8 IQ はどれほど上げることができるのか？
ジェンセン（1969）の問いと答えへの最新の展望

ウェンディ・ジョンソン

1969年2月、アーサー・ジェンセンは『ハーバード教育展望（*Harvard Educational Review*（*HER*））』に、ある論文を発表した。それは論争の嵐を巻き起こし、現在もなお続いている。彼はその論文の中で、知能検査の得点における人種や社会的階級の差の原因はおそらく遺伝的に決定されているであろうという証拠を提示し、アフリカ系アメリカ人とすべての人種における社会経済的地位（socioeconomic status; SES）の低い子どもたちには、彼らに想定される学習能力の生得的な限界を踏まえた教育プログラムが有効であろうと提案した。この論争は、ジェンセンが言わねばならなかったことをめぐる科学というよりも、彼の提案を実行することがもつ社会的な意味に根ざしていた。多くの人びとは、これによって表向きには合法的に恒常的な下層階級が作り出され、アフリカ系アメリカ人が、不釣合いなほどにその代表とされていると考えた。ジェンセンの提案とその後の議論は、米国に焦点を当てたものであったが、これにかかわる諸問題は、当時も今も、明らかに世界中の人びとに関係している。

ジェンセンの古典的研究が生まれた背景

ジェンセンがこの論文を書いたとき、彼はカリフォルニア大学バークレー校の研究者、教育心理学教授として10年が経とうとしていた。彼は、子どもの学習における個人差、そして文化や遺伝の影響を受けて、子どもがどのように発達するのかを研究していた。この研究によって、彼はおのずと、アフリカ系アメリカ人の生徒たちは、ヨーロッパ系アメリカ人の生徒たちよりも、学業成績や知能といった多くの測定値において平均的に1標準偏差低く、下層階級の家系出身の子どもたちは、中流または上流階級の家系出身の子どもたちよりも、概して同様に低い成績である傾向にあるということを、一貫して観察することになった。1964年に米国でヘッドスタートプログラムが開発され財政措置がとられることとなったのは、この同じ観察に基づいてであった。この事業は、まず1965年の未就学児を対象とした夏休みの準備プログラムから実施された。このプログラムは、当時の大統領リンドン・ジョンソンの、貧困との戦いと偉大な社会キャンペーンにおける象徴的政策の1つであり、当時アメリカに広がっていた楽観主義と全能感から生まれたものでもあった。

1969年までに、ヘッドスタートプログラムを動かしていた世間一般の楽観主義や全能感の多くは、すでに消滅していた。米国はベトナム戦争をめぐって混乱しており、解決のための明白な手段はないように見えたし、ヘッドスタートプログラムが当初の期待に応えていないことを示すデータが次々と出ていた。この期間のジェンセンは、特殊な学習課題や記憶課題の成績の個人差、IQテストの成績における年齢ごとの個人差のパターンについて研究し、正常な範囲と障害の範囲のIQをもつ参加者の比較研究を行っていた。1966年、彼はこの研究から、以下のように書いた。

> 心理学者や教育者は、全国民のIQを上げることができるのだろうか。この考えはあまりに大げさに聞こえるかもしれないが、真剣に考察するに値すると考えるのは非現実的過ぎるとは思わない … 。遺伝子と胎児期の環境が、知能の分散の約80%を規定している。これは、残りの約20%が環境的な要因であるということである。もちろん、ある人が享受できるIQの上昇の程度は、日々生活する環境がその人の知的潜在能力を最大限に開花させるのに最適な環境にどれほど届かないかによって決まる。したがって、子どもたちのIQを上昇させることを目的にして適切に計画されたプログラムの影響下では、社会経済的地位の低い子どもたちこそが最も効果を得やすいと信じるべき理由がある …（Jensen, 1966, p.99）

1年後、彼（Jensen, 1967）はこのテーマを探求し、「世間で浸透している（文化的不利という）信念から、人口の多くを占める社会経済的地位の低い子どもたちの明らかな能力の限界に合わせた教育プログラムの … さまざまなプランが作られた。これは、もし実行されるなら、有害で不適切な信念である …」（p.5）と述べた。

しかしながら、ジェンセン（1969）はこの後2年のうちに、まさにこのようなプログラム、マイノリティの子どもたちやSESの低い子どもたちの、明らかな能力の限界に合わせた教育プログラムを推奨したのだった。彼は、編集者たちから依頼された『ハーバード教育展望』の論文をこのような言葉で始めた。

「補償教育（compensatory education）が試みられてきたが、それは明らかに失敗に終わった」（p.1）。彼はこの結論の拠り所をアメリカ公民権委員会（United States Commission on Civil Rights, 1967）の報告に求めていた。当時、この報告は厳しい批判にさらされたが、IQ 値の永続的な上昇は、ほぼ、またはまったくなかったという結果は、時の試練に耐えてきた。彼は、補償教育プログラム開発の前提は、IQ の差のほとんどが環境の相違や知能検査に対する文化的な偏りの結果であるという考えにあったと指摘した。それゆえ、これらの教育プログラムの失敗は、元となっているそのような前提を見直す必要があることを示していると指摘した。彼は多くの証拠の整理に乗り出したが、少なくともその当時までに研究された主に白人の母集団においては、IQ の分散は主として遺伝的影響によることを示していた。彼は、IQ の水準における集団差や人種差が遺伝的に決まっていると結論することはできないと明確に指摘したものの、この観察は事実であり、教育から利益を得ることができる能力には、おそらく生得的かつ不変的な人種差と社会経済的（SES）な差があることを認める教育プログラムを計画する際の根拠として、社会はこの事実を用いるべきだと論じた。

ジェンセンの研究の概要

何が変わったのだろうか？ 以前彼が考えていたこととはまったく異なる、これほど厳しい結論に至ったのはなぜだろうか？

1960 年代中頃、ジェンセンの研究所では、人種や SES の背景が異なる子どもたちを対象にして、対連合学習と系列学習の実験を行っていた。これらの課題において、参加者はランダムにグループ化された刺激（たいていは単語の集まりであった）を提示され、その後に、提示された刺激と、それらがどのようにグループ化されていたかの両方を思い出すように言われた。ジェンセンは、IQ の異なる子どもの課題の成績を比較していたのだった。多くの知能検査には、優勢な文化的環境で人びとがどれだけ多くのことを学んできたのかを評価しようとする項目群が含まれているため、マイノリティの子どもたちや低い SES の子どもたちは、かなり不利益を被っている可能性のあることに、彼は痛切に気づいた（Jensen, 1966, 1967, 1968a, 1969）。たとえばどの知能検査にも、共通して語彙の項目がある。子どもたちの潜在的な能力の水準にかかわらず、語彙の少ない親の子どもは、語彙の多い親の子どもに比べて、言葉に触れる機会が少ないであろう。ジェンセンのこの気づきが、彼の研究プログラムを展開する主要な動機の1つであった。彼は、実験室で行われる基礎的で新奇な学習課題は、知能の、より直接的で「文化に影響されない」指標となるかもしれないと考えた。

ジェンセンと彼のスタッフたちは、IQが70から90の低い範囲にあるアフリカ系アメリカ人、メキシコ系アメリカ人、そしてSESの低いヨーロッパ系アメリカ人の子どもは、同程度のIQの中流または上流のSESのヨーロッパ系アメリカ人の子どもよりも、それらの学習課題でずっと良い成績をおさめる傾向にあることに気づいた。実際、マイノリティの子どもとIQの低い子どもは、IQが標準かそれよりも高い範囲にある中流または上流のSESのヨーロッパ系アメリカ人の子どもとほとんど同じくらいの成績だった（Jensen, 1968b）。さらに印象的だったのは、中流または上流のSESのヨーロッパ系アメリカ人の子どもにおいては、順序不同で提示され即座の回答が求められる学習課題の成績と、スタンフォードビネー式知能検査、ピーボディ絵画語彙テスト、レーヴン・マトリックス検査のような、検査項目の内容の操作と理解がかかわる一般的な知能測定尺度との間に十分な相関が見られたが、マイノリティの子どもたちや低いSESの子どもたちにおいては、相関はずっと低く、しばしば統計的に有意でさえなかったのである。

ジェンセンは、このような対比的な結果の1つのタイプにとりわけ強く印象づけられた。2つのSES／文化グループが、ランダムに提示された数字を提示順序どおり再生する数唱課題でほぼ同じ成績だったが、主としてヨーロッパ系アメリカ人からなる成人と子どもの検査標準化サンプルにおいては、総体的なIQと数唱課題の成績の間に強い相関が見られた一方、マイノリティと低いSESの子どもたちのサンプルでは、この相関が弱かったのである（Jensen, 1968a）。当初は、これを知能検査の文化的バイアスのためと見ていたが、その後、グループ間の相関の違いが、レーヴン・マトリックス検査において特に大きいことが見出された。当時、レーヴン・マトリックス検査は、非言語的推論課題であると見なされており、非言語的であることと、どの課題も特定の情報の知識に依存しないことから、現在でも多くの人びとが、この検査は「文化的影響を受けない」と考えている。最も文化的影響を受けないとされるレーヴン・マトリックス検査が、最も相関の違いが大きかったという事実は、ジェンセンに、成績の対照的な差は、検査の文化的なバイアスによるのではなく、2つのグループの子どもたちの間の、何かしらの生得的な違いによるということを強く示唆するものであった。

この間、ジェンセンはまた、量的遺伝子学と知能の遺伝率に興味をもつようになり、このテーマの学びを深めた。遺伝率とは、ある母集団内でのある特性の変異が、遺伝の影響による割合のことである。HERの論文には、遺伝率の概念についてきわめて完成された定義がなされており、当時一般的でありそして現在も未だに信じられている、この概念の間違った認識について議論されている（Visscher, Hill, & Wray, 2008）。そして、当時入手することのできた知能の遺伝的影響について大規模な文献レビューをしている。とりわけジェンセンは、以下の7点を明確に記し、なぜかを説明した。(1) 遺伝の影響と環境の影響は、相互に相関する／作用しあうであろうから、互いに独立して検討されるべきではない。(2) 遺伝率は母集団に対する統計概念であり、個人には適用されない。(3) 遺伝率は、環境ごとに大きく異なる可能性がある。(4) ある集団における遺伝率の水準が、他の集団においても等しいわけではない。(5) ある集団と他の集団で平均に差があるとき、その集団の遺伝率をもってそれらの集団間に遺伝的な相違があるとすることはできない。(6) 中流または上流階級のヨーロッパ系アメリカ人と恵まれないアフリカ系アメリカ人との間の環境的な相違は大きかった（そして今も大きい）と信じる多くの理由があった（そして今もある）。(7) 高い遺伝率は、その特性が不変であることを意味しない。また、彼は人種的偏見の弊害と不当性について記し、明確に次のように述べている。「過去の歴史の相違を含め、環境的な要因が、知能の標準的な測定値、学業成績、職業地位における人種間分散の少なくとも一部を決定する上での役割を疑問とする者はいない」（Jensen, 1969, p.83）。このような留意にもかかわらず、彼はマイノリティとSESの低い子どもと、中流または上流階級の子どもとの間の認知能力検査の得点差の背後には生得的な違いがあると疑い、それが遺伝的に決められているという考えに傾斜していったようである。

彼はさらに広く、科学文献では、環境的説明を好み、人種間の検査得点の相違が遺伝的に決定されているという可能性を、常に無視するか避けてさえきたと指摘した。彼は、科学は一定の状況においてのみ、真実の探求に用いられるべきだと信じる者たちに強く反対すると述べた。つまりこのような信念が、こうした検査得点の違いが遺伝的に決定されるという可能性の議論が欠けている理由だとしたのである。明らかに、この可能性についての議論が社会的に不適切であるがために抑圧されたという考えから、この可能性の証拠となる基礎を作り上げ、提示することが彼にとって基本的に重要なこととなった。

1969年の論文で、ジェンセンは遺伝学者たちとの議論の中でこの問題に立ち向かっていると報告した。彼は、遺伝学者たちは、母集団ごとに遺伝子頻度の分布が異なるので人種を技術的に定義できるという点で一致しているとし、人種間の遺伝的差異はこれまでなされた事実上すべての解剖学的、生理学的、生物化学的な比較に現れているとした。そうした比較は当時、主として血液成分によるものであった。彼はまた、集団内配偶がそれまで集団間配偶よりも一般的であったため、何世代にもわたって地理的、社会的に孤立していた集団は、遺伝性の高いどんな特性についても相違を示すと期待されるという点でも一致していることを見出した。ジェンセンと議論した遺伝学者たちはまた、測定可能な遺伝性のどんな行動も、他の人間のいずれの特性とも同じようにして、関連遺伝子の頻度に人種差を示すだろうことについても明らかに同意した。遺伝学者は、適切な問いは、そのような差があることは確かなのであるから、その存在を問うことではなく、それがどの程度であるのか、そしてそれが、我々の世界において、医学的、教育的、社会的に何らかの種類の差異をもたらすのかを問うことであると述べた。

続いてジェンセン（1969）は、アフリカ系アメリカ人とヨーロッパ系アメリカ人の間の、当時典型的に見られていた知能の測定値や学業成績における差を正確に再計算して、およそ1標準偏差であるとした。これは、アフリカ系アメリカ人の母集団の15％しかヨーロッパ系アメリカ人母集団の平均値を超えていないことを意味する。彼はまた、知能検査におけるアフリカ系アメリカ人母集団の分散は、ヨーロッパ系アメリカ人母集団の分散の約60％であり、それぞれの分布を定義するパラメーターはまったく異なると報告した。彼は、この分布の差の少なくとも一部は遺伝的に決定されているという可能性は強く非難されてきたが、実証的に矛盾しておらず、否定されてもいないと指摘した。彼にとって、この事実は、この考えを支持する証拠を再調査すべきであり、それと教育とのかかわりを考えるべきだということを意味していた。彼は論文の最後の20ページでこれを行った。彼が提示した証拠は今日でも有効であり、本質的には未だ反証されていない。しかしながら、その証拠はすべて間接的であり、彼の論点はまだ結論が出ていない。さらに彼は、この問題をあたかも討議に出すように提示した。つまり、自身の主張に矛盾する証拠を示さなかっただけでなく、彼が提示した証拠についての別の解釈を提示することもなかった。

この議論の多くで、彼はSESに関連する問題を人種と同じくより一般的に取り上げた。彼は当時実施されていた介入プログラムの効果を評価し、正確に、それらのプログラムは短期間の知能検査得点上昇を示し、時にはかなりの上昇が見られたが、この上昇は消滅することが多く、数年内には通常有意ではないレベルになるという基本的な観察結果を正確に報告している。なぜこのような事態が起こるのかについて、彼は多くの興味深い疑問を提起した。そして、IQの値を上昇させようとすることは、おそらく非現実的であろうと結論づけた。教育者は、認知機能の発達を促進させようとするよりも、単純に基本的技能を教えるほうがうまくいくだろうとし、上の「ジェンセンの研究の背景」の節で説明したように、文化的に恵まれない子どもたちのグループとそうでない子どもたちのグループは、連合学習の能力は同様であるがIQ水準が異なるという実験結果を提示して、文化的に恵まれない子どもは、教育の成果を挙げる方法において中流や上流のSESに属する子どもたちとは「異なる」と指摘した。これらの集団差が生じるのは、連合学習の能力と、彼が「高次の推論」能力と名付けた知能検査によって引き出される種類の能力に対する遺伝の影響が異なるためであるとし、連合学習の能力に関する遺伝的影響はすべての母集団で均等に分布しているが、「高次の推論」能力に関する遺伝的影響は社会的階級の異なる2つの集団でその分布が異なると説明した。ジェンセンはこのような考えの下、文化的に恵まれない子どものための教育は、彼の主張する生得的に限界がある能力に合わせて開発されるべきであると提言した。2年前には、実証的根拠のない教育プログラムを実施することは有害で不公平であると述べたが、彼にとって、彼が提示した証拠は、まさにそのようなプログラムを推奨するのに十分なものであった。

ジェンセンの研究への批判 ― ジェンセン論文への反応

同じトピックについての25年後の『ベル・カーブ』(Herrnstein & Murray, 1994)がそうであったように、ジェンセンの論文(1969)は論争の嵐を巻き起こした。論文自体は、有名な9人の心理学者と遺伝学者によるコメントとともに発表された。すべての評者が、得点(IQ)差が遺伝的に決定されると考え得るとする彼の結論を否定し、彼の議論の限界を指摘し、彼が提示した事実に対する代替の説明を提案し、彼が見落としたデータを指摘した。HERは、1969年12月に、5つのさらなる批判的なコメントから成る特別号を発行した。『ニューヨークタイムズ』のジェンセン紹介記事では、アフリカ系アメリカ人がヨーロッパ系アメリカ人よりも知的に劣っているという信念を表現する「ジェンセニズム」という言葉が造られた。彼は、『60ミニッツ』〔アメリカの人気ドキュメンタリーテレビ番組〕で2度にわたってインタビューを受け、議会で証言するよう求められた。さらには、殺害予告を受けたり、カリフォルニア大学バークレー校の学生や教職員が彼の研究室前で抗議を繰り広げた。この論文は心理学の歴史の中で最も引用頻度の高い1つとなったが、引用の多くはジェンセンの議論に対する反証か、論争の一例として使われている。

重要なことは、ジェンセンの論拠に対する反証も、ジェンセンのものと同じくらい間接的なものであったことである。彼を批判する人びとは、ジェンセンの結果を実証的に反証できなかったし、特に主要な出版物においては、しばしば感情的な攻撃に終始した。反応があまりにも極端で激烈だったため、科学的論争の精神に反しており、探求の知的自由を制限するものと感じる人びともいた。未だに確たることは言えないが、この騒動の1つの結果は、知能や知能検査の得点への遺伝的影響を問うことの全体、そして、知能の個人差の起源、そして知能測定方法としての知能検査の相対的な妥当性の研究が、心理学の主流から傍流へと外されてしまったことである。たとえば、ジェンセンの論文が拍車をかけたかどうかはともかく、今日に至るまで、アメリカ心理学会は、きわめて特殊な認知的側面を含む多くの心理機能を扱う幅広い学術雑誌を刊行しているが、それらのなかに一般知能に関連する研究をはっきりと代表しているものは1つもないのには驚かされる。さらには、多くの大規模で長期的、そして包括的な心理学、社会学、疫学的な研究結果の多くに、一般知能の測定が含まれていないのである。

HERでのジェンセンの論文（1969）がもたらしたか拍車をかけたかにかかわらず、これは不幸な事態である。IQや認知能力検査得点が実際に何を引き出しているにせよ、それらは、間違いなく、時間、個人、状況を超えて一貫している測定であるという意味で、心理測定上最も堅固な得点である。それらの構成概念妥当性の問題は、他の心理測定得点（たとえば外向性、動機づけ、気分状態、態度尺度など）と同じ程度に適切であるし、この点に関してもよく積み上げられている。つまり、IQと認知能力検査の得点は、理論的に関連が強いはずと予測されるような、広範囲の重要な人生における諸成果ときわめて堅牢に結びついているという意味で、妥当なのである。さらに、それらの得点に対する遺伝的影響の証拠は強力であり、得点の人種間差は一貫している。教育と認知機能の社会的重要性を考えれば、このテーマによりいっそうの研究関心が注がれるべきだと論じるべきだろう。たとえどんなに人びとの意に沿わないものでも、表向きに書かれた一論文が、重要な分野に無視されることで領域全体の研究が制限されたかもしれないという可能性をもたらすなら、そのような事態は客観的科学としての心理学にとって皮肉なことであり、悲しいとしか言いようがない。これがどの程度実際に起こったにおせよ、知能とそれが教育に果たす役割についての客観的、科学的理解の探求に失敗したことの叱責は、早まった結論を引き出した不備な論文を発表したジェンセンだけに向けられるものではない。反証できなかった仮説の提案に対して、客観的に応えず感情的に応答した社会と科学者にも、同様にあるのである。

その後この分野は、どのように変わっていったか

この論文をめぐっては多くの皮肉な成り行きがあるが、そのうちの1つは、この論文を準備していたときジェンセンはあまりに綿密な知識を有していたために、自身の論拠の主要な欠点と、人種と社会的階級間のテスト得点差という基本的な観察結果に対する別の説明を、ほとんどは議論を公刊するずいぶん前に、彼自身で指摘していることである。たとえば、彼は「反応範囲」(reaction range) という遺伝学的概念について少し長く検討している (pp.63–64)。この概念は、同じ遺伝子型であっても環境が異なれば異なる特性を見せる可能性があり、そして異なる遺伝子型は異なる反応範囲を示す、つまり、ある遺伝子型は他のそれよりも、環境的状況から受ける影響が緩和されているだろうというものである。彼は、これは遺伝率の推定が母集団内のサブグループによって異なるかもしれないことを意味すると述べ、特に、アフリカ系アメリカ人グループの知能の遺伝率に関する推定値は得られておらず、多くのアフリカ系アメリカ人と同じ低いSESレベルのヨーロッパ系アメリカ人を含むサンプルは、SESの基準が、実際に知能や学業成績に影響を与えた環境条件における人種差を反映していないかもしれず、十分に妥当なものではないと指摘した。この記述は、多くの論評者たちから痛烈な批判を受けることとなった彼の論文の重要な側面を強調している。ジェンセンの論拠の多くは、彼の実証的研究ではなく、他の実証研究レビューに基づいていたのである。多くの人びとは、彼が引用した研究の不備な点はもちろん、彼の主張と矛盾する関連研究が含まれていない点をいくつも指摘した。それにもかかわらず、ジェンセンが自身の議論にどれほど制約を与えていたかは、非常に印象的である。

ジェンセンの学的知識は、他の点においても完璧だった。彼は、近親交配やある母集団の遺伝子の質の経年的不活性化ないし劣化から、出生順序の効果、早産や栄養状況による影響、テストの練習効果や教師期待効果まで、知能や学業成績における人種差と関連すると思われる非常に幅広い特殊なテーマを取り上げている。程度の差はあれ、これらのそれぞれの分野はここ40年間研究上

の注目を集めてきた。ただし、それらはあまりにも多すぎて、この章で逐一議論することはできない。そのため、ここではそのなかの2つを取り上げる。私がその2つを取り上げるのは、主にこれら2つの分野についての早まった結論を通して、ジェンセンが知能と学業成績における人種差が遺伝的に決定されるという一般的結論に至ったという印象をもったからである。しかし、これは私の主観的な印象であり、当時またはその後のジェンセン自身の思考過程を正確には反映していないかもしれないということは強調しておく。

1つ目の分野は、レーヴン・マトリックスのような検査は、一連の視覚的なパターンについての推論が求められるもので、文化的経験からの影響を受けず、純粋に一般知能を測定するという考えをめぐるものである。先に述べたとおり、このことをもってジェンセンは、マイノリティの子どもたちや低いSESの子どもたちが推論課題よりも学習課題で良い成績をおさめたのには、彼らと中流もしくは上流階級のヨーロッパ系アメリカ人の子どもたちとの間の何らかの生得的な相違が反映されているという結論に至ったと思われる。今もなお多くの人びとが、レーヴン課題は一般知能の純粋な指標であると見なしている。しかしながら、現在フリン効果（Flynn, 1987）として知られている1969年以降の観察を考慮すると、今やその可能性はきわめて低いと言えるだろう。これはたいへん堅固な観察であって、20世紀を通してすべての種類の知能検査の得点が世界中で上昇しており、それは10年ごとに平均約3ポイントにものぼる。上昇率は検査の種類や地域で異なるが、どの検査でも上昇するパターンは一貫している。上昇率は、先進国、特にスカンジナビアで横ばいになっているが（Emanuelsson, Reuterberg, & Svensson, 1993; Sundet, Barlaug, & Torjussen, 2004; Teasdale & Owen, 2000）、新興国では加速しているようである（Colom, Flores-Mendoza, & Abad, 2007; Daley, Whaley, Seligman, Espinosa, & Neumann, 2003; Khaleffa, Sulman, & Lynn, 2009; Meisenberg, Lawless, Lambert, & Newton, 2005）という証拠がいくつかある。この得点上昇の結果、すべての主要な知能検査は定期的に再標準化されることになった。

一貫した得点上昇の理由はわかっていないが、フリン（2009）は、主な可能性を詳細に述べており、そのいずれも環境的な性質のものである。これほどの大きな決定論的な遺伝的変化がこのような速度で人類全体のレベルにおいて起こるとは考えられない。ジェンセン（1969）が彼の議論から引き出した結論に関連する観察は、すべての主要な知能検査のなかで、レーヴン検査の得点上昇が最も大きかったことである。この得点上昇が非常に大きかったので、現在の西洋諸国で教育を受けたサンプルの多くの成人たちが満点を獲得してしまうため、オリジナルのマトリックス検査は、子どもや、教育を受けていない人びとに対してしか使用されなくなった。代わりに、より難しい発展版の漸進的マトリックス検査が開発された。これは、レーヴン課題の得点が文化的、環境的影響に左右され、それが世代から次の世代へと作用したことを強く示唆している。これは、集団や国民間の得点平均の差は、集団ごとの遺伝的に決められた固定的な差によるのではなく、同様の影響によるのかもしれないことを意味している。この見解を補強するため、いくつかの研究で、母集団における一般因子（各種認知能力検査のテストバッテリーの間で、共通して頑健な正の相関が見られる因子）の増加が、どの程度この得点上昇を駆動しているのかが調べられた。私の知り限りすべての研究で、そういう事実はないと結論づけている（Beaujean & Osterlind, 2008; Kane & Oakland, 2000; Must, Must, & Raudik, 2003; te Nijenhuis & van der Flier, 2007; te Nijenhuis, van Vianen, & van der Flier, 2007; Wicherts et al., 2004）。ジェンセンの議論と同じく、レーヴン検査は文化的影響が大きいという議論は、テスト得点における人種差の起源に関する疑問点について直接的に答えておらず、間接的なものである。それらの違いが遺伝的影響を受けていないということを何も立証していない。これらの研究がなしたことは、テスト得点の差の少なくとも一部は、遺伝的に決められているであろうというジェンセンの主要な根拠を疑わしいものにしたことである。

人種間のテスト得点の差はおそらく、一部が人種的に決められているというジェンセンの結論に強く影響を与えたと思われる第二の分野は、量的遺伝子学とその分子遺伝子学との関連である。ジェンセンがその論文を執筆した当時（1969）、知能や学業的なテストの得点における遺伝的影響についての疑問は、今日よりもずっと開かれたものだった。今日でもなお、遺伝率の高さについては多くの論争がなされているが、さまざまなサンプルを用いた多くの研究の蓄積を通じて、堅固な遺伝的影響の存在が立証されている（最近のレビューとしては Deary, Johnson, & Houlihan, 2009, American Psychological Association Task Force の統一見解付；Neisser et al., 1996 参照）。ジェンセンが論文を執筆したときに世間で蔓延していた見解とは対照的に、すべての行動特性における遺伝的影響の存在が徐々に受け入れられつつある（Turkheimer, 2000）。そしてそれが意味するところは、もしも知能や学業におけるテストの得点が遺伝的影響を受けていないならば、それらは例外だと見なされるだろうということである。

ジェンセンがその論文を書いた当時（1969）、検査における文化的な違いがその他の人生の経過を予測するという意味でのバイアスの問題（the question of bias）も今日より公に開かれていたし、多くの心理測定方法の特徴は、当時あまり確立されていなかった。その後の彼の業績（特に Jensen, 1980, 1998）は、知能検査が、学問、職業、そしてすべての種類の知的課題の成績に重要な特性を妥当に測定していることを立証するのに貢献するものであった。そしてそのような彼の研究は、明らさまには文化的なバイアスのない方法を用いていたのである。ただし、この事実を明らかにしたのは、彼だけではない（たとえば、Schmidt & Hunter, 2004; Schmidt & Hunter, 1998; Sackett, Kuncel, Arneson, Cooper, & Waters, 2009）。さらに近年では、検査が正確に測定しているものは一体何なのか？ということに関する新たな論点が浮上しており、おそらくそれはステレオタイプ脅威（stereotype threat）（Steele & Aronson, 1995）の分野に最も関連していると考えられる。ステレオタイプ脅威とは、自身の属する集団に対して、比較的低い成績を連想させるような特徴的なステレオタイプに意識を向けた集団は、そのような特徴を意識していない参加者の集団よりも低い成績をおさめる傾向にあるという理論である。しかしながら、これらの見解は人種間の得点差については説明していないように思われる（Sackett, Hardison, & Cullen, 2004）。少なくとも検査のバイアスに関する厳密な定義に基づけば、それらは、テストの得点が被検者のその後の人生が生み出すものをどれほど予測するのかという点を立証する論拠の発展と関連するのである。

認知テストの得点や心理測定方法の安定性における遺伝的影響に関する疑問の（相対的な）解決は、ジェンセン（1969）の結論に関連している。なぜなら、多くの量的遺伝子学者や分子遺伝子学者によって、高い遺伝率や安定した測定方法は、ある特性に関連する遺伝子の特定を比較的容易にすると想定されてきたためである。ジェンセンの 1969 年の論文発表から、分子遺伝子学は技術的な革新を遂げているし、何千ものサンプルで 100 万個もの個人の遺伝子マーカーを用いたゲノム全域にわたる解析を行うことも非常に簡単になった。しかしながら、そのような分析の結果、遺伝子の作用は予想以上に複雑であるということが明らかになっている。そのような解析の大半と同様に、認知能力検査得点との関連をゲノム全領域で探る研究から、非常に小さな影響力をもつ大量の対立遺伝子が見出されている。そして、それらの対立遺伝子は、サンプル間で再現されず、よくて個人特性のばらつきのほんの一部しか説明しないのである。今のところ、私たちは正常範囲の認知能力検査得点と堅固に関連する単一遺伝子座を未だ特定できていない（Davis, Butcher, Docherty, Meaburn, & Curtis, 2010; Deary, Penke, & Johnson, 2010）。特定の遺伝子座と、遺伝率の高い、適切に測定された共通の特性の間に明確な関連を見つけられていないことは、「失われた遺伝性問題（missing heritability problem）」[訳注] と名付けられている（Marsher, 2008）。そして、認知能力のような重要な特性にとって、人類間で変異のある遺伝子か人類共通の遺伝子かによらず、遺伝子発現における個人差の重要性、遺伝子 - 環境の相互作用や相互関係、さらには環境によって引き起こされた、世代から次の世代に受け継がれる可能性のある遺伝子発現パターンの変化、そしてより複雑な遺伝子のメカニズムが徐々に認識されるようになった（より詳細な情報に関しては、Johnson, Penke, & Spinath, 2011 参照）。

失われた遺伝性を説明すると思われる諸要因は、1969 年に論文が発表された当時よりも、特定の状況においては1つの集団の高い遺伝率は、集団間の平均値の差が遺伝的に決定されていることを意味しうる、という彼の指摘をより適切ではなくしている。さらに、彼は 1969 年時点では明言しなかったが、このテーマに関するその後の論文（Rushton, Bons, Vernon, & Cvorovic, 2007; Rushton & Jensen, 2005; Rushton & Jensen, 2010）では、遺伝性の程度と、認知能力検査バッテリーにおける一般因子を反映する遺伝性の特性の程度との相関は、グループ間の平均値の差が遺伝によって決定されることの良い証拠であるということを意味するものと強く指摘している。これはいわゆる相関ベクトル法（Method of Correlated Vectors）（Jensen, 1998）と呼ばれているが、特に遺伝的な応用に関して、最近ではしだいに疑問視されている（Ashton & Lee, 2005; Dolan, 2000; Lubke, 2001; Wicherts & Johnson, 2009; Widaman, 2005）。失われた遺伝性の問題は、テスト得点における人種間の差の少なくとも一部は、遺伝的に決定されている可能性を除外するものではないことを思い出してほしい。単に、その可能性を低くしただけなのである。残念なことに我々は今日、ジェンセン（1969）が書いた当時と同程度にしか、遺伝的影響がどれだけ知能検査得点に寄与しているのか、ほとんどわかっていないのである。

まとめ

ジェンセン（1969）が説明しようとした認知能力検査の得点における人種間の差は、今日も見られる。その差は徐々に縮まっているという証拠があるが（Dickens & Flynn, 2006; Hedges & Nowell, 1999）、消滅にはほど遠い。今現在も当時と変わらず、社会の悩みとなっている。実際、ジャイルス（Giles, 2011）

〔訳注〕ゲノム全域に関する解析を用いても特定の疾患へ影響度の高い遺伝的な要因が見出せていないこと。

は近年、ハーバード大学のグループによれば、この問題は社会的科学が直面している最もチャレンジングな問題のトップ10のうちの4番目であると報告している。ジェンセンが掲げた可能性を持ち出すことは政治的には誤りであるが、現時点でそれに反論できる決定的な根拠はない。そして同時に、彼の主張を支持する証拠もとても決定的とは言えないのである。ジェンセンの結論は、どうひいき目に見ても未成熟なものであったことに疑問の余地はないが、この論文が受けた激しい拒否反応は、光明よりも興奮を生み、さらには、知能や認知能力検査の成績が実際に発達するのか、そしてどの程度までその発達を促進できるのかということを理解する客観的な努力を妨げるように作用してしまった。近年、このテーマを扱ってきた人の多くは、ジェンセンと似た討論の視点をとっているが、彼とは反対側からである。つまり、ジェンセンの立場に反対しつつ、当時の彼と同じくらい間接的な証拠を選択的に提示し、彼は間違っていたと早まって結論づけている（たとえば、Nisbett, 2009; Shenk, 2010 参照）。これでは、言葉が大げさに並べたてられても、この分野をまったく発展させていない。テスト得点における人種間の差の起源に関する疑問は、科学によって探求されるべき問題であり、あらゆる観点から責任ある方法で問われなければならない（Hunt & Carlson, 2007）。現在の我々の知識レベルを考えれば、社会的に重要であるにもかかわらず、私たちは未だこの問題を扱う準備が整っていないとも言えそうである。現在、我々が研究に充てている資金と研究努力は、生まれつき知能や知能検査の成績が高かったり低かったりするのはどの集団かを確かめようとすることよりも、知能の発達や検査成績自体の発達を理解しようとする方へ投資されるだろう。ジェンセンの論文（1969）を取り巻く最大の皮肉とは、社会的に恵まれていない子どもたちは生まれつき教育を受ける能力に乏しいと議論して脇道に入り込んでしまったときにも、彼は非常に創造的に分け入ったことであろう。

■さらに学びたい人のために

Deary, I. J., Johnson, W., & Houlihan, L. (2009). Genetic foundations of human intelligence. *Human Genetics, 126,* 613–624.

Flynn, J. R. (2009). *What is intelligence?* Cambridge: Cambridge University Press.

Hunt, E., & Carlson, J. (2007). Considerations relating to the study of group differences in intelligence. *Perspectives on Psychological Science, 2,* 194–213.

Jensen, A. R. (1980). *Bias in mental testing.* New York: Free Press.

Johnson, W., Penke, L., & Spinath, F. M. (2011). Heritability in the era of molecular genetics. *European Journal of Personality, 25,* 254–266.

■引用文献

Ashton, M. C., & Lee, K. (2005). Problems with the method of correlated vectors. *Intelligence, 33,* 431–444.

Beaujean, A. A., & Osterlind, S. A. (2008). Using item response theory to assess the Flynn Effect in the National Longitudinal Study of Youth 79 Children and Young Adults data. *Intelligence, 36,* 455–463.

Colom, R., Flores-Mendoza, C. E., & Abad, F. J. (2007). Generational changes on the Draw-A-Man test: A comparison of Brazilian urban and rural children tested in 1930, 2002, and 2004. *Journal of Biosocial Science, 39,* 79–89.

Daley, T. C., Whaley, S. E., Seligman, M. D., Espinosa, M. P., & Neumann, C. (2003). IQ on the rise: The Flynn effect in rural Kenyan children. *Psychological Science, 14,* 215–219.

Davis, O. S., Butcher, L. M., Docherty, S. J., Meaburn, E. L., & Curtis, C. J. (2010). A three-stage genome-wide association study of general cognitive ability: Hunting the small effects. *Behavior Genetics, 40,* 759–767.

Deary, I. J., Johnson, W., & Houlihan, L. (2009). Genetic foundations of human intelligence. *Human Genetics, 126,* 613–624.

Deary, I. J., Penke, L., & Johnson, W. (2010).The neuroscience of human intelligence differences. *Nature Reviews Neuroscience, 11,* 201–211.

Dickens, W. T., & Flynn, J. R. (2006). Black Americans reduce the racial IQ gap - Evidence from standardization samples. *Psychological Science, 17,* 913–920.

Dolan, C. V. (2000). A model-based approach to Spearman' s hypothesis. *Multivariate Behavioral Research, 35,* 21–50.

Emanuelsson, J., Reuterberg, S. E., & Svensson, A. (1993). Changing differences in intelligence? Comparisons between groups of thirteen-year-olds tested from 1960 to 1990. *Scandinavian Journal of Educational Research, 3,* 259–277.

Flynn, J. R. (1987). Massive IQ gains in 14 nations - What IQ tests really measure. *Psychological Bulletin, 101,* 171–191.

Flynn, J. R. (2009). *What is intelligence?* Cambridge: Cambridge University Press.

Giles, J. (2011). Social science lines up its biggest challenges: "top ten" crucial questions set research priorities for the field. *Nature, 470,* 18–19.

Hedges, L. V., & Nowell, A. (1999). Changes in the Black-White gap in achievement test scores. *Sociology of Education, 72,* 111–135.

Herrnstein, R. J., & Murray, C. (1994). *The Bell Curve: Intelligence and class structure in American life.* New York: Free Press.

Hunt, E., & Carlson, J. (2007). Considerations relating to the study of group differences in intelligence. *Perspectives on Psychological Science, 2,* 194–213.

Jensen, A. R. (1966). Verbal mediation and educational potential. *Psychology in the Schools, 3,* 99–109.

Jensen, A. R. (1967). The culturally disadvantaged: Psychological and educational aspects. *Educational Research, 10,* 4–20.
Jensen, A. R. (1968a). Social class, race, and genetic . Implications for education. *American Educational Research Journal, 5,* 1–42.
Jensen, A. R. (1968b). Patterns of mental ability and socioeconomic status. *Proceedings of the National Academy of the United States of America, 60,* 1330–1337.
Jensen, A. R. (1969). How much can we boost IQ and scholastic achievement? *Harvard Educational Review, 3,* 1–123.
Jensen, A. R. (1980). *Bias in mental testing.* New York: Free Press.
Jensen, A. R. (1998). *The g factor.* Westport, CN: Praeger.
Johnson, W., Penke, L., & Spinath, F. M. (2011). Heritability in the era of molecular genetics. *European Journal of Personality, 25,* 254–266.
Kane, H., & Oakland, T. D. (2000). Secular declines in Spearman's g: Some evidence from the United States. *Journal of Genetic Psychology, 161,* 337–345.
Khaleffa, O., Sulman, A., & Lynn, R. (2009). An increase in intelligence in Sudan, 1987–2007. *Journal of Biosocial Science, 41,* 279–283.
Lubke, G. (2001) . Investigating group differences on cognitive tests using Spearman's Hypothesis: An evaluation of Jensen's method. *Multivariate Behavioral Research, 36,* 299–324.
Maher, B. (2008) . The case of the missing heritaiblity. *Nature, 456,* 18–21.
Meisenberg, G., Lawless, E., Lambert, E., & Newton, A. (2005). The Flynn Effect in the Caribbean: Generational change in test performance in Domenica. *Mankind Quarterly, 46,* 29–70.
Must, O., Must, A., & Raudik, V. (2003). The secular rise in IQs: in Estonia the Flynn Effect is not a Jensen Effect. *Intelligence, 3,* 461–471.
Neisser, U., Boodoo, G., Bouchard, T. J., Boykin, A. W., Brody, N., Ceci, S. J., Halpern, D. F., Loehlin, J. C., Perloff, R., Sternberg, R. J., & Urbina, S. (1996). Intelligence: Knowns and unknowns. *American Psychologist, 51,* 77–101.
Nisbett, R. E. (2009). *Intelligence and how to get it: Why schools and cultures count.* New York: Norton. [ニスベット／水谷淳（訳）(2010)『頭のでき ── 決めるのは遺伝か，環境か』ダイヤモンド社]
Rushton, J. P., & Jensen, A. R. (2005). Thirty years of research on race differences in cognitive ability. *Psychology, Public Policy and Law, 11,* 235–294.
Rushton, J. P., & Jensen, A. R. (2010). The rise and fall of the Flynn Effect as a reason to expect a narrowing of the Black.White IQ gap. *Intelligence, 38,* 213–219.
Rushton, J. P., Bons, T. A., Vernon, P. A., & Cvorovic, J. C. (2007). Genetic and environmental contributions to population group differences on the Raven's Progressive Matrices estimated from twins reared together and apart. *Proceedings of the Royal Society - Biological Sciences, 274,* 1773–1777.
Sackett, P. R., Hardison, C. M., & Cullen, M. J. (2004). On interpreting stereotype threat as accounting for the African-American-white differences on cognitive tests.

American Psychologist, 59, 7–13.
Sackett, P. R., Kuncel, N. R., Arneson, J. J., Cooper, S. R., & Waters, S. D. (2009). Does socioeconomic status explain the relationship betweem admissions tests and postsecondary academic performance? *Psychological Bulletin, 135,* 1–22.
Schmidt, F. L., & Hunter, J. E. (1998). The validity and utility of selection methods in personnel psychology: Practical and theoretical implications of 85 years of research findings. *Psychological Bulletin, 124,* 262–274.
Schmidt, F. L., & Hunter, J. (2004). General mental ability in the world of work: Occupational attainment and job performance. *Journal of Personality and Social Psychology, 86,* 162–173.
Shenk, D. (2010). *The genius in all of us: Why everything you've been told about genetics, talent, and IQ is wrong.* New York: Doubleday. [シェンク／中島由華（訳）(2012)『天才を考察する ──「生まれか育ちか」論の嘘と本当』早川書房]
Steele, C. M., & Aronson, J. (1995). Stereotype threat and the intellectual test performance of African-Americans. *Journal of Personality and Social Psychology, 69,* 797–811.
Sundet, J. M., Barlaug, D. G., & Torjussen, T. M. (2004). The end of the Flynn Effect? A study of secular trends in mean intelligence scores of Norwegian conscripts during half a century. *Intelligence, 32,* 349–362.
te Nijenhuis, J., & van der Flier, H. (2007). The secular rise in IQs in the Netherlands: Is the Flynn Effect on g? *Intelligence, 35,* 1259–1265.
te Nijenhuis, J., van Vianen, A. E., & van der Flier, H. (2007). Score gains on g-loaded tests: No g. *Intelligence, 35,* 283–300.
Teasdale, T. W., & Owen, D. R. (2000). Forty-year secular trends in cognitive abilities. *Intelligence, 28,* 115–120.
Turkheimer, E. (2000). Three laws of behavior genetics and what they mean. *Current Directions in Psychological Science, 9,* 160–164.
United States Commission on Civil Rights (1967). *Racial isolation in the public schools, Vol. 1.* Washington, DC: US Government Printing Office.
Visscher, P. M., Hill, W. G., & Wray, N. R. (2008). Heritability in the genomics era - Concepts and misconceptions. *Nature Reviews Genetics, 9,* 255–266.
Wicherts, J. M., & Johnson, W. (2009). Group differences in the heritability of items and test scores. *Proceedings of the Royal Society B - Biological Sciences, 276,* 2675–2683.
Wicherts, J. M., Dolan, C. V., Hessen, D. J., Osterveld, P., van Baal, O. C., Boomsma, D. I., et al. (2004). Are intelligence tests measurement invariant over time? Investigating the nature of the Flynn Effect. *Intelligence, 32,* 509–537.
Widaman, K. (2005, December). *Factorial representation and the representation of within groups and between groups differences: A reconsideration.* Paper presented at the annual meeting of the International Society for Intelligence Research, Albuquerque, NM.

読みとつづり ブラッドリーとブライアントの研究再訪

ウシャ・ゴスワミ

ブラッドリーとブライアントの古典的研究の概観

ライネッテ・ブラッドリーとピーター・ブライアントは大きな影響を与えた論文（Bradley & Bryant, 1983）で、構成音に基づいて単語をカテゴリー化することと、読みやつづりの学習の間に因果関係があるという証拠を示した。この論文によって読み書き発達における「音韻意識」（単語を構成する音を検出し操作する能力）の役割と、発達性ディスレクシアの「音韻障害」仮説が言語の壁を越えて集中的に検証されることとなった。スタノヴィッチは1991年に、「読み獲得の最も初期段階において音韻処理が果たす役割を特定したことは、この10年における科学的成功物語の１つとして注目に値する」（Stanovich, p.78）と記している。音韻意識と読みやつづりの重要性に関する研究は今や膨大な数にのぼり、ブラッドリーとブライアントの主張に対する支持が増え続けている。彼らの研究は、新しい領域の基礎を築いたのである。

ブラッドリーとブライアントの古典的研究が生まれた背景

読みの学習によって脳は変化する。10年以上前にフリス（Frith, 1998）は、アルファベットという符号の獲得はウィルス感染に似ていると指摘し、このように述べた。「このウィルスはすべての音声処理に感染し、単語全体としての音声が自動的に構成音へ分解されるようになる。言語はすっかり変わってしまうのだ」（p.1051）。アルファベットは視覚的な記号だが、それを学習することで単語の全体としての音声を脳内で表象する方法が根本的に変化する。それと同様に重要なのが、読み書きを獲得する前に、単語音に対して脳にどのような表象が存在するのか、という問題である。語彙表象の性質によって読み書きの獲得が促進、または阻害されることは十分考えられる。結局のところ、読みの学習とは、発話が視覚的符号（正書法）で表されたときにそれを認識する学習である。したがって、たとえば単語音声内の共通性や違いをカテゴリー化するなどによって、適切に音声認識する力の個人差が、発話言語を表す視覚的符号の獲得能力に影響する可能性がある。これが、読み学習に困難がある子どもの素晴らしい教師であったライネッテ・ブラッドリーと、認知発達の因果的過程を解明することに関心をもっていた心理学者ピーター・ブライアントが取り組んだリサーチクエスチョンであった。

ブラッドリーとブライアント（1983）は原因解明のため、2つの研究手法の組み合わせを採用した。彼らはすでに、読みに困難がある子どもは2つの単語が脚韻を踏むか（cot, pot)、同じ音で始まるか（頭韻 - pig, pin）という判断が非常に苦手だと明らかにしていた。この「聴覚体制化」の弱さは、読みに困難がある子ども（10歳）と、読みが良好な10歳を比較した場合以外にも有意だった（Bradley & Bryant, 1978)。読みに困難がある10歳の子どもたちと同程度の読みが可能な7歳の子どもたちと比較した場合にも有意な弱さが示された（Bradley & Bryant, 1978)。ブラッドリーとブライアント（1983）は、脚韻と頭韻の判断能力と読みの向上に因果関係があるかを判断するために2つの研究手法を組み合わせる必要があると主張した。多くの子どもを長期間にわたって調査し、脚韻と頭韻の初期スキルが読みとつづりの向上を決定づけるかどうかを検討する縦断研究と、訓練研究を組み合わせるのである。読みとつづりの学習に音のカテゴリー化が本当に重要であるならば、集中的に音のカテゴリー化を訓練された子どもは、訓練されない子どもと比較して読みが向上するだろう。ブラッドリーとブライアント（1983）はこのように指摘している。

> 原因に関する仮説を調べるには、どちらかの手法を単独に用いても不十分である。これらの2つ（の手法）における強みと弱みは補完的であると判断し、私たちは両方の手法を用いた。適切に統制された訓練研究は原因 - 結果関係を明らかにするが、偶然の可能性もある … 一方で、縦断研究は … 本物の関係性を明らかにするが、それが因果関係であるかどうかは明確でない。(p.419)

彼らが指摘したとおり、それまでの読み発達研究において縦断研究デザインと訓練研究デザインが組み合わせて使用されたことはなかった。現在、この研究デザインは発達心理学においてスタンダードとなっている。

ブラッドリーとブライアントの研究の概要

ブラッドリーとブライアント（1983）が5年間かけて行った研究は、3枚の報告書にまとめられた。彼らはモラッグ・マックリーン（Morag Maclean）と協力し、研究開始時にオックスフォード近郊に住んでいた4～5歳の子どもを403人集めた。当時、これほど低い年齢帯に対して正式な読み教育は行われていなかったため、参加者はすべて読み獲得前であった（標準化された読みテスト、ショネル学年別単語読みテスト（Schonell Graded Word Reading test）の単語を読める子どもはひとりもいなかった）。まず、研究の開始時にブラッドリーとブライアントは自ら開発した「異音語選択課題（oddity task）」と呼ばれる音のカテゴリー化課題を4歳118人と5歳285人に実施した。4歳児には口元を隠した実験者が単語を3つ発音して聞かせ、脚韻（たとえば cot, pot, hat）もしくは頭韻（たとえば hill, pig, pin）に基づいて「音が仲間はずれの単語」を選ばせた。5歳児にも同じ課題を与えたが、単語は4つで一組であった（doll, hop, top, pop; pip, pin, hill, pig）。2種類の脚韻判断がテストされた。1つは韻を踏まない単語の母音が異なっており（中間音の違い：cot, pot, hat）、もう1つは、韻を踏まない単語の最後の子音が異なっていた（最終音の違い：doll, hop, top, pop）。しかしながら、2種類の脚韻課題における課題成績は非常に類似していた（4歳：正答各75%、74%；5歳：正答各69%、67%）。いずれの年齢群においても頭韻判断課題のほうが困難であったが、それでもチャンスレベルは十分に上回っていた（4歳の正答率57%、5歳で54%）。つまり、脚韻や頭韻に基づいて音をカテゴリー化する幼児の能力は、読みを学習し始める以前に十分発達していた。

読みを始める前の音カテゴリー化スキルとその後の読み・つづり発達との長期的な関連性を検証するため、ブラッドリーとブライアント（1983）はその4年後、研究に参加した子どもたちに読みとつづり、IQの検査を実施した。このとき、まだ研究に参加していたのは368人だった。ブラッドリーとブライアントは音のカテゴリー化スキルの効果が読みとつづりに特異的であるかを調べるために、標準化された算数到達度検査も行った。異音語課題は記憶に負荷をかける可能性があるため、課題で用いた3つ組、4つ組の単語を復唱させることで課題実施時の各子どもたちの記憶スキルも調べた。これによって、ブラッドリーとブライアントは、読みとつづりの発達の一端を担うと考えられるもう

2つの認知的変数である記憶とIQの個人差を統制した上で、音のカテゴリー化と読みの長期的関係性を調べることができたのである。ブラッドリーとブライアント（1983）は、最初の段階で示された音カテゴリー化の成績と、その後の読みとつづりの成績に時間遅れの有意な相関があることを報告した。読みとつづりの独自分散が、どの程度最初の音のカテゴリー化スキルで説明されるかを検討するため、ステップワイズ重回帰式を計算し、最初と最後の知的能力と最初の記憶スキルを「除外」した上で、長期的な関係性を検討した。結果は、研究開始当初は4歳だった子どもたち、5歳だった子どもたちの双方で、最初の音のカテゴリー化と読み（ショネルテスト、ニールテスト）、つづり（ショネルテスト）の間に頑健で有意な関係性が示された。ブライアントとブラッドリーは、音カテゴリー化のスキルとその後の読みとつづりの成功の間には明確な関係性があると結論づけた。

この関係性が実際に因果関係であるかどうかを確認するために、次に、訓練研究が報告された。最初の音カテゴリー化課題で最も成績が低かった65人の子どもたち（少なくとも平均から2標準偏差下）が訓練対象として選ばれた。これらの子どもたちは年齢、言語知能、そして研究の最初に実施した音カテゴリー化の成績が等しくなるようにして、4つの群に振り分けられた。このうち2つの群は音カテゴリー化の集中訓練を受けた（マンツーマンの訓練を各児40回、2年間にわたって行った）。訓練は見慣れた物のカラーの絵を使って行われた（たとえば、メンドリ、ブタ、コウモリなどの動物の絵；帽子やペンなど物の絵）。子どもたちは、これらの物の単語が語頭音（hen, hat）、語中音（hen, pet）、語尾音（hen, man）の3種類いずれかで音を共有していることを教えられた。3つ目の群も同じ絵を用いて同じ量の集中訓練を受けたが、意味カテゴリーについて学んだ（たとえば、牧場の動物；hen, pig）。4つ目の群は統制群であり、追加訓練は一切受けなかった。この群は、追加訓練を受けずにどの程度読みとつづりの発達が期待されるか、その基準点を得ることを目的としていた。

訓練開始から1年が経過した時点で、ブラッドリーとブライアントは音カテゴリー化群の一方に対し、プラスチックの文字を用いた訓練を追加した。これに加えて、2つの単語の共通音がアルファベットの文字でどう表されているかも教えた。たとえば、HEN（鶏）という単語のプラスチック文字をHAT（帽子）に変える場合は、最初の文字（共通音、この場合はH）をテーブルに残して、母音と最後の子音を新しく入れ替えた。このようにして、実験群の一方は音カテゴリー化訓練のみを2年間受け、第二の実験群は最初の1年間絵による音カテゴリー化訓練を受け、次の1年間は絵とプラスチック文字両方による訓練を受けた。

2年間の訓練が終了した時点で、各グループの読みとつづりの進歩が評価された。年齢とIQを共変量として共分散分析を行い、年齢とIQで調整した後も、訓練効果が読み（ニール、ショネルテストの両方で、どちらの場合もグループの主効果が有意）とつづり（ショネルテスト）で有意であった。しかし、算数では認められなかった。各グループの成績に対する事後（post-hoc）比較の結果、読みとつづりで、音カテゴリー化とプラスチック文字の訓練を受けた群は他のいずれの統制群よりも有意に発達が進んでいることが示された（訓練なし統制群と比較したとき、実に読み年齢で14ヵ月、つづり年齢で24ヵ月進んでいた。意味訓練の統制群との比較では、読み年齢で8ヵ月、つづり年齢で17ヵ月進んでいた）。音カテゴリー化訓練のみを受けた群も、訓練なし統制群と比較して有意な発達の進みを示した（読み年齢で8ヵ月、つづり年齢で10ヵ月）。しかし、意味訓練の統制群とは有意な違いが見られなかった。意味訓練統制群は、訓練群と同一の実験者が同一の実験素材を用いて同量の訓練を受けており、したがってホーソン効果（Hawthorne effect）（介入の内容にかかわらず、介入を受けること自体が成績を向上させる可能性のこと）に対する統制として必要不可欠であった。ブラッドリーとブライアント（1983）は、音のカテゴリー化と読み学習に因果関係が認められたと結論づけた。そして、入学時に見られる脚韻や頭韻のスキルの個人差の背後に、就学前の家庭経験があると推測した。

ブラッドリーとブライアントの研究の影響

冒頭の引用において、スタノヴィッチ（1991）がこの古典的研究から発展した音韻意識と読みの領域を「素晴らしい科学的成功物語」と称したことが示すように、ブラッドリーとブライアントによる研究の影響は絶大であった。この影響は発達心理学と教育の双方に及んだ。発達心理学においては、さまざまな言語で音のカテゴリー化と読み学習の因果関係を検討する研究が何百も行われた。教育においては、教室での実践や、家庭／保育園における読み書き環境に対して絶大な示唆を与えた。

発達心理学では、異なる年齢帯における適切な音韻意識の測定方法（たとえば、Yopp, 1988）、音韻意識は単一概念として概念化すべきか否か（たとえば、Anthony et al., 2003）、アルファベットと非アルファベット言語は、音カテゴリー化と読み学習の間に同様の因果関係が示されるのか（たとえば、Ziegler

& Goswami, 2005)、発達性ディスレクシアにおける主な認知的障害は音韻意識か（Snowling, 2000)、そして音韻意識における困難の遺伝性（Fisher & Francks, 2006）など、多様な研究へと発展した。教育においては、脚韻と頭韻を初期の読みカリキュラムにどの程度含めるべきか（たとえば、Johnston & Watson, 2004)、読みやつづりの教育方法に音声言語スキルをどう最適に結びつけるか（たとえば、Wyse & Goswami, 2008)、社会的階層の違いによる入学時の脚韻・頭韻スキル差の可能性（たとえば、Raz & Cryant, 2000)、そして就学前の段階で読み書き獲得を促す最適な家庭環境をどう整備するか（たとえば、Whitehurst et al., 1994）などの議論が続けられている。本章でこれらの領域に与えた影響をすべて説明することは不可能であるため、ここでは以下の2つに限定する。1つは、音のカテゴリー化における個人差が異なる言語でも読み学習に影響するのか、そして、このことが読み教育にとって何を意味するのかである。

音のカテゴリー化と読み発達を検討した言語間比較研究の大多数は、ブラッドリーとブライアント（1983）の主張を支持した（レビューは、Ziegler & Goswami, 2005 参照)。子どもは言語スキルが発達するにつれて、それぞれの母語を構成する音単位を感知し操作することが可能になり、これらの音韻意識スキルの個人差は読みを予測する。しかしながら音韻構造は言語によって異なるため、脚韻と頭韻が常に主要な音のカテゴリー単位とは限らない。たとえば、声調言語である中国語では、音節と声調意識が最も読みを予測する（McBride-Chang et al., 2008)。しかしながら、中国語の読み獲得においても頭韻と脚韻意識は有意な予測因子であった（Siok & Fletcher, 2001)。

事実、言語間比較研究によって、音韻意識は逐次的な発達過程をたどり、個々の言語に関係がないようであることが明らかにされた。この発達過程は心理言語的「粒（つぶ）の大きさ」（音節、脚韻、音素）の違いによって表すことができる。どの言語においても、知覚される基本的な言語的単位は音節であり、音韻意識が発達すると最初に音節が認識される（たとえば、Liverman et al., 1974; Cossu et al., 1988; Wimmer et al., 11991; Hoien et al., 1995; 英語、イタリア語、ドイツ語とノルウェー語における研究)。これと同時期に、子どもたちは言語学者が「語頭子音（オンセット onset)」と「韻（ライム rime)」と呼ぶ、音節内の単位を認識するようになる。語頭子音とはその音節の母音よりも前にある音パターンである。そして韻とは母音とそれに続くあらゆる子音が構成する音を指す。「swing」という単語の語頭子音はSWという文字に対応する音であり、韻はINGである。「string」の語頭子音はSTRの文字に対応する音であり、韻はINGである。単音節単語の場合、韻と脚韻の言語的構造は同じレベルとなる。「cot」という単語は「pot」のような単語と脚韻を踏み、OTの文字に対応する音が共通の音（韻）単位である。さまざまな言語において、読みの前段階の子どもたちが音節を構成する語頭子音 - 韻レベルの音韻的構造を認識している（たとえば、Wimmer et al., 1994, ドイツ語；Ho & Bryant, 1997, 中国語；Porrpodas, 1999, ギリシャ語）。

言語間比較で多様性が認められたのは、音素意識の発達研究のみであった。音素は単語における最も小さな音単位であり、おおよそ文字によって表される（たとえば、/f/ という音素はFやPHという文字（または「書記素」）によって表される）。音素意識の発達率は、言語間で大きく異なる（Ziegler & Goswami, 2005）。言語間の違いを説明する上で、2つの要素が特に重要なようである。それは、その言語における音素構造の音韻的複雑さと、表記における正書法の一貫性である。

世界の多くの言語は音節の音韻構造が単純であり、そういう言語では、優勢な音節は子音 - 母音（CV）タイプである。イタリア語、フィンランド語、スペイン語などの言語では、「Mamma」、「pizza」、「casa」（イタリア語で家）など、大半の単語がこのパターンで構成されている。英語の発話における優勢な単音節語はCVCである。英語には、ブラッドリーとブライアント（1983）が音カテゴリー化課題で用いたような単語（doll, pin, cap, pot, ……）が数多く存在している。事実、英語の単音節の語彙分析によって、43％がCVCのパターンに該当することが示された（De Cara & Goswami, 2002）。英語にはCCVC単音節（「skip」、「pram」、「black」、単音節の15％）、CVCC単音節（「past」、「bump」、「build」、「black」、単音節の21％）、そしてCCVCC単音節（「crust」、「stamp」、単音節の5%）も数多く存在する。CV音節は単音節のわずか5%である（「see」、「go」、「do」）。つまり英語は、音韻構造の音韻的複雑さに関して多くの言語とずいぶん異なるのである。実際、英語の音韻的複雑性が、英単語に対する脚韻や頭韻における音カテゴリー化の重要性を際立たせている。

言語間比較において音韻意識の発達に影響する他の要因は、正書法の一貫性である。多くのアルファベット言語において、単語と音の対応関係は1対1である。同じ文字がいつも同じ音もしくは音素に対応している。一貫性の高い表記システムの具体例には、フィンランド語、イタリア語、スペイン語、ドイツ語、チェコ語やウェールズ語などが挙げられる。他のアルファベット言語では文字と音は1対1ではなく、複数の対応関係が存在する。同じ文字が1つ以上の音と対応しうるのである。具体的にはフランス語、デンマーク語、英語やポルトガル語などである。英語では1つの文字に実に4音もしくはそれ以上が対応することもある。たとえば、Aという文字はCAP、FATHER、SAW、MAKE、BAREのすべてで音が異なる。正書法の不一致は母音に限られた話ではない（MAGICとBAGのG、CAKEとCIRCLEのCなど）。他の言語と比較して、英語は正書法の不一致度が非常に高い（Berndt, Reggia, & Mitchum, 1987; Ziegler, Stone & Jacobs, 1997）。しかしながら、韻をつづりの単位とすると、英語の正書法における一貫性は著しく向上する（Treiman et al., 1995）。英語の単音節全体のうち、韻（rime）に対応する文字パターンの一貫性は77％に対し、母音単独に対応する文字パターンの一貫性は51％である。したがって、正書法的一貫性の観点では、韻による音のカテゴリー化は文字との対応学習に役立つ。

これらの要因を考えれば当然のことだが、英語圏の子どもたちは他の言語を学習している子どもたちと比較して、文字記号の音声化学習が明らかにゆっくりしている（Seymour, Aro, & Erskine, 2003）。シーモアらは、一貫性の高いつづりシステムをもつ言語で読みを学習している子どもたち（ギリシャ語、フィンランド語、ドイツ語、イタリア語やスペイン語など）は、読み学習の1年目の中盤から（年齢に関わりなく）、単純な単語と非単語の読みがほぼ天井水準（>90％正答）に達することを明らかにした。英語を話す子どもたちにおける読み学習1年目の成績は非常に低かった（実在単語の読み正答率34％、非単語29％）。より少ない数の言語で比較を行ったいくつかの小規模な実験研究からも、非常に類似した結果が示されている。たとえばフランス語、スペイン語、英語におけるCVCの非単語読みを比較すると、スペイン語の子どものほうがフランス語の子どもよりも天井水準に早く到達するが、フランス語の子どもは英語の子どもよりも天井水準への到達が速い（Goswami, Gombert, & de Barrera, 1998）。英語とドイツ語とを比較すると、ドイツ語の子どもは英語の子どもよりも9～10歳頃まで成績が良い（Frith, Wimmer, & Landerl, 1998）。英語の子どもでは効率的な書記素 - 音素変換スキルと音素の音韻意識の獲得に時間がかかる一因として、彼らが粒（つぶ）の大きさが異なる正書法 - 音韻関係を同時に並行して発達させていることが挙げられる（たとえば韻とその単語全体、Brown & Deavers, 1999 参照）。長期的にはこの方法が最も効率的な英語の正書法の学習方法だが、短期的には読み獲得が遅くなる。

このことは、つづりのパターンを一文字ずつ構成せず、単語に含まれる音のカテゴリーに着目したブラッドリーとブライアント（1983）の訓練体制というのは、逆説的なことに、その当時のずっと先を行っていたことを示している。

プラスチックの単語を用いた訓練方法は、実は複数の心理言語学的な粒（つぶ）の大きさで同時に学習させていたのである。訓練研究に関する詳細な報告によると(Bradley & Bryant, 1985)、韻とつづりパターン（hen, men, pen）や、語頭子音 - 母音ユニットとつづりパターン（bag, band, bat）をリンクさせる教材としてもプラスチック文字を用いたと述べている。このような場合、新しい単語を作るために交換するのは1文字だけである（たとえば hen を men に変更するには、語頭子音のHとMを交換するが、韻のENは視界に残り続ける）。このテクニックによって個々の文字と音素の対応よりも、つづりの共通性のほうが大きいことが強調され、訓練効果に貢献したと考えられる。前述したように、この訓練は読みよりも、むしろつづりで効果が大きかった。

ブラッドリーとブライアントの研究に対する批判

ブラッドリーとブライアント（1983）の研究は大きな影響を与えた重要性の高いものであったが、批判を受けなかったわけではない。批判の1つは、ピーター・ブライアント自身が指摘したもので、統制群の1つが欠落していたことである。文字と音対応訓練のみを受け、口頭による音カテゴリー化訓練は受けなかった子ども群が存在しなかった。現在、さまざまな言語の長期的訓練研究にこのような群を含めることは当たり前になっている（たとえば、Hatcher et al., 1994, 英語；Schneider et al., 1997, 2000, ドイツ語)。多くの場合、音カテゴリー化の訓練を口頭で受け、かつ音カテゴリー化を単語や単語パターンとリンクさせる学習を受けた群と比較すると、この統制群は成績の改善が少ないことが示されている。そのため、読みを強化するための早期介入においては、口頭による音カテゴリー化の訓練と組み合わせて、音カテゴリーと文字を結びつけることが重要であると考えられている。正書法の一貫性が高いドイツ語でも、文字と音の関係のみを訓練すると、文字を組み合わせた口頭言語訓練よりも効果が低いのである（たとえば、Schneider et al., 1997)。

この他、異音語課題は音韻意識の測定に最適ではないという批判がある。異音語課題が音韻記憶に与える負荷（Snowling, Hulme, Smith & Thomas, 1994)、計量心理学的な信頼性と妥当性（Macmillan, 2002)、脚韻と頭韻意識もしくは音韻意識を実際に測定しているのか（この課題の脚韻（rhyme）版では、異音語単語は1つの音素だけが異なる）などの懸念が挙げられている。実際、スノーリングら（Snowling et al., 1994）は音のカテゴリー化能力は記憶に左右されないことを明らかにしている。さらに、パリスとパリス（Paris & Paris, 2006）による優れたレビューで指摘されているように、脚韻意識は独自の発達過程をたどるため、信頼性と妥当性の問題は複雑である。この過程は、子どもの成績が天井／床のいずれでもない初期の年齢層において、脚韻が音韻的計測として最も感度が高いことを意味している。また、パリスとパリスは多くの脚韻アセスメントは限定的な項目セットを用いているため、低年齢層の子どもたちでも高得点を取る可能性があり、分布が歪む結果となると指摘している。したがって、アセスメントに用いられる特定の項目と、それらの脚韻に対する参加者の馴染みの程度が分布の形状、つまり歪みの度合いを決定し、変数の相関の強さを決定するだろう。アンソニーら（Anthony et al., 2003）は1,000人以上の2〜6歳児を対象とした研究において課題の複雑さを操作し、子どもたちが一般的に、音節段階のスキルの前に単語段階のスキル、語頭子音／韻段階のスキルの前に音節段階のスキル、音素レベルのスキルの前に語頭子音／韻段階のスキルを習得することを明らかにした。脚韻と頭韻のアセスメントは、音韻意識の語頭子音／韻段階を獲得しつつある子どもで最も感度が高かった。

このほか、ブラッドリーとブライアント（1983）の研究は、音のカテゴリー化と読み学習の因果関係を実際に立証したのかという批判もある。この研究は読み学習前の子どもたち（ショネル標準テストによって計測）だけを採用したが、読み書きが一般的な西洋社会で育った子どもたちの大半は、自分の名前を書いたり、よく見かけるロゴや印刷物の表記などに対する一定の文字知識が入学前に蓄積されているという批判がある（たとえば、Castles & Coltheart, 2004）。したがって、初期の文字知識の影響と初期の音カテゴリー化スキルの影響を効果的に区分することは不可能であろう。一方、最近の脳画像研究によって、文字知識の効果的な獲得（読み能力を促進するという観点で効果的）には発達的に時間がかかることが示唆されている（たとえば、Blomert, 2011）。いくつかの文字を認識できることと、読みの間に自動的に活性化される新しい聴覚 - 視覚対象（たとえば、文字 - 音対応）を獲得していることとは異なる。この獲得には少なくとも2〜3年を要する。総合的に、この研究領域の大多数がブラッドリーとブライアントの研究（1983）や、それ以降に行われた多数の研究（たとえば、Lundberg, Frost, & Petersen, 1988; Schneider et al., 1997, 2000）が示した関連性を因果関係として認めている。たとえば、バスとファン・アイゼンドールン（Bus & van Ijzendoorn, 1999）は、音韻意識の包括的メタ分析研究の最後で、「訓練研究は読み学習における音韻意識の因果的な役割を確定させた。音韻訓練は音韻と読み能力を確実に改善する」と結論づけている（p.411）。

これらとは異なって、教育と倫理的問題に関する批判もある。たとえば、この研究は（科学的には重要であるが）概念カテゴリー化統制群を用いたことに倫理的問題があると批判された（Drummond, 1986）。この統制群は、同一の実験素材を用いて、同一の実験者から同じ量の訓練を受けたが、教えられたのは概念的カテゴリーについてであった。ドラモンドは、この訓練は読みに効果がないと予想されていたのであるから、このような群を含むことは倫理的に許されないと指摘した（「不適切な訓練を受けたグループは、この研究にずっと耐えなければならなかったという点で、最悪であった」（p.373））。概念カテゴリー化統制群への対応は医学的効能の研究にもかかわる難しい問題であり、事実上完璧な解決は不可能である。なぜなら、介入研究の目的は、研究される原因因子（この研究では音カテゴリー化）による介入効果があるかどうかを測定することだからである。したがって、統制群にはこの因子を与えないようにしなければならない。ブラッドリーとブライアント（1983）はこの問題に対し、音カテゴリー化訓練は口頭言語訓練と絵を含むので、この統制群には音カテゴリー化の要素だけを除外しつつ同じ経験をさせたと論じて応じた。実際、この概念カテゴリー化統制群は、音声言語経験が増えるため、実験群よりも少ないにせよ読みの改善が示されると予想されていた（Bryant & Bradley, 1987 参照）。そして訓練後の検査では、概念カテゴリー化統制群は訓練なし統制群と比較して、読みの発達は4ヵ月、つづりは6ヵ月早かった（統計的有意差はない）。医学的効能の研究と同様に、この研究もインフォームドコンセントを得ており、子どもの研究参加に同意した保護者たちは、研究デザインの科学的な意味を理解していた。

そのため全体的に考えると、倫理的批判は不当であるように思われる。他にも、教育界からはブラッドリーとブライアント（1983）が音カテゴリー化課題で最も成績の低かった子どもを介入対象としたことに批判があった（Troia, 1999）。この選択によって参加者選択がランダムではなかったと議論されたのである。しかしながら、この研究はそもそもランダムコントロール試行としてデザインされていない。トロイア（Troia, 1999）はこの点と他の要因など（たとえば、性別と人種のバランスが記載されていないこと、介入だけ記載が短いこと）に基づき、ブラッドリーとブライアントの研究（1983）を、手法の適切さの点から36の音韻意識訓練研究のうち32位にランク付けした。ランダムに選択し人種が入り混じった子どもたちへの介入が成功するかどうかを検討することは興味深いが、トロイア（1999）による手法の適切性に対するランク付けの要素の重み付けに関しては疑問の余地がある。ブラッドリーとブライアント（1983）

の研究は長期縦断研究と訓練デザインを組み合わせたもので、高度に革新的であり、一連のリサーチクエスチョンに答えるようデザインされている。そしてそれは、この領域の黄金律となっている。

ブラッドリーとブライアント（1983）以降の音カテゴリー化理解の進歩

英語の読み発達における音カテゴリー化の重要性を見抜いたブラッドリーとブライアントの洞察力は素晴らしかった。この10年で発展した2つの新しい研究分野がそれを示している。1つは、音韻的カテゴリーにおける音韻的類似性と、正書法の学習が与える影響の検討、もう1つは効率的な音のカテゴリー化能力の根底を支える聴覚スキルの検討である。音韻的類似性のタイプは言語によって異なることが明らかとなり、それは、それらの言語の読み獲得に反映される。音韻的類似性が正書法の類似性によって支えられない場合、音韻表象に発達的な影響が及ぶ。本章の冒頭で指摘したように、読みは脳を変える（Frith, 1998）。さらに、音韻発達と読みの個人差の背景にあると考えられる聴覚スキルの違いは、連続する音声の流れを音節へ区分し、音節を語頭子音 - 韻に分ける感覚的手がかりに集中してかかわっているようである。一方で、音素に対する感覚的手がかりには注目されていないようである。

音韻的類似性に関する発達研究は、音声言語処理課題において、音節の語頭子音 - 韻の区分がさまざまな言語圏の子どもと大人で好まれることが示された後、発展した（たとえば、Treiman, 1985）。これらの研究によって、子どもの音カテゴリー化能力の一部は、単語がどれくらい似て聞こえるかという体系的な規則性に基づいて、言語の根底にある音韻的構造が潜在的に抽出されることで生まれることが認識されたのである。ある単語と他の単語が似たように聞こえたら、それらは音韻的「近傍」である。語彙全体のなかでは、音韻的近傍語は語頭子音 - 母音レベル（bag, band, bat）よりも韻レベル（hen, men, pen）のほうが多いであろう。音韻的「近傍類似性」の特徴は統計的規則性をもち、これらの規則性が子どもの脳が音韻について偶発的に学習する基盤を成しているのかもしれない。数多くの語彙データベースを用いて韻の近傍語（hen-men）、語頭子音 - 母音の近傍語（bag, band）、そして子音の近傍語（bag, big）における割合を算出する試みが、さまざまな言語で行われてきた（英語、ドイツ語、フランス語、オランダ語。詳しくは Ziegler & Goswami, 2005 参照）。これらの分析によって、英語では韻的近傍語が優位を占めることが明らかにされた（フランス語、オランダ語、ドイツ語の音韻も同様）。英語の「chair」や「cap」などの単語は、心的辞書内に20以上の韻的近傍語をもつ。

音韻的近傍語の密度も、音韻意識と音韻的記憶の発達に影響する。高密度の音韻的近傍語から引き出した単語を用いて異韻課題などの音韻課題を行うと、幼い子ども（5歳）のほうが正確である（De Cara & Goswami, 2003）。同様に、少し高い年齢帯の子ども（9歳）に対して高密度の音韻的近傍語から引き出した単語を用いた短期記憶課題を行うと、より効率的に記憶する（Thomson et al., 2005）。しかし、発話英語における最も密度の高い韻近傍語の多くは、その韻に対するつづりパターンがバラエティに富んでいることが多い。たとえば、「air」には「chair」、「bear」、「dare」、「where」などの近傍語がある。そのため、子どもが読みのスキルを獲得し、これらの韻の単語のつづりを学習するとき、困惑する可能性がある。実際、英語の読みの初心者たちは、韻の判断においてつづりの一貫性のなさの影響を受けることが経験的に示されている（Goswami et al., 2005）。「boat」「note」など韻のつづりに一貫性のない単語のほうが、「bank」「tank」など韻のつづりが一貫している単語よりも韻の判断が難かしい。英語の読みの学習前であれば、これら2つのカテゴリー韻を踏む単語に対する成績に差がない。音韻カテゴリーに対するつづりの影響は成人期まで持続する。たとえば成人に実在語かどうかの判断課題を行うと、韻のつづりが一致する「duck」や「luck」などの単語のほうが、類似性は同等だが韻のつづりが不一致の「hum」や「come」よりも判断が速い（実際の刺激はフランス語であった。Ziegler & Ferrand, 1998 参照）。成人は「rye」と「lie」と比較して、「pie」や「lie」が韻を踏むと判断するのがより速い（Seidenberg & Tanenhaus, 1979）。読みは実際に脳を変えたのである。

音のカテゴリー化における個人差の背景に想定される聴覚スキルに関しては、ブラッドリーとブライアント（1983）の研究によって、単語や単語内の単一の音韻にあまりに注目が集まりすぎたことが明らかになってきた。プロソディー意識や韻律のスキルなど、分節を超えた音韻意識も読み獲得の成功にかかわっていることがやっと明らかにされつつある（レビューとして Goswami, 2011）。さまざまな言語において、さまざまな基礎的聴覚処理スキルが読み発達に貢献しているという実証的研究も、この発見に役立った。最初の予想に反して（たとえば、Tallal, 1980）、音韻意識における個人差は /b/ と /d/ などの音素を弁別する短時間に変化する音特性への感受性がないために生じるのではないようである。むしろ、最新の聴覚処理研究のレビューによると、読みと最も一貫した関連性を示したのは、振幅包絡の立ち上がり時間と振幅変調の大きさ（いずれもレビューした研究すべて）であった（Hämäläinen et al., 2013）。発話のつながりの重要な構成要素は、音節が生成されるのに伴うリズミカルな顎の開閉によって生じるゆっくりした振幅の変調であり、これは音響的には発話の全体的エネルギー包絡（振幅包絡）に反映される（Drullman, 2006）。振幅包絡の立ち上がりは音節の語頭子音と結びついている。発達性ディスレクシアがある子どもは、言語にかかわらず、振幅包絡の立ち上がり時間の知覚感度がやや低く、これによって、行動的には発話のリズムと音節の強勢の知覚障害、そしてさらには音韻意識の障害が引き起こされることがわかった（最新のレビューとして、Goswami, 2011）。実際、立ち上がり時間は母音の生成時にピークに達するため、音節の語頭子音 - 韻分節に対する特別な非発話的手がかりとなる（Scott, 1998）。したがって、立ち上がり時間に対する感受性に欠けると、効率的な音カテゴリー化を障害すると考えられる。立ち上がり時間障害をもつ子どもは、非効率的に組織された音韻的近傍語を発達させるであろうし、脚韻と頭韻に関して、音の類似性に対する知覚の精度が低いであろう。

まとめ

ブラッドリーとブライアント（1978, 1983）は子どもの読みとつづり発達における音カテゴリー化と聴覚体制化のスキルの重要性に着目し、発達心理学と教育に多大な影響を与えた。ブラッドリーとブライアントはこれらの音声言語スキルと読みの向上との間に因果関係のあることを示し、読みのカリキュラムにおける言語の音声処理スキルの決定的な重要性に光を当てることができた。その後、音声言語発達における初期の家庭環境の重要性が認識され、その影響は幼児教育にも及び、童謡や言語を用いたその他の遊びによって子どもの音声経験を促すことの教育的重要性が広く受け入れられた。さまざまな言語において、音声言語と文字の知識を組み合わせた読みの介入方法が開発され、何千人という子どもたちがよりよい読み手となることを助けた。理論的には、音のカテゴリー化と聴覚体制化スキルの重要性を示したことは、言語獲得や音韻的発達における音韻的類似性の高さの役割、音カテゴリー化や読みの発達に対する基礎的聴覚処理の役割、そしてさまざまな言語における読み発達と発達性ディスレクシアに対する「心理言語学的な粒（つぶ）の大きさ」仮説などの研究領域全体に貢献した。これは決して小さな事績ではない。

■さらに学びたい人のために

Anthony, J. L., Lonigan, C. J., Driscoll, K., Phillips, B. M., & Burgess, S. R. (2003). Phonological sensitivity: A quasi-parallel progression of word structure units and cognitive operations. *Reading Research Quarterly, 38,* 470–487.

Castles, A., & Coltheart, M. (2004). Is there a causal link from phonological awareness to success in learning to read? *Cognition, 91,* 77–111.

Goswami, U., & Bryant, P. E. (1990). *Phonological skills and learning to read. Developmental essays in psychology.* London: Lawrence Erlbaum.

Wagner, R. K., & Torgesen, J. K. (1987). The nature of phonological processing and its causal role in the acquisition of reading skills. *Psychological Bulletin, 101,* 192–212.

Ziegler, J. C., & Goswami, U. (2005). Reading acquisition, developmental dyslexia, and skilled reading across languages: A psycholinguistic grain size theory. *Psychological Bulletin, 131,* 3–29.

■引用文献

Anthony, J. L., Lonigan, C. J., Driscoll, K., Phillips, B. M., & Burgess, S. R. (2003). Phonological sensitivity: A quasi-parallel progression of word structure units and cognitive operations. *Reading Research Quarterly, 38,* 4, 470–487.

Berndt, R. S., Reggia, J. A., & Mitchum, C. C. (1987). Empirically derived probabilities for grapheme-to-phoneme correspondences in English. *Behavior Research Methods, Instruments, and Computers, 19,* 1–9.

Blomert, L. (2011). The neural signature of orthographic-phonological binding in successful and failing reading development. *Neuroimage, 57,* 695–703.

Bradley, L., & Bryant, P. E. (1978). Difficulties in auditory organization as a possible cause of reading backwardness. *Nature, 271,* 746–747.

Bradley, L., & Bryant, P. E. (1983). Categorising sounds and learning to read: A causal connection. *Nature, 310,* 419–421.

Bradley, L., & Bryant, P. (1985). *Rhyme and reason in reading and spelling. International Academy for Research in Learning Disabilities Monograph Series, 1.* Ann Arbor, MI: University of Michigan Press.

Brown, G. D. A., & Deavers, R. P. (1999). Units of analysis in nonword reading: Evidence from children and adults. *Journal of Experimental Child Psychology, 73,* 208–242.

Bryant, P. E., & Bradley, L. (1987). Response to a review: "Knowing" and empirical research. *British Journal of Educational Psychology, 57,* 249–252.

Bus, A. G., & van Ijzendoorn, M. H. (1999). Phonological awareness and early reading: A meta-analysis of experimental training studies. *Journal of Educational Psychology, 91,* 403–414.

Castles, A., & Coltheart, M. (2004). Is there a causal link from phonological awareness to success in learning to read? *Cognition, 91,* 77–111.

Cossu, G., Shankweiler, D., Liberman, I. Y., Katz, L., & Tola, G. (1988). Awareness of phonological segments and reading ability in Italian children. *Applied Psycholinguistics, 9,* 1–16.

De Cara, B., & Goswami, U. (2002). Statistical analysis of similarity relations among spoken words: Evidence for the special status of rimes in English. *Behavioural Research Methods and Instrumentation, 34,* 416–423.

De Cara, B., & Goswami, U. (2003). Phonological neighbourhood density effects in a rhyme awareness task in 5-year-old children. *Journal of Child Language, 30,* 695–710.

Drullman, R. (2006). The significance of temporal modulation frequencies for speech intelligibility. In S. Greenberg & W. A. Ainsworth (Eds.), *Listening to speech, an auditory perspective* (pp.39–48). Mahwah, NJ: Lawrence Erlbaum Associates.

Drummond, M. -J. (1986). Essay review. *British Journal of Educational Psychology, 56,* 371-373.

Fisher, S. E., & Francks, C. (2006). Genes, cognition and dyslexia: Learning to read the genome. *Trends in Cognitive Sciences, 10,* 250–257.

Frith, U. (1998). Editorial: Literally changing the brain. *Brain, 121,* 1051–1052.

Frith, U., Wimmer, H., & Landerl, K. (1998). Differences in phonological recoding in German- and English-speaking children. *Scientific Studies of Reading, 2,* 31–54.

Goswami, U. (2011). A temporal sampling framework for developmental dyslexia. *Trends in Cognitive Sciences, 15,* 3–10.

Goswami, U., Gombert, J. E., & de Barrera, L. F. (1998). Children's orthographic representations and linguistic transparency: Nonsense word reading in English, French, and Spanish. *Applied Psycholinguistics, 19,* 19–52.

Goswami, U., Ziegler, J. C., & Richardson, U. (2005). The effects of spelling consistency on phonological awareness: A comparison of English and German. *Journal of Experimental Child Psychology, 92,* 345–365.

Hämäläinen, J. A., Salminen, H. K., & Leppanen, P. H. T. (2013). Basic auditory processing deficits in dyslexia: Systematic review of the behavioral and event-related potential / field evidence. *Journal of Learning Disabilities, 46,* 413–427.

Hatcher, P. J., Hulme, C., & Ellis, A. (1994). Ameliorating early reading failure by integrating the teaching of reading and phonological skills: The phonological linkage hypothesis. *Child Development, 65,* 41–57.

Ho, C. S.-H. & Bryant, P. (1997). Phonological skills are important in learning to read Chinese. *Developmental Psychology, 33,* 946–951.

Hoien, T., Lundberg, L., Stanovich, K. E., & Bjaalid, I. K. (1995). Components of phonological awareness. *Reading and Writing, 7,* 171–188.

Johnston, R., & Watson, J. (2004). Accelerating the development of reading, spelling and phonemic awareness skills in initial readers. *Reading and Writing: An Interdisciplinary Journal, 17,* 327–357.

Liberman, I. Y., Shankweiler, D., Fischer, F. W., & Carter, B. (1974). Explicit syllable and phoneme segmentation in the young child. *Journal of Experimental Child Psychology, 18,* 201–212.

Lundberg, I., Frost, J., & Petersen, O. (1988). Effects of an extensive programme for stimulating phonological awareness in pre-school children. *Reading Research Quarterly, 23,* 163–284.

Macmillan, B. M. (2002). Rhyme and reading: A critical review of the research methodology. *Journal of Research in Reading, 25,* 4–42.

McBride-Chang, C., Lam, F., Lam, C., Doo, S., Wong, S. W. L., & Chow, Y. Y. Y. (2008). Word recognition and cognitive profiles of Chinese pre-school children at risk for dyslexia through language delay or familial history of dyslexia. *Journal of Child Psychology and Psychiatry, 49,* 211–218.

Paris, S. G., & Paris, A. H. (2006). Assessments of early reading. In K. A. Renninger & I. E. Sigel (Eds.), *Handbook of child psychology (6th edn.), Vol. 4: Child psychology in practice* (pp.48–74). Hoboken, NJ: John Wiley and Sons.

Porpodas, C. D. (1999). Patterns of phonological and memory processing in beginning readers and spellers of Greek. *Journal of Learning Disabilities, 32,* 406–416.

Raz, I. S., & Bryant, P. (1990). Social background, phonological awareness and children's reading. *British Journal of Developmental Psychology, 8,* 209–225.

Schneider, W., Kuespert, P., Roth, E., Vise, M., & Marx, H. (1997). Short- and long-term effects of training phonological awareness in kindergarten: Evidence from two German studies. *Journal of Experimental Child Psychology, 66,* 311–340.

Schneider, W., Roth, E., & Ennemoser, M. (2000). Training phonological skills and letter knowledge in children at-risk for dyslexia: A comparison of three kindergarten intervention programs. *Journal of Educational Psychology, 92,* 284–295.

Scott, S. K. (1998). The point of P-centres. *Psychological Research/Psychologische Forschung, 61,* 4–11.

Seidenberg, M. S., & Tanenhaus, M. K. (1979). Orthographic effects on rhyme monitoring. *Journal of Experimental Psychology: Human Learning and Memory, 5,* 546–554.

Seymour, P. H. K., Aro, M., & Erskine, J. M. (2003). Foundation literacy acquisition in European orthographies. *British Journal of Psychology, 94,* 143–174.

Siok, W. T., & Fletcher, P. (2001). The role of phonological awareness and visual-orthographic skills in Chinese reading acquisition. *Developmental Psychology, 37,* 886–899.

Snowling, M. J. (2000). *Dyslexia* (2nd edn.). Malden, MA: Blackwell. [スノウリング/加藤醇子・宇野 彰(監訳)紅葉誠一(訳)(2008)『ディスレクシア――読み書きのLD 親と専門家のためのガイド』東京書籍]

Snowling, M. J., Hulme, C., Smith, A., & Thomas, J. (1994). The effects of phonetic similarity and list length on children's sound categorization performance. *Journal of Experimental Child Psychology, 58,* 160–180.

Stanovich, K. E. (1991). Changing models of reading and reading acquisition. In L. Rieben & C. Perfetti (Eds.), *Learning to read: Basic research and its implications* (pp.19–32). Hillsdale, NJ: Erlbaum.

Tallal, P. (1980). Auditory temporal perception, phonics and reading disabilities in children. *Brain and Language, 9,* 182–198.

Thomson, J., Richardson, U., & Goswami, U. (2005). Phonological similarity neighbourhoods and children's short-term memory: Typical development and dyslexia. *Memory and Cognition, 33,* 1210–1219.

Troia, G. A. (1999). Phonological awareness intervention research: A critical review of the experimental methodology. *Reading Research Quarterly, 34,* 28–52.

Treiman, R. (1985). Onsets and rimes as units of spoken syllables: Evidence from children. *Journal of Experimental Child Psychology, 39,* 161–181.

Treiman, R., Mullennix, J., Bijeljac-Babic, R., & Richmond-Welty, E. D. (1995). The special role of rimes in the description, use, and acquisition of English orthography. *Journal of Experimental Psychology: General, 124,* 107–136.

Whitehurst, G. J., Arnold, D. S., Epstein, J. N., Angell, A. L., Smith, M., & Fischel, J. E. (1994). A picture book reading intervention in day care and home for children from low-income families. *Developmental Psychology, 30,* 679–689.

Wimmer, H., Landerl, K., Linortner, R., & Hummer, P. (1991). The relationship of phonemic awareness to reading acquisition: More consequence than precondition but still important. *Cognition, 40,* 219–249.

Wimmer, H., Landerl, K., & Schneider, W. (1994). The role of rhyme awareness in learning to read a regular orthography. *British Journal of Developmental Psychology, 12,* 469–484.

Wyse, D., & Goswami, U. (2008). Synthetic phonics and the teaching of reading. *British Journal of Educational Research, 34,* 691–710.

Yopp, H. K. (1988). The validity and reliability of phonemic awareness tests. *Reading Research Quarterly, 23,* 159–177.

Ziegler, J. C., & Ferrand, L. (1998). Orthography shapes the perception of speech: The consistency effect in auditory word recognition. *Psychonomic Bulletin and Review, 5,* 683–689.

Ziegler, J. C., & Goswami, U. (2005). Reading acquisition, developmental dyslexia, and skilled reading across languages: A psycholinguistic grain size theory. *Psychological Bulletin, 131,* 3–29.

Ziegler, J. C., Stone, G. O., & Jacobs, A. M. (1997). What is the pronunciation for -ough and the spelling for u/? A database for computing feedforward and feedback consistency in English. *Behavior Research Methods, Instruments and Computers, 29,* 600–618.

10 心の理論と自閉症
バロン＝コーエンたちのサリーとアン課題を超えて

コラリー・シュヴァリエ

自閉スペクトラム症（Autism Spectrum Disorders: ASDs）の特徴は、社会性の障害、コミュニケーション能力の障害、興味や行動の限局性という三つ組の障害である。ここ30年以上にわたって、この独特な障害の組み合わせを説明するために数々の理論が提唱されてきた。そのような数々の試みのなかで、自閉症者は「心の理論（Theory of Mind）」（心的状態を他者に帰属する能力、以後ToMと記述する）に障害をもっているという考え方がこの領域に重大な影響をもち続けている。本章では、ToMによる自閉症の説明の嚆矢となった研究を紹介し、この古典的な論文を超えて、現在の考えがどのように進んでいるかを議論する。

バロン＝コーエンたちの論文が生まれた背景

1943年に児童精神科医のレオ・カナーが、1つの独立した症候群と呼ぶのに十分独特な症状の組み合わせを見せる11名の子どもの症例を報告したことが、自閉症について記述された最初である。カナーは、「基本的な障害は、子どもたちが生まれつき、普通の方法で、自分を人びとや状況と結びつけることができないことである」と説明した（Kanner, 1943）。同じ頃、ハンス・アスペルガーは、ウィーンの4名の患者の子どもたちのグループに見られた同じような状態を報告し、彼の論文においてカナーと同じように結論づけた。彼は、「自閉的な人びとの基本的な障害は、彼らの社会的関係性が限定的であることである」と主張した（Asperger, 1944）。

自閉症の状態に関するこれらの初期の記述は両方とも、この障害が生物学的起源によるものと仮定していたが、当時カナーもアスペルガーも、客観的に彼らの直感を確認する方法をもっていなかった。彼らの記述に続いて長い年月にわたって、数え切れない理論が自閉症の状態を説明するために提唱されてきたが、そのうちの多くは生物学的な原因の可能性を無視し、代わりに環境が自閉症の状態の起源に果たす役割に焦点を当ててきた。たとえば、ベッテルハイムの「冷蔵庫マザー」理論は、感情に乏しい子育てのスタイルが自閉症を発現させると仮定した。この理論は根拠のないものということが明らかとなり悪名高いが、かなりの年数にわたって、家族にも患者にも重要な影響を与え続け、また自閉症研究にも影響を与えた。しかしながら、同時に認知革命に影響された研究者たちは、知覚、記憶や言語についての精密な実験を通して、認知的な知見に基づいた自閉症の説明を発見しようと努力したのである（これらの初期の認知研究のレビューについては Prior, 1979 参照）。しかしながら、1980 年代中頃まで、このようなアプローチは比較的まれで、事実上は自閉症の総体的症状を説明する認知理論はなかった。バロン＝コーエンたち自身も、1985 年の論文で次のように述べている。「これまで、自閉症の（基底にある認知的な）メカニズムを、どう特徴づけるかについて、擬似計算論的な表現においてすら、誰もいかなる考えももたなかった」(Baron-Cohen, Leslie, & Frith, 1985, p.38)。

驚くことに、重大な進歩が、一見関連のない領域である動物行動学から起こった。1970 年代後半の、ヒト以外の霊長類における心的状態を理解する能力に関する研究の出現は、自閉症の認知的な説明の発展に対する実に重要な引き金となった。特に、プレマックとウッドラフは 1978 年の大きな影響を与えた論文において、チンパンジーが心的状態を操作することができるかという問いを立て、その問いに答えるための正確な概念を作り出したのである。彼らは、自己および他者に心的状態を帰属する能力を構成し、個体が他者の行動について予測することを可能にする推論システムを「心の理論」として定義した。この概念をこう特徴づけたことによって、哲学者や発達心理学者の間に激しい議論やさらなる実験研究が引き起こされた。しだいに、これらの発展が自閉症の認知的な説明の発展の道を整え、そしてバロン＝コーエンらの 1985 年の論文で報告された実験の動機を与えたのである。

バロン＝コーエンたちの古典論文の概要

どのようにして個体が心的状態を想像する力があることを証明できるだろうか。デネット（Dennett, 1978）が指摘したように、個体が他個体の行動を予測できるという証明だけでは十分ではない。なぜなら、多くの場合、行動は単に外界の現実の状態を観察するだけで予測できるからである。たとえば、ジョンが、チョコレートが引き出しの中にあることを知っており、メアリーが食べ物を探しているのを見ていたとしよう。ジョンはおそらく、メアリーが引き出しの中のチョコレートを探していると予測するだろうが、それは彼がメアリーに具体的な信念を帰属したからではなく、単にチョコレートが現実にある場所が引き出しの中だからである。唯一の頑健なテストは、個体が、現実の外界の状態とは異なる信念、つまり誤信念に基づいた他個体の行動を予測することができるかどうかを測定するものであるだろう。我々の例に戻ると、チョコレートがメアリーには知られずに動かされ、今は戸棚にあるとしよう。この状況において、単純に現実の外界の状態に基づくと、メアリーは「現実にチョコレートがある」戸棚からチョコレートを取ってくるだろうと間違って予測することになる。ジョンがメアリーの行動を正しく予測する唯一の方法は、メアリーのチョコレートの場所についての信念（それはたまたま誤っている）を考慮に入れることである。

この論法がウィマーとパーナーの誤信念課題（false belief task: FBT）を計画する動機となり、そしてバロン＝コーエンらによって、自閉症をもつ子どもたちにも十分行えるよう、単純なものに修正された。この修正された課題は「サリーとアン課題」としても知られており、誤信念課題の標準バージョンであると考えられるようになった。この課題は、誤信念の不意移動課題とも呼ばれるが、子どもたちは２体の人形のサリーとアンがビー玉で遊んでいるというストーリーを聞かされる（図10.1参照）。サリーはビー玉をカゴに入れて部屋を出て行く。サリーがいない間に、アンがビー玉を取り出して遊ぶ。彼女は遊び終わったらビー玉を箱に入れる。サリーが戻ってくる。子どもは、サリーはビー玉を探すのにどこを見るかを問われるのである。

子どもが、サリーは最初にビー玉を入れた場所を探すと答えれば、その子どもはこの課題にパスし、サリーが箱（現実にビー玉がある場所）を探すと答えれば、その子どもは課題に失敗である。また、子どもがこのシナリオを理解しているかどうかを明確にするために現実質問（「本当はビー玉はどこにありますか？」）と記憶質問（「最初、ビー玉はどこにありましたか？」）の２つの統制質問も子どもに尋ねられる。

バロン＝コーエンらは、自閉症児は心の理論を欠いているという仮説を調べるために、この課題を20名の自閉症児、14名のダウン症児（DS）、そして27名の定型発達児（以後、TD児）に対して行った。彼らの予測どおり、20名中16名の自閉症児がこの課題に失敗し、一方でそれぞれ86％のダウン症児、

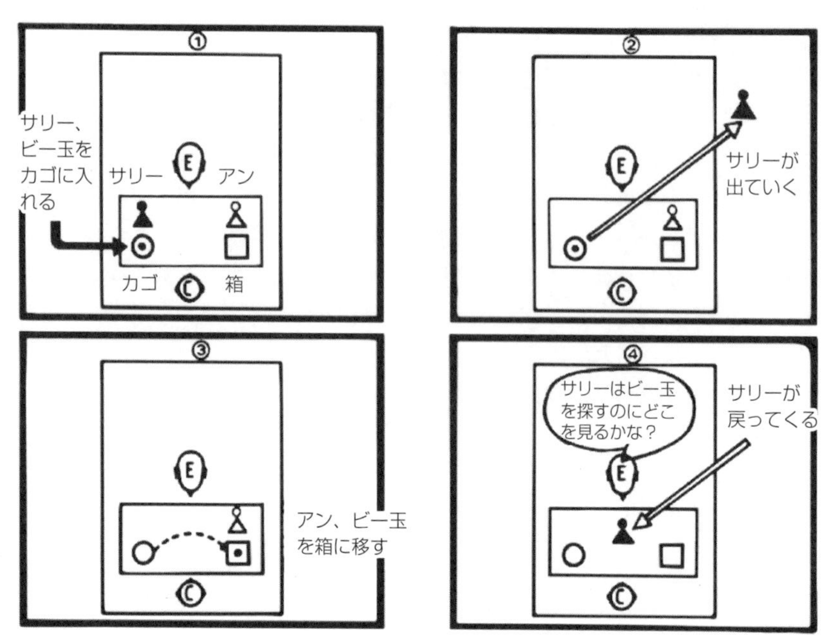

図 10.1　サリーとアンの課題の概要図（Baron-Cohen, Leslie, & Frith, 1985 より再掲）

85％の TD 児はこの課題をパスした。この結果は、自閉症児がダウン症児や TD 児のグループよりも平均して高い知的レベルをもち、またすべての自閉症グループの参加児が両方の統制質問に正しく答えられており、よりいっそう印象的であった。著者たちは、これらの結果を、自閉症は一般的知能や一般的推論能力から独立して、心的推論能力に選択的な障害がある証拠であると解釈した。言い換えると、なぜ自閉症グループの参加児が信念質問に誤答したかというと、彼らは、サリーの「どこにビー玉が隠されているか」についての信念と、彼ら自身の「本当はどこにビー玉があるか」という知識が異なっているということがわからないから、つまり彼らは他者の心的状態を表象する能力をもっていないからである。この結論は、最も影響の大きかった、また最初期の、自閉症の認知的な説明の 1 つの出発点であったと見ることができる。

バロン＝コーエンたちの論文の影響

大まかにこの論文の影響を記すと、出版以来 1,450 回以上にわたって他の研究者に引用されており、引用率は年々増加していることは言及しておくべきである（2011年7月、Web of Science による調査）。自閉症研究のみならず、バロン＝コーエンたちの研究は、発達心理学、心の哲学、プラグマティクス理論[1]や認知科学全体に大きな影響を与えた。特に、自閉症における心の理論欠如仮説は、認知心理学者にとって、心の構造の見方に大きな影響を与え、また、ヒトの脳がToMモジュールを備えているという考えを大きく支持するものと捉えられた。実際に、バロン＝コーエンらの研究以降、自閉症はすぐに、ToMモジュールが中心的役割を果たすと考えられる定型発達の多くの理論のためのテストケースとなったのである（たとえば、Frith & Happé, 1995; Happé, 1993 参照）。

自閉症の認知的な説明のなかで、「マインドブラインドネス（mindblindness）」仮説は、その理論の範囲を評価し、そこからさらなる予測を生み出すようデザインされた数多くの研究を促した。特に、研究者たちは、理論的にToM能力と関連する認知発達の分野 ── プラグマティクス、だまし、模倣 ── に焦点を当て、参加者に課される裏に潜んでいるメンタライジング〔他者の心理を行動から想像したり理解する能力〕の負荷以外のすべてにおいて似た条件を比較する実験を立案していった。たとえば、1993年に発表された古典的論文で、フランチェスカ・ハッペは字義どおりや字義どおりではない文の理解を比較した。たとえば、「キャロラインはとても当惑していた。彼女の顔はビートの根のようだった」は字義どおりに理解することができるが、「イアンはとても頭がよく狡猾であった。彼は本当にキツネだ」は字義どおりでは間違っている。ハッペは、「まさしく誤信念状況におけるように（しかし正しい信念状況とは違って）、話者の心的状態（信念）が重要であり、現実のみでは行動を導くことができないため、メタファーにおいては（しかし「字義どおり」の場合ではなく）、発話者の心的状態（意図）が重要であり、発話の字義どおりの意味のかたちで「現実」と連携することは理解にとって十分ではない」と論じた（p.104）。同様に、研究者たちは見ることと知ること、だましと妨害、誤った写真と誤った信念、基礎的な感情と複雑な感情の認識の理解能力を比べていった（レビューとしてBaron-Cohen, 2000 を参照）。ハッペとフリス（Happé & Frith, 1995）が後に論じたように、バロン＝コーエンたちの研究によって提唱されたモデルは、「子どもの発達研究にとって彼らの研究が有用であるのは、それが正しいからでは

[1] プラグマティクス（語用論）とは言語学の領域で、言語の意味が、文法や語彙によって厳格に符合化されたものを超えて、どのように豊かになっていくのかを説明することを目的とする。特に語用論的な意味の豊富化は、発話の文脈、発話者の心的状態や感情状態、発話者の能力や好みなどを正確に理解することに基づく。

なく（今でも議論の余地がある）、具体的でかつ実験によって反証可能な因果的説明であり」(p.116)、そして自閉症をもつ人びとの社会的行動、コミュニケーション行動の障害を受けている部分と受けていない部分へのシステマティックなアプローチを可能としたからであった。

自閉症における選択的な「マインドブラインドネス」の最初の発見から10年後、研究者たちは、ToMの障害が他の自閉症の症状の他の側面を説明するという考えの証拠を蓄積していた。すべての範囲の心的状態や、十分なマインドリーディングにアクセスすることを妨げることによって、ToMの障害が実際に社会的発達、コミュニケーションの発達、共感や模倣など、他者の視点取得が必要となるこれらすべてに異常が引き起こされると思われた。言い換えれば、1985年の論文によって描かれたToMによる自閉症の説明は、自閉症の三つ組のうち2つの主要な側面（つまり社会的な障害とコミュニケーションの障害）の説得力ある説明を提供したのである。

バロン＝コーエンたちの論文に対する批判
── 異なる解釈と知見

バロン＝コーエンたちの論文の結論に対する主要な批判は次の3種類である。(1) ToMによる説明は自閉症のすべてを尽くしていない、(2) ToMの障害は自閉症に特有ではない、(3) ToMの障害は自閉症に例外なく当てはまるわけではない。最初の批判は、限定された興味のレパートリー、同一であることへの固執、突出した能力（たとえば、機械的記憶、高い確率のサヴァン能力、通常以上の音高知覚など）を含む非社会性の自閉症の特徴について説明することを目的とする代替理論の発展を促した。ASDsにおける非社会性の障害について、2つの重要な理論が提唱されたが、その大部分はToMによる説明と両立すると解釈され、説明力を追加するものである。(1) 実行機能の障害仮説は、どのように目的を達成するかのプランニングの困難さと、ある行動や対象に固執する傾向に言及するもので、それは型にはまった行動（繰り返される型にはまった運動活動を含む）、プランニングの困難、衝動性（Ozonoff, Pennington, & Rogers, 1991）といった自閉症でよく見られる特徴をより特定的に説明する。(2) 弱い中枢性統合（いくつかに分かれた情報を統合することにより、問題の全体理解を構成することの困難さ）は、包括的処理よりも詳細に焦点を当てることを要求されるような課題で見られる突出した才能に対する興味深い説明を与える（Frith

& Happé, 1995; Happé, 1999)。

2つ目の批判は、ToMの障害がASDに特有のものではなく、特に統合失調症（メタ分析研究として Sprong, Schothorst, Vos, Hox, & Van Engeland, 2007 参照）や、単極型および双極型うつ病（たとえば、Inoue, Tonooka, Yamada, & Kanba, 2004; Kerr, Dunbar, & Bentall, 2003)、行為障害（たとえば、Happé & Frith, 1996)、脳の右半球の損傷（Surian & Siegal, 2001）や他の症状にも見られるというものである。同様に、実行機能の障害は、注意欠陥多動性障害（ADHD）や統合失調症、強迫性障害（OCD）などにも見られるために、特有性を欠いているとして批判された。

しかしながら、重要なことは、これらの最初の2つの批判が、ASDに見られるすべての症状に対して1つの説明があるべきだと考えることによってのみ問題となるということである。一方で、そのような単一の説明は存在しにくいと考えるならば、非社会性の障害について特有性に欠けることや説明力が不足していることは問題とならない。実例を示すためにダウン症候群（DS）のケースを取り上げよう。DSは、筋力の低緊張、耳感染症のリスクが高いこと、まぶたにおける内眼角贅皮（蒙古ひだ)、精神的知能の遅れなどの症状の集まりと関連し、その基底には多数の遺伝子の異常によって引き起こされた別々の器官的原因があることが知られている。したがって、DSに見られる筋力の低緊張の原因は、耳感染症のリスクの高さや、まぶたにおける内眼角贅皮も説明するとは考えられておらず、また、筋力の低緊張がDSに特有のものとも考えられない。これは、DSは多元的障害の状態であると考えられており、21番染色体の余分な複製によって21番染色体に位置する複数の遺伝子が過剰に発現し、数多くの関連しない障害が起こるからである。同じように、自閉症も複数の障害があるというアプローチによって取り組むべきであり、「1つの説明で自閉症を語ることを諦めるときが来た（Happé, Ronald, & Plomin, 2006; Pennington, 2006も参照)」と論じられている。この複数の障害という枠組みで解釈するなら、ToMの障害が他の症状でも見られるという事実も、ToMの障害が三つ組の3つ目の要素（あるいは、運動の不器用さや感覚過敏などの、自閉症の他の特徴もまた）を説明しない事実も、この説明の妥当性の評価には関連しないのである。

しかしながら、問うべきであるのは、普遍性の基準が満たされているかどうかである。実際、ToMによる説明がASDの症状に普遍的に見られる社会性やコミュニケーションの問題の妥当な説明であるならば、ToMの障害もまた自閉症に普遍的であるはずである。それゆえに、初期の実験結果で、何人かのASDと診断された人がToM課題をパスしたことが示されたことが、まさにマインドブラインドネス仮説を脅かすものと考えられたのである。実際、バロン＝コーエン、レスリー、フリスはすでに彼らのオリジナル論文で、以下のように認識していた。「しかしながら、課題に正答し、したがって心の理論を使うことができるであろう自閉的な子どもによって構成される小さなサブグループがあるかもしれないという示唆がある。これらの子どもたちは、それにもかかわらず、定義（American Psychiatric Association, 1980; Rutter, 1978）によって社会的な障害を示すのであり、まさしくさらなる研究に値するだろう」。

こうした考察から、より洗練されたToM課題が発展した。たとえば二次の誤信念課題では、参加者は、誰かが他の人が考えていると考えていることについて表象しなければならない。たとえば、アイスクリーム課題では、2名のキャラクター（ジョンとメアリー）が、それぞれ別個に、アイスクリーム売りのトラックの場所が急に移動したと知らされる。したがって、ジョンはトラックが動いたことを知っており、メアリーもまた同様にトラックが動いたことを知っているが、2人とも、トラックが急に場所を移動したことを相手が知らないという誤信念をもっている。この二次の信念の構造の子どもたちの理解を調べるために、次のように尋ねた。「ジョンは、メアリーがアイスクリームを買いにどこに行くと思っているかな？」バロン＝コーエン（1989）はこの実験を高機能自閉症児に行い、90％のTD児と60％のダウン症児がこの課題をパスするのとはまったく対照的に、自閉症児（平均言語年齢12.2歳）は誰も正当しなかったことを見出した。これらの結果は、何人かのASD者は、一次のToMであれば完全に使用できることを示すが、二次のToMを扱うことは困難であり、彼らがToMの完全な表象をもっていないことを示唆していると考えられた。しかしながら、この結果は、少なからぬ割合の高機能自閉症をもつ若い成人が二次のToM課題さえも正答したという結果（Browler, 1992）によって、すぐに異議を唱えられた。

この新しい異議に応えて、2つの ── 相互に両立する ── 仮説が立てられた。1つ目は、一次と二次の課題をパスする自閉症者は、定型発達者と比べてパスするのにかなりの遅れがあるというものである。これは、ハッペ（1995）による13の誤信念課題を用いた研究についてのメタ分析で、誤信念課題をパスする最小言語年齢（VMA）はTD児では3.62歳で、ASD児では5.5歳（Fisher, Happé, & Dunn, 2005も参照）という結果であったこととも よく適合する。多くの認知能力の発達には臨界期があるという仮定に基づいて、この遅れがコミュニケーションや社会領域における持続的な障害を説明する可能性がある。2つ目の仮説は、表面的なレベルの成績と実際の能力とは異なるというものである。

実際、ToM 課題をパスする ASD 者は、通常の ToM メカニズムとは異なる方略を用いている可能性がある。したがって、課題ができたからといって、実際に完全に能力を有していると仮定することは控えるべきである。これと一致して、さらに「高度な心の理論課題」では、一次と二次の誤信念課題をパスするようなスペクトラムの一番高度な端に位置する ASD 者でさえも、障害を示すのである。

たとえば、ストレンジ・ストーリー課題（Happé, 1994）では、参加者は複雑な心的状態で、なぜ登場キャラクターが彼の言ったことを選んだのか、理由を述べるよう求められる。たとえば、兵士が敵軍に捕らえられ、彼の部隊の残りがどこに隠れているか尋問される。彼は自分が嘘をついていると敵が信じて、反対の場所に軍を送ることを期待して、本当の場所を明らかにすることに決める。この「二重のはったり」の使用の理解は、複雑なマインドリーディングを達成することであり、これは、二次の心の理論課題をパスする人も含めて、自閉症者にとっては非常に困難であることがわかった。

同様に、バロン＝コーエンと共同研究者たちは、高機能自閉症者が標準的な一次と二次の誤信念課題をパスできるにもかかわらず、目から心を読むという繊細な課題に障害があることを明らかにした。この課題では、参加者は特定の情動を表している目の部分の写真を見て、その人物の心的状態を最もよく表している適切な情動形容詞（例：意気消沈した、ほっとした、興奮した、恥ずかしい）を選ぶ（Baron-Cohen, Wheelwright, Hill, Raste, & Plumb, 2001）。自閉症スペクトラムのうち最も高機能な部分に位置する成人が、統制群よりもこれらの高度な ToM 課題の成績が低いことは、症状が軽い人であっても心理状態を扱うことの困難さが残っていることを示しており、したがって普遍性の問題は解決されたと受け止められた。しかしながら、多くの研究者にとって、議論を続けるべき理由が多々残されており、ToM が自閉症における社会的障害、コミュニケーションの障害の良い説明であるとすることへの疑問が増大している。

この論文はいかに思考を前進させたか、その後思考はこの論文を超えていかに発展したか

マインドブラインドネス仮説の前提は、同じコインの裏表である。つまり、標準的な誤信念課題の誤答は、ToM の障害があることの証拠である。そして、課題に正答することは、ToM が傷害されていないという推測を保証し

ない。これらの前提は、発達心理学の現在の証拠に照らしても成り立つだろうか？ おそらく成り立たないだろう。

誤信念課題の誤答の解釈

最初の前提を考えると、標準的な誤信念課題におけるネガティブな結果を慎重に解釈すべきことを最もよく示す証拠は、TD児は言語的に呈示される誤信念課題に、4歳以前では誤答するという頑健な事実（レビュー論文としてWellman, Cross, & Watson, 2001 参照）にもかかわらず、言語獲得以前の乳児が、他者の心的状態を事実表象できることである（レビュー論文として Baillargeon, Scott, & He, 2010 を参照；反論としては Ruffman & Perner, 2005 参照）。たとえば、生後15ヵ月児（Onishi & Baillargeon, 2005）や13ヵ月（Surian, Caldi, & Sperber, 2007）の乳児であっても、行為者の行動が、その状況における正しい、あるいは誤った信念と一致しないときに驚くのである。たとえば、オオニシとベイラージョンの実験では、乳児は、2つの箱のうち1つの箱から、行為者がおもちゃを取り出すところを見る。そして、そのおもちゃは、行為者がいるとき（正しい信念条件）、および行為者がいないとき（誤信念条件）に、片方の箱からもう片方の箱に移動される。それから、乳児は2つの箱のうちどちらかの箱に行為者が手を伸ばすところを見る。乳児は予期せぬ出来事や行為をより長く見るという理論的根拠に基づいて、乳児の注視時間が彼らの驚きの度合いを測定するために用いられた。この課題は構造的にサリーとアン課題と同一であり、乳児は、行為者の行動が行為者の誤信念と一致しない（つまり期待と異なる）ときのほうが、行為者の誤信念と一致するときよりも長く見た（つまり、行為者が、おもちゃの移動を見ていないが、おもちゃが実際に入っている箱に手を伸ばすときのほうを長く見た）。この結果は、近年の語用論の発達研究が示している、言語獲得以前の乳児が自発的に彼らを見ている人びとの視点をとっているという結果とも両立する。たとえば、12ヵ月児の指さし行動は、彼らが何らかの意味で、自分を見ている人の心的状態に影響を与えようとしていると仮定することによって、最もよく理解される（Liszkowski, Carpenter, Henning, Striano, & Tomasello, 2004; Liszkowski, Carpenter, & Tomasello, 2007; Tomasello, Carpenter, & Liszkowski, 2007 を参照）。反対に、乳児は成人の指さしや視線の向きをコミュニケーション的な意図の手がかりとして解釈することができる。特に、乳児は言語学習状況において、話者の言及する意図の重要な手がかりとしてこれらの行動を用いている（Bloom, 2000; Nurmsoo & Bloom, 2008）。さらに印象的なことに、近年の研究は、コミュニケーションを行う者が誤信念をもっているかどうかによって、17ヵ月児は、同じ行動に対して異なる解釈を行うことが明らかにされたが、これは実際の文脈における心的状態の帰属の萌芽を示していると言える（Southgate, Chevallier, & Csibra, 2010; 援助行動パラダイムを用いた同様の結果は Buttelmann, Carpenter, & Tomasello, 2009 参照）。これらの行動指標を用いた近年の結果は、期待背反パラダイム（たとえば、Onishi & Baillargeon, 2005 や Surian, Caldi, & Sperber, 2007 で用いられたもの）に対する標準的な批判、すなわち注視時間のような間接的な指標は、背後の複雑な認知過程を推測するのに直接使うことはできないという批判に対しても答えている。要約すると、発達心理学者は、標準的な誤信念課題に誤答する乳児やトドラー（ヨチヨチ歩きの子ども）であっても、彼らの発達段階に合わせて修正された実験手続きにおいては ToM 能力を示すということが、現在では明らかになったのである。これらの結果は、サリーとアン課題における誤答を解釈する際には（他の ToM 課題についても）、注意が必要であるということを強く示している。誤答は ToM の障害による可能性があるが、同様に ToM と関連しない要因、たとえば要求される言語能力や、課題を実行する機能、熟達化、注意のレベルなどによるのかもしれないのである。これらの結果は、発達心理学に強烈な影響を与えたが、自閉症研究に対しての示唆は未だに明らかではない。

誤信念課題の正答の解釈

今見てきたように、2つ目の前提、つまり誤信念課題に正答したからといって心的状態を表象する能力があると仮定することは保証されないという前提もまた、疑問がある。ウィマーとパーナー（1983）の研究の重要な点は、単なる行動予測では正答できず、キャラクターの信念を表象することによってのみ、キャラクターの行動を正しく予測することができるように課題を組み立てたところにあった。こうして事実上、標準的な誤信念課題を定型発達児がパスすると、その子どもは心的状態を表象する能力を有しているとすぐに解釈されたのである。同様に、チンパンジーが、標準的な誤信念課題と構造的に同じ課題をパスしたとすると、科学コミュニティは、ヒト以外の動物における ToM の最初の確固たる証拠として取り上げるのである。

しかしながら、今見てきたように、ASD が誤信念課題にパスすることに対する解釈は、マインドブラインドネス仮説から完全に異なってきている。ある割合の自閉症児が一次の誤信念課題をパスすると指摘して批判されたときに、彼らは補償的メカニズムを用いて課題をパスしていると仮定され、二次の誤信念課題が作成された。さらに二次の誤信念課題を自閉症者がパスするという結果が示されると、彼らもToMではないメカニズムを用いて課題をパスしていると仮定され、さらに高度な課題が開発された。この誤信念課題をパスすることに対する解釈の二重基準は、普遍性の問題に対する一時しのぎの応答と見なしえる。実際に、ASD者がToM課題をパスしても、彼らは決して完全に一人前のToM表象をもっているとは信用されないのである。ラジェンドランとミッチェル（Rajendran & Mitchell, 2007, p.229）は次のように記している。

> 大きな影響を与えたバロン＝コーエンら（1985）の研究では、心の理論の決定的なテストと見なされていたもの（つまり、予期しない移動の誤信念テスト）を用いて、自閉症者が心の理論を欠くかどうかを調べることであった。高度な課題を用いたそれに続く研究は、この論理を逆転させた。それらは、自閉症者には心の理論が欠如しているという仮定を前提にしているように思われ、この欠如を明らかとしない課題は不十分か不適切だと暗に主張している。

最近の修正である「声から心を読む課題」は、これの例である。この課題では、参加者は話者の心的および情動的状態を、話者の声の調子から同定することを求められる（Golan, Baron-Cohen, Hill, & Rutherford, 2007）もので、前のバージョンの課題（Rutherford, Baron-Cohen, & Wheelwright, 2002）において、ASDの参加者が統制群と変わらない成績であった項目を省くことによって課題の感度を高めたものである。これらの項目を排除することにより、著者らは実際に２つのグループを区別するよりよい道具を作成したが、これはもはや、この状況においてToM能力を測定するものとしては使用できない。しかしながら、著者たちは、群間差から、自閉症群は「刺激から複雑な心的、情動的状態を認識することに大きな困難をもつ」と結論づけたのである。より高度なToM課題に関するさらなる問題は、それらが、デネット（Dennett, 1978）が述べた本質的な表象の基準を欠いていることである。特に、もはやこういった課題は、キャラクターの現在の信念とキャラクターがアクセスできた情報との因果的関係を、参加者が理解しているかどうかを測定することが重要であるという考えに基づいていないのである。その代わりに、これらの課題が行っているのは、ToMではない負荷を参加者に増やしている。たとえば、「目から心を読む」課題では、情動語の語彙が非常に複雑であり（たとえば、魅惑されている（lured）、くよくよ考えている（brooding）、自己満足の（complacent）、心が傷つけられた

(aggrieved))、したがって、ASDの参加者が、目に現れた心的状態の理解に困難があるのか、単に情動語の理解に困難があるのかを知ることは難しい。今や、たとえToMに関連しない課題負荷を増やしても、ToMの知識を表すものとして扱うことができると認めたとしても、ASD者の何割かは常にこれらの高度な課題において統制群と同様の成績を示し、多くの高機能な成人はチャンスレベルよりも高い成績であり、もっと重要なことには、これらの研究結果が常に再現されているわけではないという事実について説明しなくてはならない。

これはもちろん、自閉症者が社会刺激の処理に困難があることを否定するのではない。彼らが困難をもっていることは疑う余地のないものであり、その証拠は非常に多いため、さらなる証明は必要ない。むしろ、他者の考えや心的状態を表象する能力が基本的に、そして普遍的に障害されているためにそういった困難が引き起こされているとする証拠が、ほとんどないことが問題なのである。それでは、何が代替案となるのだろうか。

社会的認知から社会的動機づけへ

これらの問題に対する回答として、何人かの研究者は、以前に考えられていたよりも社会的認知に障害がないかもしれず、社会的認知課題における成績の悪さは、社会的志向の低さによるものかもしれないと論じている（Dawson, Melzoff, Osterling, Rinaldi, & Brown, 1998; Schutz, 2005）。もしそうであるならば、外部からの要因によって社会的志向が高められれば、これらの課題成績は押し上げられるに違いない。

この考えについて言えば、ワンと共同研究者たち（Wang, Lee, Sigman, & Dapretto, 2007）は、自閉症における皮肉の理解と神経基盤の関連に関する最近の研究において、ニュートラルな教示（「よく注意してください」）と明示的に社会的な教示（「顔と声によく注意してください」）を比較した。彼らは、TDの参加者が皮肉の発話を解釈するときに賦活する内側前頭前皮質の活動が、ASD群において顕在条件で増大したことを示した。言い換えると、参加者に社会的刺激の方向に向くように教示するだけで、彼らの成績を急激に上昇させるのに十分なのである。また最近、同じような顕在教示による効果が、参加者が発話音と非発話音の両方を聞く課題でも見られている。先行研究（Ceponiene et al., 2003）と一致して、自閉症児は非定型のERP（事象関連電位：Event Related Potentials）のプロファイルを発話音に対する反応で見せたが、非発話音に対しては見せなかった。しかしながら、この違いは、参加者が、音の流れに注意を払うように明示的に求められたときには消えたのである。

言い換えると、社会的課題の成績が基本的に明らかにしているのは、参加者が何ができるかではなく、むしろ、彼らが自発的に何に心を向けているかであるのかもしれない（Chevallier, Noveck, Happé, & Wilson, 2011 も参照）。この考えに一致して、最近の論文で、高機能自閉症の成人が、言語的に教示されるタイプの標準的な誤信念課題や、ストレンジ・ストーリー課題において、統制群と同様の成績を示すにもかかわらず、同じ参加者が、誤信念課題の物語を見ているときには自発的に心的状態を帰属しないことが示されている（Senju, Southgate, White, & Frith, 2009）。同様に、情動的な基準と非情動的な基準という2つのどちらも用いることが可能な自発的写真分類課題（たとえば、写真の中の人物の同定）で、（低機能の）自閉症児は、しばしば非情動的な分類基準を好む一方で、TD の参加者は、自発的に情動的な分類基準を好んだ（Davies, Bishop, Manstead, & Tantam, 1994; Weeks & Hobson, 1987）。しかし、ここでもまた、この違いは、情動的な基準が妥当であるようにされると消えた（たとえば、「どちらの人があなたにおやつをくれそうかな？」; Begeer, Rieffe, Terwogt, & Stockmann, 2006）。最後に、参加者自身の、社会的刺激に注目しようとする本質的な動機づけもまた、大きく影響する可能性がある。たとえば、カハナ＝カルマンとゴールドマン（Kahana-Kalman & Goldman, 2008）は、5歳の ASD 児が、顔の表現と声の表現のマッチングで、見知らぬ大人に比べて、母親によって描写されたときに成績が良いことを見出している。

さらに大まかに言えば、社会的プロセスの障害は、社会的認知の障害よりも自発的な注意の配分の違いによってよりよく説明されるという証拠が出てきている。近年の研究が示しているのは、紡錘状回（Fusiform Face Area, FFA）という、もっぱら顔認知にかかわる脳部位の活動が、以前は ASD 者では非常に弱いと考えられていたが（レビューとして、Jemel, Mottron, & Dawson, 2006 参照）、参加者の注意を顔に向けるように操作すると、準標準的になる可能性である（Hadjikhani et al., 2004）。さらに、慣れ親しんだ顔（Pierce, Haist, Sedaghat, & Courchesne, 2004）やマンガのキャラクター（Grelotti et al., 2005）のように、参加者が本質的に興味をもつ刺激を呈示されたときには FFA の活動が見られる。関連して、千住ら（Senju et al., 2007）は、ASD 児はあくびの伝染に対する感受性が低く、彼らは、そのことを共感性の低さの証拠として挙げた。しかしながら、のちの研究では、彼らは目の領域に注視点を操作したときには、ASD 者に見られた差は消失した（Senju et al., 2009）。

総合的に、これらの研究が示しているのは、多くの課題における成績は、教示の明示性や、課題を解くための社会的手がかりの適切さ、参加者にとっての刺激に対する本質的な興味によって影響を受けるということである。これが示唆するのは、このような社会的刺激の処理の基底にある能力は、以前考えられていたよりも残っており、非定型の成績は、社会的認知能力の障害というより、社会的興味の低さによって最も説明されるかもしれないということである。

まとめ

バロン＝コーエンたちの論文「自閉症児は心の理論をもつか？」の出版から25年が過ぎ、自閉症に対する我々の知識がどれほど修正され、洗練されたかは明らかであるが、多くの基本的問題が解決されていないことも明らかである。バロン＝コーエンらの仮説は、仮説に基づく巧みにデザインされた膨大な実験研究を生み出し、他の多くの認知科学分野に非常に大きな影響を与えた。しかしながら、今日では、この理論がその期待に応えてきたかははっきりしない。デネットはプレマックとウッドラフに答えてこう述べた。「望まれるのは、心の理論仮説が優雅に予測し、その競争者たちによる暫定的な条件の助けを得てのみ予測可能な、華やかな結果である」(p.569)。上の節で述べたことから明らかなように、ToMによる自閉症の説明がこの目的を達成することへの疑念が大きくなっている。

標準的な誤信念課題やマインドリーディングのもっと巧みな課題が、ASDに広くメンタライジングの障害が見られるという考えに力を貸したが、これらの障害が基本的なものであるかどうかは、はっきりしなくなってきている。特に、多くの研究者が、この説の代わりに、自閉症はまずもって社会的刺激に志向する動機づけと実行過程の第一次的な障害により特徴づけられると論じている。この枠組みでは、社会的認知とToMが苦手なのは、社会的世界に対して注意を向ける時間が少ないことの結果かもしれない（たとえば、Dawson, et al., 2002; Schultz, 2005 参照)。社会的動機づけの枠組みでは、ToMの障害は、社会的注意の障害の結果となる。マインドブラインドネスの観点からは、社会的注意の減少の背後に、基本的にToMの障害がある。これらの2つの仮説を区別して述べるのはさらなる実験研究の問題であり、またそのためには、バロン＝コーエンたちのサリーとアン研究を刺激したのと同じほどの、厳密で学際的な統合を要するであろう。

■さらに学びたい人のために

Baillargeon, R., Scott, R., & He, Z. (2010). False-belief understanding in infants. *Trends in Cognitive Sciences, 14,* 110–118.

Baron-Cohen, S. (1995). *Mindblindness: An essay on autism and theory of mind.* Cambridge, MA: MIT Press. [バロン＝コーエン／長野敬・長畑正道・今野義孝（訳）(2002)『自閉症とマインド・ブラインドネス』(新装版) 青土社]

Baron-Cohen, S. (2000). Theory of mind and autism: a 15-year review. In S. Baron-Cohen, H. Tager-Flusberg, & D. J. Cohen (Eds.), *Understanding other minds: Perspectives from developmental cognitive neuroscience* (pp.3–21). Oxford: Oxford University Press.

Tomasello, M. (2008). *Origins of human communication.* Cambridge, MA: MIT Press. [トマセロ／松井智子・岩田彩志（訳）(2013)『コミュニケーションの起源を探る』勁草書房]

■引用文献

Asperger, H. (1944). Die "Autistischen Psychopathen" im Kindesalter. *European Archives of Psychiatry and Clinical Neuroscience, 117,* 76–136.

Baillargeon, R., Scott, R., & He, Z. (2010). False-belief understanding in infants. *Trends in Cognitive Sciences, 14,* 110–118.

Baron-Cohen, S. (1989). The autistic child's theory of mind - a case of specific developmental delay. *Journal of Child Psychology and Psychiatry and Allied Disciplines, 30,* 285–297.

Baron-Cohen, S. (2000). Theory of mind and autism: A 15-year review. In S. Baron-Cohen, H. Tager-Flusberg & D. J. Cohen (Eds.), *Understanding other minds: Perspectives from developmental cognitive neuroscience* (pp.3–21). Oxford: Oxford University Press.

Baron-Cohen, S., Leslie, A., & Frith, U. (1985). Does the autistic child have a "theory of mind." *Cognition, 21,* 13–125.

Baron-Cohen, S., Wheelwright, S., Hill, J., Raste, Y., & Plumb, I. (2001). The "Reading the mind in the eyes" test revised version: A study with normal adults, and adults with Asperger Syndrome or high-functioning autism. *The Journal of Child Psychology and Psychiatry and Allied Disciplines, 42,* 241–251.

Begeer, S., Rieffe, C., Terwogt, M., & Stockmann, L. (2006). Attention to facial emotion expressions in children with autism. *Autism, 10,* 37–51.

Bloom, P. (2000). *How children learn the meanings of words.* Cambridge, MA: The MIT Press.

Bowler, D. M. (1992). "Theory of mind" in Asperger's Syndrome. *Journal of Child Psychology and Psychiatry, 33,* 877–893.

Buttelmann, D., Carpenter, M., & Tomasello, M. (2009). Eighteen-month-old infants show false belief understanding in an active helping paradigm. *Cognition, 112,* 337–342.

Ceponiene, R., Lepisto, T., Shestakova, A., Vanhala, R., Alku, P., Naatanen, R., & Yaguchi,

K. (2003). Speech-sound-selective auditory impairment in children with autism: They can perceive but do not attend. *Proceedings of the National Academy of Sciences, 100,* 5567–5572.

Chevallier, C., Noveck, I., Happe, F., & Wilson, D. (2011). What's in a voice? Prosody as a test case for the Theory of Mind account of autism. *Neuropsychologia, 49,* 507–517.

Davies, S., Bishop, D., Manstead, A., & Tantam, D. (1994). Face perception in children with autism and Asperger syndrome. *Journal of Child Psychology and Psychiatry, 35,* 1033–1057.

Dawson, G., Meltzoff, A., Osterling, J., Rinaldi, J., & Brown, E. (1998). Children with autism fail to orient to naturally occurring social stimuli. *Journal of Autism and Developmental Disorders, 28,* 479–485.

Dennett, D. (1978). Beliefs about beliefs. *Behavioral and Brain Sciences, 1,* 568–570.

Fisher, N., Happé, F., & Dunn, J. (2005). The relationship between vocabulary, grammar, and false belief task performance in children with autistic spectrum disorders and children with moderate learning difficulties. *Journal of Child Psychology and Psychiatry, 46,* 409–419.

Frith, U., & Happé, F. (1995). Autism: Beyond "theory of mind." In J. Mehler & S. Franck (Eds.), *Cognition on cognition* (pp.13–30). Cambridge, Massachusetts: MIT Press.

Golan, O., Baron-Cohen, S., Hill, J., & Rutherford, M. (2007). The "reading the mind in the voice" test-revised: A study of complex emotion recognition in adults with and without autism spectrum conditions. *Journal of Autism and Developmental Disorders, 37,* 1096–1106.

Grelotti, D., Klin, A., Gauthier, I., Skudlarski, P., Cohen, D., Gore, J., Volkmar, F., & Schultz, R. (2005). fMRI activation of the fusiform gyrus and amygdala to cartoon characters but not to faces in a boy with autism. *Neuropsychologia, 43,* 373–385.

Hadjikhani, N., Joseph, R. M., Snyder, J., Chabris, C. F., Clark, J., Steele, S., McGrath, L., Vangel, M., Aharon, I., Feczko, E., Harris, G. J., & Tager-Flusberg, H. (2004). Activation of the fusiform gyrus when individuals with autism spectrum disorder view faces. *Neuroimage, 22,* 1141–1150.

Happé, F. (1993). Communicative competence and theory of mind in autism: A test of relevance theory. *Cognition, 48,* 101–119.

Happé, F. (1994). An advanced test of theory of mind: Understanding of story characters' thoughts and feelings by able autistic, mentally handicapped, and normal children and adults. *Journal of Autism and Developmental Disorders, 24,* 129–154.

Happé, F. (1995). The role of age and verbal ability in the theory of mind task performance of subjects with autism. *Child Development, 66,* 843–855.

Happé, F. (1999). Autism: cognitive deficit or cognitive style? *Trends in Cognitive Sciences, 3,* 216–222.

Happé, F., & Frith, U. (1996). Theory of mind and social impairment in children with conduct disorder. *British Journal of Developmental Psychology, 14,* 385–398.

Happé, F., Ronald, A., & Plomin, R. (2006). Time to give up on a single explanation for autism. *Nature Neuroscience, 9,* 1218–1220.

Inoue, Y., Tonooka, Y., Yamada, K., & Kanba, S. (2004). Deficiency of theory of mind in patients with remitted mood disorder. *Journal of Affective Disorders, 82,* 403–409.

Jemel, B., Mottron, L., & Dawson, G. (2006). Impaired face processing in autism: Fact or artifact? *Journal of Autism and Developmental Disorders, 36,* 91–106.

Kahana-Kalman, R., & Goldman, S. (2008). Intermodal matching of emotional expressions in young children with autism. *Research in Autism Spectrum Disorders, 2,* 301–310.

Kanner, L. (1943). Autistic disturbances of affective contact. *Nervous Child, 2,* 217–250.

Kerr, N., Dunbar, R. I. M., & Bentall, R. P. (2003). Theory of mind deficits in bipolar affective disorder. *Journal of Affective Disorders, 73,* 253–259.

Liszkowski, U., Carpenter, M., Henning, A., Striano, T., & Tomasello, M. (2004). Twelve-month-olds point to share attention and interest. *Developmental Science 7,* 297–307.

Liszkowski, U., Carpenter, M., & Tomasello, M. (2007). Reference and attitude in infant pointing. *Journal of Child Language, 34,* 1–20.

Nurmsoo, E., & Bloom, P. (2008). Preschoolers' perspective taking in word learning: Do they blindly follow eye gaze? *Psychological Science, 19,* 211–215.

Onishi, K. H., & Baillargeon, R. (2005). Do 15-month-old infants understand false beliefs? *Science, 308,* 5719, 255–258.

Ozonoff, S., Pennington, B. F., & Rogers, S. J. (1991). Executive function deficits in high-functioning autistic individuals: Relationship to theory of mind. *Journal of Child Psychology and Psychiatry, 32,* 1081–1105.

Pennington, B. F. (2006). From single to multiple deficit models of developmental disorders. *Cognition, 101,* 385–413.

Pierce, K., Haist, F., Sedaghat, F., & Courchesne, E. (2004). The brain response to personally familiar faces in autism: findings of fusiform activity and beyond. *Brain, 127,* 2703–2716.

Prior, M. R. (1979). Cognitive abilities and disabilities in infantile autism: A review. *Journal of Abnormal Child Psychology, 7,* 357–380.

Ruffman, T., & Perner, J. (2005). Do infants really understand false belief? Response to Leslie. *Trends in Cognitive Sciences, 9,* 462–463.

Rutherford, M., Baron-Cohen, S., & Wheelwright, S. (2002). Reading the mind in the voice: A study with normal adults and adults with Asperger Syndrome and high functioning autism. *Journal of Autism and Developmental Disorders, 32,* 189–194.

Rutter, M. (1978). Diagnosis and definition of childhood autism. *Journal of Autism and Childhood Schizophrenia, 8,* 139–161.

Schultz, R. (2005). Developmental deficits in social perception in autism: the role of the amygdala and fusiform face area. *International Journal of Developmental Neuroscience, 23,* 125–141.

Senju, A., Kikuchi, Y., Akechi, H., Hasegawa, T., Tojo, Y., & Osanai, H. (2009). Brief report: does eye contact induce contagious yawning in children with autism spectrum disorder? *Journal of Autism and Developmental Disorders, 39,* 1598–1602.

Senju, A., Maeda, M., Kikuchi, Y., Hasegawa, T., Tojo, Y., & Osanai, H. (2007). Absence of contagious yawning in children with autism spectrum disorder. *Biology Letters, 3,* 706–708.

Senju, A., Southgate, V., White, S., & Frith, U. (2009). Mindblind eyes: An absence of spontaneous theory of mind in Asperger Syndrome. *Science, 325,* 883–885.

Southgate, V., Chevallier, C., & Csibra, G. (2010). 17-month-olds appeal to false beliefs to interpret others' communication. *Developmental Science, 13,* 907–912.

Sprong, M., Schothorst, P., Vos, E., Hox, J., & Van Engeland, H. (2007). Theory of mind in schizophrenia: meta-analysis. *The British Journal of Psychiatry, 191,* 5–13.

Surian, L., Caldi, S., & Sperber, D. (2007). Attribution of beliefs by 13-month-old infants. *Psychological Science, 18,* 580–586.

Surian, L., & Siegal, M. (2001). Sources of performance on theory of mind tasks in right hemisphere-damaged patients. *Brain and Language, 78,* 224–232.

Tomasello, M., Carpenter, M., & Liszkowski, U. (2007). A new look at infant pointing. *Child Development, 78,* 705–722.

Wang, A., Lee, S., Sigman, M., & Dapretto, M. (2007). Reading affect in the face and voice: Neural correlates of interpreting communicative intent in children and adolescents with autism spectrum disorders. *Archives of General Psychiatry, 64,* 698–708.

Weeks, S., & Hobson, R. (1987). The salience of facial expression for autistic children. *Journal of Child Psychology and Psychiatry, 28,* 137–151.

Wellman, H. M., Cross, D., & Watson, J. (2001). Meta-analysis of theory-of-mind development: The truth about false belief. *Child Development, 72,* 655–684.

Wimmer, H., & Perner, J. (1983). Beliefs about beliefs: Representation and constraining function of wrong beliefs in young children's understanding of deception. *Cognition, 13,* 103–128.

11 道徳性の発達
コールバーグの段階再訪

ゲイル・D・ヘイマン、カン・リー

コールバーグの『子どもの道徳性秩序指向の発達（*The development of children's orientations toward a moral order,* 1963/2008）』は、広範な子どもの道徳性の発達理論と研究の土台を築いた。この章では、道徳的な人であるということが何を意味しているのか、いかにして道徳的な発達を評価することができるかというような問いに取り組む現代の研究者たちを紹介していく。

コールバーグの古典的研究が生まれた背景

コールバーグの論文はピアジェ（Piaget, 1932/1965）の仕事を基にしている。ピアジェは道徳性の発達を、子どもが他者と相互作用する際に能動的に信念システムを組み立てるプロセスとして描いた。ピアジェは、幼児の道徳的推論の発達を理論化し、他律的段階（道徳的リアリズム、あるいは客観的道徳性とも言われる）から始まるとした。この段階では、権威に服従することを強調し、道徳的な行動の背後にある意図よりもその結果に焦点を向ける。およそ8歳と11歳の間に、子どもは一般的に道徳発達の自律的段階に入る。この段階では、子どもは道徳規則を批判的に評価し、規範を適用する際に他者の視点を考慮する。自律的段階の間に、子どもは規範が人によって作られ、社会の合意によって修正されうるということを理解するようになる。

ピアジェは、他律的段階における子どもの道徳的推論の限界は、自分の推論のやり方を他人に投影する傾向によると主張した。ピアジェによれば、この傾向は、子どもが仲間との十分な経験を得て、お互いが合意できる結果に達することが必要な社会的協調にかかわって、他者の視点を理解できるようになるまで持続する。結果として、子どもは、大人の権威に基づく一連の固定化された規則としてではなく、個人間の交渉に基づく流動的なプロセスとして道徳性を考えることを学ぶ。

ピアジェはいくつかの方法で彼の結論に至った。仲間との相互作用が善悪を学ぶ上で特に重要な方法であるという彼の信念に基づいて、彼はゲーム遊びの相互作用の文脈で子どもを観察し、子どもたちにそのゲームのルールについてよく考えるよう求めた。彼はまた、子どもたちに、主人公がネガティブな結末を迎えるような行動をとることにかかわる2つのストーリーについて推論するように求めた。彼は主人公の意図と結末の重大性を変化させ、子どもの判断におけるそれらの相対的な重要度を評価した。

コールバーグの研究の概要

コールバーグの方法論は、形式と内容の両方においてピアジェによる研究から着想を得た。ピアジェと同じく、コールバーグは子どもたちに道徳的な意味を帯びる状況について推論するよう求め、それから子どもたちの道徳的推論について、じっくりと話し合った。そうした状況の1つが、今ではよく知られているハインツのジレンマである。

> ヨーロッパで、ある女性が特殊ながんで死にそうであった。彼女を助けられるかもしれないと医者が考える薬が1つあった。それは、同じ町の薬屋が最近発見したラジウムの一種であった。その薬を作るには費用がかかるが、薬剤師は薬の値段を、製造費用の10倍にした。彼はラジウムに200ドル支払い、わずかの量の薬に2,000ドルの値段をつけた。病気の女性の夫であるハインツは、お金を貸してくれる知人を探しまわったが、彼が集めることができたのは薬を買うのに必要な額の半分の1,000ドルほどにすぎなかった。彼は薬屋に妻が死にそうであることを話し、その薬をもっと安くしてくれるか、後払いにしてくれるよう頼んだ。しかし、薬屋は「ダメだ、私がこの薬を発見したのだし、これで金を儲けるのだから」と言った。ハインツはやけくそになって薬屋の店に押し入り、妻のために薬を盗んだ。はたして、夫はそれをすべきだったのか？（Kohlberg, 1963/2008, p.12）

コールバーグの研究の参加者は、10歳から13歳の男子であった。コールバーグは子どもたちがたどりついた特定の結論ではなく、彼らの推論のプロセスを理解することに関心があった。そして、道徳行為を正当化する際の動機づけのような、いくつかの道徳的推論の次元を組み込んだプロセスの類型を発展させた。

コールバーグの類型は、3つのレベルにまとめられる6つの段階からなっていた。人は最下位のレベルから始まり、その後に高次のレベルに移るが、めったに最高位のレベルにまでは達しない。コールバーグは最初のレベルを「前道徳レベル」と呼んだ。ここでは、自己の関心による判断が特徴である。このレベルの中で、第一段階の志向性は罰を避けることと、服従それ自体を示すことに焦点がある。第二段階の志向性はコールバーグが「素朴な道具主義的快楽主義」と呼ぶものに焦点がある。それはしばしば、「君が背中をかいてくれたら、君の背中をかいてあげる」という特徴をもつ。コールバーグは第二のレベルを「慣習的役割遵守の道徳性」と呼び、そこでの判断は社会的関係と、規範と慣習の認識を重視するという特徴をもっている。このレベルの中で、第三段階の志向性は善良であるために期待される社会の基準に従うことによって、他人との良好な関係を維持することに焦点がある。そして、第四段階の志向性は、社会秩序を維持するために法を遵守することに焦点がある。コールバーグは第三レベルを「自己受容された道徳原理の道徳性」と呼び、そこでは判断が内的な道徳原理に焦点が当てられるという特徴をもつ。このレベルの中で、第五段階の志向性は生命を守る必要性のような、重要で普遍的な価値観によって集団の関心を調整することに焦点がある。そして、第六段階は、平等や人権のような公正の基本原理に関する良心に従った行動に焦点がある。

コールバーグはこれらの段階と結びついた、年齢による変化の証拠を見出した。最初の2つの段階と結びついた推論の割合は年齢とともに減り、次の2つの段階と結びついた推論が年齢と共に増え、13歳で横ばいになり、最後の2つの段階と結びついた推論が年齢と共に増える。人はこれらの段階を順序に従って通過することが必要であり、彼が異なるタイプの道徳判断の間に観察した相互関連のパターンは、子どもが発達するにつれて高位の道徳的推論がより低位のものに置き換わっていくという見解を支持したと主張した。

コールバーグはピアジェに対する賛成点と反対点を論じた。彼は、道徳の発達は外にあるルールを内面化するという受動的なプロセスではなく、社会的な相互作用の文脈における信念システムの構築にかかわるという点でピアジェに賛成した。彼はまた、自身の段階といくつかのピアジェの段階の間の関連性について述べた。たとえば、コールバーグは彼の第一段階とピアジェの他律的段階とは、どちらも意図よりも結果を重視し、道徳的正しさを権威に従うという観点で定義しており、よく対応すると見なした。ピアジェはこの道徳性の説明を、子どもが権威的な人物に対して抱いている尊敬の水準を反映したものだと考え、そのため子どもは、大人が正しいものと間違っているものを決めるのが適切であると信じることになると論じた。対照的にコールバーグは、この段階での子どもの推論は、大人の権威に敬意を払うのではなく、罰を避けるという快楽の欲求に基づいていると主張した。コールバーグはまた、彼の第五段階と、イネルデとピアジェ（Inhelder & Piaget, 1958）が形式的操作として描いたものとの類似点を比較した。これは認知発達における彼らの説明のなかで一番成熟したレベルであり、抽象的な思考と演繹的な推論をする能力によって特徴づけられる。コールバーグはこの段階と結びついた認知的な進歩によって、子どもが現在の社会規範に代わるシステムについて熟考したり、ヒューマニズムや民主主義などの抽象的な道徳原理の意味をしっかり考えるために必要な仮説的で論理的な形式の推論ができるようになると信じた。

コールバーグの研究の影響

コールバーグの論文は、道徳発達を理解に大きな転換をもたらした。研究者たちは人間関係と社会システムとの関係で道徳性を研究し始め、どの形態の道徳的思考がより進歩したものとして、あるいは進歩していないものとして類型化されるべきかを議論した。コールバーグの貢献のなかで最も永続的なものの1つは、真に発達的なプロセスとしての道徳性の概念であった。コールバーグやピアジェに先立つ道徳性の発達における主要な視点は、条件づけを通してどのように行動が獲得されるかに注目する行動主義的アプローチや、社会規範の内面化を重視する社会化のアプローチ、人間行動における無意識の動機を重視する精神力動アプローチであった。これらの方法論は子どもを、外的に、もしくは、無意識のプロセスを通して内的に、彼らに課された価値と規範を受動的に受け取るものとして描いた。それとは対照的に、コールバーグは、子どもの道徳的推論を複雑な社会環境の中で相互作用し、社会的役割を経験しながら進化するものとして特徴づけた（Turiel, 2008）。コールバーグは幼児でさえ社会環境を理解し、自分たちの行動がもつ道徳的意義を省みるための心的・感情的な能力をもっていると論じた。

コールバーグの研究への批判 ── 別の解釈と知見

コールバーグの論文と彼のそれに続く研究は、彼のモデルが人類の多様さを特徴づけるには十分に一般的なものではないと主張する研究者からの批判を受けてきた。重要な批判の1つはギリガン（Gilligan, 1982）によるもので、コールバーグのデータは男性の参加者からのみ得られているので、彼のモデルは女性の道徳的推論の能力を適切に特徴づけていないと反論した。しかしながら、女性の参加者を含むその後の研究は、男性の参加者も女性の参加者も、コールバーグのジレンマを非常に類似した方法で推論することを示した。唯一、一貫してみられたジェンダー間の差は、社会関係の文脈における現実生活のジレンマについての大人の推論に関する領域であった（たとえば、パートナーに浮気相手がいるということを友だちに話すかどうかや、父を本人の意志に反して老人ホームに入れるどうかなど。Walker, 2006）。もう1つの重要な批判は、シュウェダー（Shweder, 1991）によるもので、コールバーグのモデルは、あまりにも狭く正義の問題に焦点を合わせすぎており、非西洋文化において顕著な神性とコミュニティというような、幅広い道徳の関心を捉えていないと批判した。

コールバーグのアプローチは、さらに、仮定された状況に依存している点からも批判された。クレブスとデントン（Krebs & Denton, 2005）が指摘したように、現実生活の道徳的ジレンマは多くの点でコールバーグのものとは異なることが多く、その違いが道徳的推論に影響を与えうる。たとえば、仮定されたジレンマを考える際には、将来判断する対象となる人とかかわる可能性を考えることはほとんどないだろう。しかし、実証的証拠は、この批判を支持しそうにない。たとえば、ウォーカーと共同研究者たち（Walker, 1989; Walker, de Vries, & Trevethan, 1987）による研究は、仮定による道徳的ジレンマと自分で作り出した道徳的ジレンマで、子どもも大人も、同様の道徳の段階の分類が得られたことを示した。

それでもなお、それ以降の研究は、確かに他のコールバーグのモデルに対する上記とは別の一般的な批判を支持している。つまり、道徳的行動の実行よりも道徳的推論を協調しているという批判である。クレブスとデントン（Krebs & Denton, 2005, p.645）はこう主張した。「人びとが言うことよりもすることのほうが実際的により重要なことであり、人びとが何を言うかの研究よりも何を行うかの研究のほうが、より道徳性を明らかにする」。彼らは、道徳的推論は道徳的行動の分散のわずかな部分を説明するにすぎず、また、コールバーグの推論課題における成績と道徳的行動の相関は0.3程度であることが多く、社会経済的地位のような要因を統制した後ではもっと低くなると主張した（反論として、Blasi, 1980; Gibson, 2006 も参照）。

まとめ ―― この研究はいかに思考を前進させたか、その後思考はいかに発展したか

コールバーグの理論の主な主張は、道徳性の発達は社会 - 文化的な実践によってほとんど影響を受けない普遍的なプロセスであるということである。社会的領域理論の視点からの研究（Nucci, 2001; Smetana, 1985, 2006; Turiel, 2002）は、この主張と矛盾している。少なくとも、場違いな格好をすることや行儀の悪い振る舞いをするなどの社会的慣習の違反に関してはそうである。危害や不正義にかかわる道徳の逸脱に関しては、社会 - 文化的な影響の証拠はより弱い。しかしながら、正直か正直ではないかについての子どもの判断に関する近年の研究は、社会 - 文化的影響が及ぶ範囲がたいへん広いことを示しており、正直さが道徳性と道徳の発達に関する理論化の中心的な役割を担っているコールバーグの理論に異が唱えられている。コールバーグは彼のジレンマ課題で正直さの問いに取り組み、それを道徳的推論の中心と見なした。それは、嘘をつくことは不正義と他人への害を引き起こす可能性をもつため道徳非難に値すると述べる哲学における伝統と一致する。

正直さは道徳性の重要な構成要素だが、これら2つの関係は常に単純なものではない（Turiel, 2008）。そして、正直さが他の道徳的な価値と対立する状況がある。哲学者はしばしば、正直さと善行の価値が対立する極端な事例について考えてきた。たとえば、殺人者に被害者になるであろう人の居場所を話すべきかどうか、決めるときである。それとは対照的に、心理学者は、日々の生活の中での、しばしば「善意の嘘」や「礼儀正しさ」の文脈とのかかわりで、このようなジレンマの役割に焦点を当てる傾向があった。典型的な善意の嘘の文脈では、ある人が好きでもない贈り物をもらい、それを好きかどうかと尋ねられる（Cole, 1986; Saarni, 1984）。贈り物の受け手は本当のことを言って送り主を傷つける危険を冒すか、送り主を喜ばせるために嘘をつくかを決めなければならない。このような葛藤に対する子どもの推論は、受け手の行動の動機が向社会的であるときに嘘をつくことをどこまで許容できるかに関する哲学的な議論

とかかわっている（Bok, 1978 参照）。カント（Kant, 1797/1949）のように、意図や結果にかかわらず、ある行動は常に正しいか、常に間違っているかであると主張して、絶対的立場をとり続けた哲学者もいる。他の哲学者はより功利主義的な立場をとり、道徳の価値は、その行動が他人の幸福にどう影響を与えたかなどの文脈的要因によって決まるとした。たとえば、ミル（Mill, 1869）は、嘘の道徳的意味は、それが他者にもたらした快楽や害の程度によって評価されるべきだと主張した。

7歳までに、子どもは違反の文脈で嘘をつくことと礼儀正しさの文脈で嘘をつくことについての推論を、はっきりと区別するようになる（Bussey, 1999; Heyman, Sweet, & Lee, 2009; Peterson, Peterson, & Seeto, 1983; Walper & Valtin, 1992）。違反の文脈では、物語の主人公は図書館の本に落書きするなどの間違ったことをし、後でそれをやったかどうか尋ねられる。このような状況では、主人公は、本当のことを話せば面倒なことになると心配するだろう。子どもは礼儀正しさの状況よりも、違反の状況のほうでより本当のことを話すことが良いと思う傾向にある。そして、礼儀正しさの状況よりも違反の状況のほうで、嘘をつくことが適切だと思わない傾向にある。子どもが7歳になる頃には、他人の気持ちへの配慮が、礼儀正しさの状況で嘘を言うことを動機づける中心因子として見ることが多くなる（Heyman, Sweet, & Lee, 2009; Broomfield, Robinson, & Robinson, 2002 も参照）。

近年関心を集めた領域は、子どもが嘘をついたり本当のことを話したりする際の文化的な特異性で、西洋と東アジアの文化の違いに焦点が当てられている。この違いは、西洋と東アジアの文化の間には重要な質の違いがあるという文化理論研究者の議論に照らして特に興味深く、個人主義 対 集団主義の次元について、最も広く研究されている（メタ分析については、Oyserman, Coon, & Kemmelemeier, 2002 を参照）。個人主義は、個人のアイデンティティが個人の達成に基づいており、個人の権利利益に焦点がある。それに対して、集団主義は、個人のアイデンティティが集団内の調和とコミュニティ志向の活動への参加に基づいており、集団の関心に焦点がある。これらの違いは人と人との間のコミュニケーションの目指すものが違うことを示している。西洋文化は選択の自由や自尊心や幸福をより重視する。東アジア文化は集団的な目標や集団の凝集性をより重視する。このような違いはコールバーグのようなモデルが通文化的に一般化されうるかどうかに疑問を投げかけ、道徳的であることの意味するものについての信念にかなりの文化間の違いがある可能性を提起している。

礼儀正しさの状況の中で嘘をつくことは、東アジアと西洋の子どもで同じように評価される傾向があるが（Xu, Bao, Fu, Talwar, & Lee, 2010）、こういう嘘がどのように正当化されるかについては文化間で違いがある。西洋文化では、受け手の感情が害されないことが重視される。その一方で、東アジアの文化では、受け手に与える社会的影響が重視される（つまり、その人の「面子」や公的人格；Bond & Hwang, 1986）。このことは、東アジア文化の人びとが、広範な社会的状況の中で自身の行動を適合させる能力に高い価値を置く傾向にあるという証拠と一致している（Gao, 1998; Heine, 2001; Markus & Kitayama, 1991）。

別の研究で、自身に対するポジティブな注意を向けさせる状況と関連して、話し手が嘘をついたり本当のことを話したりする問題が取り上げられている。この研究の1つの焦点は、子どもが、自分の行動に対する責任を偽って否定することが許せると考えるかどうかを調べることだった。この研究のテーマは、東アジアでは謙遜が文化的に強く重視されることから、特に関心が集まった（たとえば、Bond & Hwang, 1986）。たとえば、中国の子どもは「影のヒーロー」になり、自分の達成や向社会的行動が公に知られることを避けるよう奨励される（Lee, Cameron, Xu, Fu, & Board, 1997）。個人的な向社会的行動を隠すことに関する研究の証拠は、子どもが行動の道徳的意味を評価する仕方をどう学ぶかに、文化の影響が重要な役目を果たすという見解を支持した。この問題に取り組んだ研究で、リー、キャメロン、シュ、フー、ボード（ Lee, Cameron, Xu, Fu & Board, 1997）は、主人公が誰もいないときに教室を掃除するというようなよい行いをした後で、教師にそのことについて尋ねられるというシナリオを7歳から11歳の中国とカナダの子どもに示した。物語の主人公はその善行を正しく認めるか、偽って否定するかのどちらかをした。中国の子どもはカナダの子どもよりも、偽って否定することのほうがより好ましく、正直に認めることはより好ましくないと評価した。そして、この文化間の違いは年長の子どもで最大であった。東アジア社会で育った子どもは、また、正直だが慎みに欠ける発言は、公衆の前で言われるとき特に問題があると考える傾向があった（Fu et al., 2010）。おそらく、公然と自分の達成に人びとの関心を向けることは、社会集団の中の調和を維持するという規範を破るものだからであろう。

ヘイマン、イタクラ、リー（Heyman, Itakura & Lee, 2011）は、7歳から11歳の日本の子どもは、プライベートでよりもクラスメイトを前にしたときに、自分の善行を正直に認めることをよりネガティブに判断することを見出した。それに対して、アメリカの子どもの集団の中では、そのような状況の効果はなかった。他の研究では、日本の子どものように、中国の子どもは、慎みに欠ける行動はプライベートよりも公の場のほうがより受け入れらないと見なしていることを示しており（Fu, Heyman, & Lee, 2011; Fu et al., 2010）、公の場において謙虚さからついてしまう嘘を認めることは、青年や若い大人たちの中にある、集団主義者的な価値への支持と個人主義者的な価値への拒否に関係することを示唆している。

西洋と比べて東アジアでは謙虚さの規範がより重視されるにもかかわらず、自己に関するポジティブな情報を認めることは、あらゆる文脈で不適切としてみられていない。ヘイマン、フー、リー（Heyman, Fu & Lee, 2008）は、10 歳と 11 歳の中国の子どもはアメリカの子どもたちに比べて、成績の良くない友だちに対して自分の良い成績の情報を見せることは適切だと信じている傾向があることを見出した。アメリカの子どもはこのような行動を自己顕示的な行為と見なす傾向にあったが、中国の子どもはその行為を成績の悪い生徒に対して暗黙に援助を申し入れる行為と見なす傾向にあった。この知見は、自分の達成を正直に認めることが道徳的に受け入れられる程度は、認めることが周囲に受け入れられる場合と方法に関する、文化のバリエーションによって決定されることを示唆している。

また、嘘をつくことと正直に話すことが、個人に与える影響と所属する集団に与える影響との対比において検討されてきた。フー、シュ、キャメロン、ヘイマン、リー（Fu, Xu, Cameron, Heyman & Lee, 2007）は、7 歳から 9 歳の中国の子どもは、集団の利益でなく特定の個人の利益のためにつかれた嘘を承認しないことが多いが、その一方で、同じ歳のカナダの子どもは反対のパターンを示すことを見出した。しかしながら、これは、中国の子どもは常に集団の利益のための嘘のほうを好むということを意味しない。スイート、ヘイマン、フー、リー（Sweet, Heyman, Fu & Lee, 2010）は、中国の子どもは他の集団を騙すために自分の集団のズルを隠すための嘘を厳しく判断し、アメリカの子どもよりもはるかにネガティブに判断することを見出した。

嘘をつくことについての道徳的推論に文脈的、文化的差異があることを示すこの証拠は、コールバーグの理論の道徳的普遍性の前提に強く異を唱えるものである。幼児でさえ、不正直さに関して道徳判断をする際に文脈の要因に非常に敏感であり、嘘をつくことに関する社会規範に文化間の違いがあることも明らかである。これらの知見は、子どもが発達するときの社会や文化のより大きな文脈を考慮に入れた道徳性の発達理論を発展させる必要性を示している。

先に述べたように、コールバーグの道徳的ジレンマに対する個人の反応と実際の道徳行動の間をつなぐ証拠は限られたものでしかない（Krebs & Denton, 2005）。1 つの可能性として、コールバーグのジレンマが引き起こす道徳的な葛藤は抽象的で、個人が直面する現実世界の道徳的な葛藤とは結びつかないということである。最近の知見がこの説明を支持している。シュ、バオ、フー、タルワール、リー（Xu, Bao, Fu, Talwar & Lee, 2010）は、道徳的推論の研究においてシナリオのかたちで伝統的に提示されてきたジレンマのタイプに対応するよう段階づけられた道徳的ジレンマを子どもたちに提示し、道徳的推論と道徳行動との間のつながりを調べた。好ましくないプレゼントを受けた7歳から9歳の中国の子どものグループの約半数が、その送り主にプレゼントを好きかと尋ねられた際に好きだと主張したが、その後で、実験者に密かに尋ねられたときには本当は好きではないと認めた。シュたち（Xu et al., 2010）は、偽ってプレゼントが好きだと言った子どもは、礼儀正しさの文脈で嘘をつくことをより好意的に見る傾向にあることを見出した。フー、エバンス、ワン、リー（Fu, Evans, Wang & Lee, 2008）による研究で、子どもの嘘をつくことへの推論と実際に嘘をつく行動の関係が研究された。7歳から9歳の中国の子どもが、あるコンペで学校を代表する4人からなるチームを作るように頼まれたが、それぞれのチームに2人の初心者を含めるように言われた。すべての年齢集団の子どもが、4人のベテランプレイヤーで構成されるチームを作るというルール違反をする傾向があった。その後、学校地区の職員がやってきて、ゲームの参加者に、クラスの子どもたちは新しいプレイヤーをチームに含めるという要求を守ったかどうかを尋ねた。ほとんどの生徒は真実を述べたが、そうでない生徒もおり、嘘をつく割合は7歳で7%であったが、11歳で30%にまで上昇した。この嘘をつく傾向は、仮説的なシナリオで自身の集団の利益を拡大させるために嘘をよしとする傾向とも関連していた。これらの研究の結果は、道徳に関する推論と行動の文脈が高度に並行的であるように構成されているなら、子どもの道徳的推論が彼らの道徳的行動に非常に影響を与えることを示している。この発見は、コールバーグの道徳的ジレンマが、子どもの道徳の理解、道徳的行動、そして、これら2つのつながりに対する知識をもたらすにはあまりに抽象的すぎることを示している（Krebs & Denton, 2005）。

要　約

コールバーグ（1963/2008）の論文は、道徳性の発達に関する現代の研究の始まりを告げた。道徳的な人間になることはどういうことかについての、今ある膨大な理論的、経験な研究のほとんどは、コールバーグの非常に独創的で創造的な研究に刺激を受けたものであった。それに続く研究によって多くの研究者は、コールバーグの理論と古典的知見のある側面については受け入れてきた。たとえば、コールバーグの道徳的ジレンマに関する限り、男性と女性は似たように推論する。しかしながら、研究者は同時に、コールバーグのある特定の側面は受け入れなかった。たとえば、子どもの道徳性の発達は、あらかじめ決められたいくつもの段階を通して同じように進み、それぞれの段階で単一の道徳志向性をもっているわけではないという点で合意が得られている。また、社会的文脈と文化の影響力の相違を真剣に考慮に入れることなく、道徳の発達は理解できないと広く信じられている。それでもなお、私たちの道徳の発達に関する現在の知識に対するコールバーグの独創的な貢献が低く評価されることはない。ピアジェと並んで彼のもともとの研究は、実証的方法を正義や公平性などの長らく哲学の領域であった道徳の問題を研究するために用いることができるという可能性を示している。彼の道徳的ジレンマと詳細な行動のコーディング体系は、現代の道徳研究の方法論が依拠する基礎を築いた。最後に、今日の研究者のように、コールバーグが、道徳性の発達のより包括的でニュアンスに富む見方を追求し、子どもを、発達している複雑な社会システムの文脈の中で、能動的に道徳的信念のシステムを構築している姿を描き出そうとしたことを忘れるべきではない。人はいかにして道徳的な人間になるのか？という、古代から続く哲学的な問いへの答えを追い求める発達研究者を刺激し、突き動かし続けているのは、まさしくこの信念なのである。

謝　辞

この章は NICHD HD048962 の助成を受けた。また、ブライアン・コンプトン（Brian Compton）氏の有益なコメントに感謝します。より詳細な情報の依頼は Gail D. Heyman, Department of Psychology, University of California, San Diego, 9500 Gilman Dr La Jolla CA 92093-0109. まで、または、gheyman@ucsd.edu. までメールされたい。

■さらに学びたい人のために

Fu, G., Xu, F., Cameron, C. A., Heyman, G. D., & Lee, K. (2007). Cross-cultural differences in children's choices, categorizations, and evaluations of truths and lies. *Developmental Psychology, 43,* 278–293.

Krebs, D. L., & Denton, K. (2005). Toward a more pragmatic approach to morality: A

critical evaluation of Kohlberg's model. *Psychological Review, 112,* 629–649.
Shweder, R. A., Mahapatra, M., & Miller, J. G. (1987). Culture and moral development. In J. Kagan & S. Lamb (Eds.), *The emergence of morality in young children* (pp. 119–169). Chicago: University of Chicago Press.
Turiel, E. (2008). The development of children's orientations toward moral, social, and personal orders: More than a sequence in development. *Human Development, 51,* 21–39.
Walker, L. J. (2006). Gender and morality. In M. Killen & J. G. Smetana (Eds.), *Handbook of moral development* (pp. 93–115). Mahwah, NJ: Erlbaum.

■引用文献

Blasi, A. (1980). Bridging moral cognition and moral action: A critical review of the literature. *Psychological Bulletin, 88,* 1–45.
Bok, S. (1978). *Lying: Moral choice in public and private life.* New York: Random House. [ボク／古田暁（訳）(1982)『嘘の人間学』ティビーエス・ブリタニカ]
Bond, M. H., & Hwang, K. K. (1986). The social psychology of Chinese people. In M. H. Bond (Ed.), *The psychology of the Chinese people* (pp.213–266). Oxford: Oxford University Press.
Broomfield, K. A., Robinson, E. J., & Robinson, W. P. (2002). Children's understanding about white lies. *British Journal of Developmental Psychology, 20,* 47–65.
Bussey, K. (1999). Children's categorization and evaluation of different types of lies and truths. *Child Development, 70,* 1338–1347.
Cole, P. M. (1986). Children's spontaneous control of facial expression. *Child Development, 57,* 1309–1321.
Fu, G., Brunet, M. K., Lv, Y., Ding, X., Heyman, G. D., Cameron, C. A., & Lee, K. (2010). Chinese children's moral evaluation of lies and truths - roles of context and parental individualism-collectivism tendencies. *Infant and Child Development, 19,* 498–515.
Fu, G., Evans, A. D., Wang, L., & Lee, K. (2008). Lying in the name of the collective good: A developmental study. *Developmental Science, 11,* 495–503.
Fu, G., Heyman, G. D., & Lee, K. (2011). Reasoning about modesty among adolescents and adults in China and the U.S. *Journal of Adolescence, 34,* 599–608.
Fu, G., & Lee, K. (2007). Social grooming in the kindergarten: the emergence of flattery behavior. *Developmental Science, 10,* 255–265.
Fu, G., Xu, F., Cameron, C. A., Heyman, G. D., & Lee, K. (2007). Cross-cultural differences in children's choices, categorizations, and evaluations of truths and lies. *Developmental Psychology, 43,* 278–293.
Gao, G. (1998). "Don't take my word for it." - understanding Chinese speaking practices. *International Journal of Intercultural Relations, 22,* 163–186.
Gibbs, J. C. (2006). Should Kohlberg's cognitive developmental approach be replaced with a more pragmatic approach? Comment on Krebs and Denton. *Psychological Review, 113,* 666–671.

Gilligan, C. (1982). *In a different voice.* Cambridge, MA: Harvard University Press.［ギリガン／岩男寿美子（監訳）生田久美子・並木美智子（訳）(1986)『もうひとつの声――男女の道徳観のちがいと女性のアイデンティティ』川島書店］

Heine, S. J. (2001). Self as cultural product: An examination of East Asian and North American selves. *Journal of Personality, 69,* 881–906.

Heyman, G. D., Fu, G., & Lee, K. (2008). Reasoning about the disclosure of success and failure to friends among children in the US and China. *Developmental Psychology, 44,* 908–918.

Heyman, G. D., Itakura, S., & Lee, K. (2011). Japanese and American children's reasoning about accepting credit for prosocial behavior. *Social Development, 20,* 171–184.

Heyman, G. D., Sweet, M. A., & Lee, K. (2009). Children's reasoning about lie-telling and truth-telling in politeness contexts. *Social Development, 18,* 728–746.

Inhelder, B., & Piaget, J. (1958). *The growth of logical thinking.* New York: Basic Books.

Kant, I. (1797/1949). On a supposed right to lie from altruistic motives. In L. W. Beck (Ed.), *Critique of practical reason and other writings* (pp.346–350). Chicago: University of Chicago Press.［カント／谷田信一訳（訳）(2002)「人間愛から嘘をつく権利と称されるものについて」『カント全集13　批判期論集』岩波書店（原著ドイツ語からの翻訳）］

Kohlberg, L. (1963/2008). The development of children's orientations toward a moral order. I: Sequence in the development of moral thought. *Human Development, 51,* 8–20.

Krebs, D. L. & Denton, K. (2005). Toward a more pragmatic approach to morality: A critical evaluation of Kohlberg's model. *Psychological Review, 112,* 629–649.

Lee, K., Cameron, C. A., Xu, F., Fu, G., & Board, J. (1997). Chinese and Canadian children's evaluations of lying and truth-telling. *Child Development, 64,* 924–934.

Markus, H. R., & Kitayama, S. (1991). Culture and the self: Implications for cognition, emotion, and motivation. Psychological Review, 98, 224–253.

Mill, J. S. (1869). *On liberty.* London: Longman, Roberts and Green.［ミル／斉藤悦則（訳）(2012)『自由論』光文社古典新訳文庫］

Nucci, L. P. (2001). *Education in the moral domain.* Cambridge: Cambridge University Press.

Oyserman, D., Coon, H., & Kemmelmeier, M. (2002). Rethinking individualism and collectivism: Evaluation of theoretical assumptions and meta-analyses. *Psychological Bulletin, 128,* 3–73.

Peterson, C. C., Peterson, J. L., & Seeto, D. (1983). Developmental changes in ideas about lying. *Child Development, 54,* 1529–1535.

Piaget, J. (1932/1965). *The moral judgment of the child.* New York: Free Press.［ピアジェ／大伴茂（訳）(1977)『児童道徳判断の発達』同文書院（原著フランス語からの翻訳）］

Saarni, C. (1984). An observational study of children's attempts to monitor their expressive behavior. *Child Development, 55,* 1504–1513.

Shweder, R. (1991). *Thinking through cultures: Expeditions in cultural psychology.* Cambridge, MA: Harvard University Press.

Smetana, J. G. (1985). Preschool children's conceptions of transgressions: The effects of varying moral and conventional domain-related attributes. *Developmental Psychology, 21,* 18–29.

Smetana, J. G. (2006). Social-cognitive domain theory: Consistencies and variations in children's moral and social judgments. In M. Killen & J. G. Smetana (Eds.), *Handbook of moral development* (pp.119–153). Mahwah, NJ: Erlbaum.

Sweet, M. A., Heyman, G. D., Fu, G., & Lee, K. (2010). Are there limits to collectivism? Culture and children's reasoning about lying to conceal a group transgression. *Infant and Child Development, 19,* 422–442.

Talwar, V., & Lee, K. (2002). Emergence of white lie-telling in children between 3 and 7 years of age. *Merrill-Palmer Quarterly, 48,* 160–181.

Talwar, V., Murphy S., & Lee, K. (2007). White lie-telling in children. *International Journal of Behavioral Development, 31,* 1–11.

Turiel, E. (2002). *The culture of morality: Social development, context, and conflict.* Cambridge, England: Cambridge University Press.

Turiel, E. (2008). The development of children's orientations toward moral, social, and personal orders: More than a sequence in development. *Human Development, 51,* 21–39.

Walker, L. J. (1989). A longitudinal study of moral reasoning. *Child Development, 60,* 157–166.

Walker, L. J. (2006). Gender and morality. In M. Killen & J. G. Smetana (Eds.), *Handbook of moral development* (pp.93–115). Mahwah, NJ: Erlbaum.

Walker, L. J., de Vries, B., & Trevethan, S. D. (1987). Moral stages and moral orientations in real-life and hypothetical dilemmas. *Child Development, 58,* 842–858.

Walper, S., & Valtin, R. (1992). Children's understanding of white lies. In W. Winter, R. J. Watts, S. Ide, & K. Ehlich, *Politeness in language: Studies in history, theory and practice* (pp. 231–251). Trends in Linguistics: Studies and Monographs, 59. Berlin, New York: Mouton de Gruyrer.

Xu, F., Bao, X., Fu, G., Talwar, V, & Lee, K. (2010). Lying and truth-telling in children: From concept to action. *Child Development, 81,* 581–596.

12 攻撃性
バンデューラのボボ人形研究を超えて

ジェニファー・E・ランスフォード

バンデューラの古典的研究が生まれた背景

バンデューラがボボ人形を用いた研究を行っていた当時、発達心理学の分野はスキナー（Skinner, 1953）により概念化された行動主義に色濃く染められていた。人びとが攻撃行動（あるいはどのような行動にせよ）を学習する主なメカニズムは、オペラント条件づけを通したものだと信じられていた。つまり、お金や望んだものを手に入れるといった実体のあるものにせよ、賞賛のように実態のないものにせよ、個人の行動がある種の報酬によって強化されるのだとすれば、この強化が今後、個人が再びそのような行動をとる可能性を高めるであろうということである。対照的に、個人の行動が特権の剥奪や叱責のように何らかの罰によって応じられるなら、この罰は今後、そのような行動をする可能性を低下させるだろう。攻撃性のケースでは、たとえば男の子がおもちゃを取り上げるために女の子を叩いて、望んでいたおもちゃで遊ぶというごほうびを得たなら、他の欲しいおもちゃを手にするために、彼が今後もまた他の子どもを叩くという行動をする可能性が高くなるだろう。一方、おもちゃで遊ばせずに大人が介入しておもちゃを女の子に返し、この男の子を他の子どもたちから引き離したなら、この罰は男の子が今後、おもちゃを得るために他の子どもを叩く可能性を低下させるのに役立つであろう。

行動主義の原理とはよくできたもので、攻撃性の発達やそのほか多くの状況において学習された反応を説明しうる。しかしながら、行動主義が、なぜ事前にその行動に対する強化を受けていなくても、個人がある特定のしかたで行動するようになるのかを説明するには不十分である。その限界を説明するために、ミラーとダラード（Miller & Dollard, 1941）は、人は他者を模倣することによって新たな行動を学ぶことができるという考えを導入した。しかし、ミラーとダラードの模倣研究の手続きにおいては、実験参加者は特定の行動をすることで報酬を得るモデルを目にし、その後で、自分も同じ行動に携わる機会を与えられ、それに対する報酬を得る。バンデューラとロス、ロス（Bandura, Ross, & Ross, 1961）は、攻撃的な行動はいかなる報酬もなく、大人のモデルの行動をただ観察するだけで学ぶことができるということを実証し、学習の理解に多大な貢献をした。

バンデューラの古典的研究の概要

バンデューラと共同研究者たち（Bandura et al., 1961）は、スタンフォード大学幼稚園の月齢37～69ヵ月の子どもたち72名のサンプルを集めた。子どもたちは幼稚園の教室で見せた攻撃的な行動について、教師と実験者によって評価された。その攻撃性得点とジェンダーに基づいて、子どもたちは3人ずつに分けられた。それから、それぞれの3人組のメンバーのうちのひとりが、次の3つのグループのうちの1つに無作為に割り当てられた。攻撃的なモデルにさらされる実験群、非攻撃的なモデルにさらされる実験群、そしていずれのモデルともかかわりをもたない統制群である。2つの実験群それぞれで、子どもたちの半分は同性のモデルと無作為にペアにされ、残り半分の子どもたちは異性のモデルとペアにされた。

実験群の子どもたちはそれぞれプレイルームに招き入れられ、部屋の隅に座らされた。そこには、絵をデザインするイモ版画とステッカーが用意されていた。それから実験者は部屋の反対側の角に大人のモデルを連れてきたが、そこには5フィートの大きさの空気でふくらませたボボ人形と木槌、ティンカー・トイ〔細い棒を用いていろいろなものを組み立てるおもちゃ〕があった。そして、実験者は部屋を出た。攻撃的なモデルの条件下では、モデルはおよそ1分間ティンカー・トイを組み立てた後、残りの時間はボボ人形に乱暴をして過ごした。子どもたちはモデルが最初に攻撃行動をするのを見ていなかったとしても、ボボ人形を叩くというような何らかの攻撃行動をとる可能性が高いだろう。そこで模範なしに行うことはなさそうな行動を学習する機会を与えるために、モデルは（予備調査に基づいて）子どもがボボ人形に対して自然に行うことはない行動であると判定された、身体的攻撃行動と言語的攻撃行動をボボ人形に行った。身体的攻撃行動としては、ボボ人形を横に倒し、その上にまたがって鼻に繰り返しパンチする、ボボ人形を空中に放り投げて蹴る、木槌で頭を叩く、などである。言葉的攻撃行動としては、「鼻をなぐれ……」「たたけ……」「放り投げろ……」「蹴飛ばしてしまえ……」「バシッ！」と言う、などである。モデルはさらに、2つの非攻撃的な言葉をかけた。「へこたれないで戻ってくるぞ」「本当にしぶといやつだ」。非攻撃的なモデルの条件下では、モデルはボボ人形を無視して、静かに落ちついた様子でティンカー・トイを組み立てた。

10分後、実験者が部屋へ戻ってきて、子どもを別の建物にあるプレイルームへ連れて行った。新しい部屋には消防車、電車、戦闘機、ケーブルカー、コマや人形セットが用意されていた。子どもはおよそ2分の間、これらのおもちゃで遊ぶことが許されたが、その後実験者から、ここにあるのは私がもっているなかで一番よいおもちゃで、他の子どもたちのためにとっておかなければならないと言われた。これは、軽度の攻撃性を呼び覚ます行為として機能した。次に実験者は子どもたちに、その代わりに隣の部屋で、どのおもちゃを使って遊んでもよいと伝えた。子どもはダート銃のような攻撃的な遊びや、プラスチック・ファーム・アニマルズ〔プラスチックでできた農場の動物たちをセットにしたおもちゃ〕のような非攻撃的な遊びを引き出しやすいおもちゃのある、隣の部屋へ連れてこられた。部屋にはボボ人形と木槌もあった。子どもはこの部屋で20分間ひとり遊びをし、その間の行動を、訓練を受けたアシスタントたちがマジックミラー越しに観察しながらコード化した。

20分の観察時間を5秒間隔に分割して、合計240のコード化された時間間隔が得られた。コード化カテゴリーは、模倣による攻撃（モデルがした特定の攻撃行動の1つを子どもがした場合）、非模倣的な攻撃（おもちゃの銃でボボ人形を撃つなど、モデルが前もって示さなかった攻撃的な遊びを子どもがした場合）、模倣による非攻撃（子どもが「本当にしぶといやつだ」といった、モデルの非攻撃的な言語的反応を繰り返した場合）を含む、数種類の子どもの行動を反映するものであった。

分析は3つの主な疑問に向けられた。第一の分析は、子どもたちがどの程度、モデルの攻撃行動を完全に、もしくは部分的にでも模倣したのかという問いに対するものであった。対照群や非攻撃的モデル実験群の参加者は、模倣的攻撃としてコード化された行動をほとんどせず、このことは、モデルが攻撃的実験群に見せた特定の攻撃行動を子どもが自発的に行うことはまずない、ということを意味している。攻撃的モデル実験群の参加者は、よりいっそう模倣的な攻撃にかかわることが多かった。第二の分析では、攻撃的モデル実験群にいた子どもたちが他のグループよりも非模倣的な攻撃をしたのかという問題を取り上げた。攻撃的なモデルにさらされた子どもたちは、非攻撃的なモデルにさらされた子どもたちよりも、より非模倣的な攻撃性をみせた。第三に、攻撃的モデル群における子どもたちが、モデルの性別と子どもの性別は模倣的な攻撃に影響したのかが分析された。男子は女子よりもモデルの身体的攻撃を再現することが多かったが、言語的攻撃については、男子と女子は同じ程度だった。さらに、攻撃的な男性モデルにさらされた男子は、攻撃的な男性モデルにさらされた女子よりも模倣的、および非模倣的な攻撃行動をすることが多かったが、攻撃的な女性モデルにさらされた女子は、攻撃的な女性モデルにさらされた男子よりも模倣的な言語的攻撃と非模倣的攻撃行動をすることが多かった。

バンデューラの研究の影響

ボボ人形研究の与えた影響は広く、長く続くものだった。この研究が与えた最も直接的な影響は、発達科学者たちが学習をどのように考えるかについてのパラダイムシフトをもたらしたことである。学習を直接的に強化されたり罰せられた行動に限られたものとして概念化する代わりに、バンデューラと共同研究者たちは、成人のモデルにせよ子どもにせよ、行動に強化や罰が伴わなくても、模倣のみを通して新しい攻撃行動を学ぶことができるということを明確に実証して見せた。この画期的な発見は、人は他者を観察し、模倣し、モデルとすることによって学ぶという考えを骨子とする、社会的学習理論の樹立につながった（Bandura, 1977）。

いくつかの点から、子どもたちは模倣を通して学ぶという考えは当然であり、今日では明白なことだと考えられているが、ボボ人形研究が発表された1961年頃は決してそうではなかった。とりわけ今日にあってさえ、いくつかの領域では、子どもが模倣の過程を通して攻撃的な行動を学ぶかどうかについて、激しい議論が引き起こされている。たとえば暴力シーンの多いテレビ番組を見たりビデオゲームをする子どもたちのケースでは、娯楽産業は、暴力的なメディアにさらされることが子どもたちの攻撃行動の増加を引き起こすという証拠はないと論じようと努めてきた（Bushman & Anderson, 2001 参照）。しかし、暴力的なメディアにさらされることと攻撃行動が増加するリスクの関連性を示す科学的証拠は、肺がんのリスクを増加させる喫煙の科学的証拠と同じくらいに強く、公衆衛生におけるコンドームの使用とHIV感染のリスクの減少や、その他多くの広く受け入れられている関連性よりも強い（Bushman &

Anderson, 2001)。子どもたちがさまざまなモデリングを通して攻撃行動を学習するかどうかについての研究は、今なお時宜を得たものであり続けており、重要性を失っていない。

多くの点で、暴力的なメディアにさらされることと攻撃行動のつながりを示す研究は、ボボ人形研究からの自然な発展である。バンデューラらは彼らの古典的研究の結論として、模倣学習の基礎をなす心理的メカニズムを説明するに十分な理論をまだ得られていないと認めた。後に続いた多くの研究は、これらのメカニズムを理論づけようと試みた。暴力的シーンの多いメディアにさらされることによって攻撃性を学習するケースでは、たとえばアンダーソンとブッシュマン（Anderson & Bushman, 2001）の一般攻撃性モデルは、繰り返し暴力的なメディアにさらされることにより、個人の認知、情動、覚醒が変容することが攻撃行動の原因になると述べた。このモデルによると、暴力的なメディアにさらされるたびに、攻撃のしかたを教え、攻撃についての信念や態度に影響し、攻撃的な知覚や期待を抱かせ、攻撃行動への敷居を下げ、そして高レベルの生理的覚醒へと導く（Anderson & Bushman, 2001）。こうしてこれらの媒介変数が、より攻撃的な行動へと導く。攻撃的な子どもたちほど暴力的なメディアを求める傾向があるが、実験前の攻撃性のレベルを統制してさえ、暴力的なメディアにさらされることが攻撃行動を高める一因となるという説得力のある経験的証拠がある（Huesmann, Eron, Berkowitz, & Chafee, 1991）。

バンデューラの研究はまた、攻撃的な行動が行動主義の領域外の諸力の結果でありうるという概念を持ち込んで、攻撃性の発達の研究に影響を与えた。この概念が扉を開いて、科学者たちは、攻撃性がさまざまな環境の要因によって形づくられると考え始めた。たとえば、実験室のセッティングで攻撃的なモデルによる模倣学習から攻撃性が生じるだけでなく、攻撃性は、両親間の暴力を目にすること（Jouriles, Norwood, McDonald, Vincent, & Mahoney, 1996）、体罰の経験（Gershoff, 2002）、危険な地域で暮らすこと（Colder, Mott, Levy, & Flay, 2000）、その他、今では、攻撃的な問題行動を発達させるリスクを子どもにもたらす広範囲な要因を代表するようになった、多くの経験を通して学ぶことが可能である。

この、さまざまな環境的要因がどのようにして攻撃性の発達に寄与するかを検討した膨大な文献は、攻撃性の発達に対する遺伝的寄与と、リスクに対して遺伝的要因と環境要因がいかにして相互作用するかを検討した文献によって補完されている（たとえば、Belsky & Pluess, 2009; Dick et al., 2006）。ボボ人形研究において参加者を統制群と実験群に割り振るにあたって、バンデューラたちは、最初に攻撃的行動性向をもっていた子どもは、そうではない子どもよりも新たな攻撃行動を模倣する影響を受けやすいことに気づき、そのため、参加者を無作為に統制群と実験群に割り当てる前に、攻撃性のレベルを揃えるようにした。今日では、特定の遺伝子が攻撃行動の発達のリスクになるという経験的証拠があるが、この遺伝的リスクは環境要因によって緩和することができる（Caspi et al., 2002; Dodge, 2009）。たとえばCHRM2遺伝子の異型は、行動（攻撃性を含む）を外在化する軌跡に差異をもたらすが、リスクをもつCHRM2異型と外在化は、逸脱行動をする仲間とつきあう青少年で悪化する（Latendresse et al., 2011）。ディックほか（Dick et al., 2009）は、リスクのあるGABRA2遺伝子型をもつ青少年は思春期早期から成人期に持続的で高い水準の外在化行動をもつ可能性が高いが、GABRA2と高い外在化行動との関連が親からの強い監視によって弱められるというように、GABRA2遺伝子型と親の監視が相互作用することを示した。これらの研究やその他の研究は、遺伝子と環境要因が共に攻撃性の発達に影響していることを示している。

バンデューラの研究に続く攻撃性の主な発達モデルは、時間と共に、攻撃性がどのように発達してゆくかの経路を左右する広範囲の要因に焦点を当てた（たとえば、Loeber & Stouthamer-Loeber, 1998; Moffitt, 1993; Patterson, 1982）。モフィット（Moffitt, 1993）は、生涯持続型 対 青年期限定型という攻撃性の発達的分類を提唱した。生涯持続型の犯罪者の特質は、発達とともに変化しながらも生涯にわたって反社会的行動が続くことである（たとえば4歳では噛んだり叩いていたものが、22歳では盗みやレイプをするなど；Moffitt, 1993）。モフィットによると、生涯持続型の反社会的行動は幼児期早期に存在する神経心理学的な欠陥に根ざしており、不適切な育児環境と結びついている。これらの反社会的行動が人生の早期に始まり、発達を通して持続する犯罪者たちとは対照的に、青年期の間に反社会的行動が始まり終了するという、ずっと大きな一群がある。この反社会的行動の急激な増加は、主に青少年の独立や大人の特権を手にすることへの欲求と、大部分は親や他の大人に依存しており支配されているという現実とのギャップにより生じると、モフィットは論じている。彼は多くの青少年が「独立して行動でき、新たなチャレンジに打ち勝つことができることを証明する」方法として反社会的行動にかかわるようになると仮定している（Caspi & Moffitt, 1995, p.500）。これらの人びとが思春期を通過していき、望ましい結果を手にできるようになると、もはや反社会的行為は必要でなくなり、若い成人期への移行とともに、そのような行動は終焉する。このように、青年期の違法行為のピーク期の反社会的活動の類似性を別とすれば、生涯持続型と青年期限定型では違法行為者の発達上の経路は劇的に異なっている。
パターソン（Patterson, Capaldi, & Bank, 1991）の早発 対 遅発モデルは、反社会的行動が異なる発達段階で始まる個人の区別を強調しており、モフィットの分類に似ている。パターソンのモデルにおける早発者は、（モフィットのモデルにおける生涯持続型群のように）青年期を過ぎて成人期にまで至る、長期にわたる反社会的行動のリスクがより大きいと仮定されている。パターソンの早発 対 遅発モデルは、個人を異なる反社会的な経路に置くと仮定される要因がモフィットのモデルとは異なる。パターソンは、早発者の経路は劣悪な家庭の管理習慣、特に、子どもたちの強要する不従順な行動への負の強化を特徴とする、未熟なしつけによって始まると論じる。典型的なやりとりでは、子どもをしつけるための親の試みは、無視されたり抗議にあう。冷静に、しかし断固として要求を貫くよりもむしろ、親はどっちつかずであったり受け入れる姿勢さえ見せ、しばしば引き下がる。こうして子どもの不服従が強化され、このようなやりとりが常に繰り返されると、子どもは家族に対する影響力を得るためには強要的な行動をすればよいと学習する。こうした行動はしばしば、別の場面でも他者への似たような行動へと広がっていき、最終的には攻撃を含む、より深刻な反社会的行動に及ぶようになる。パターソンのモデルにおいては、仲間の逸脱者集団による反社会的行動の「訓練」と支持が、遅発型の若者を攻撃性にかかわり始めるよう導く。しかし早発型とは異なり、これらの青年は通常、社会的、学業的なスキルを身につけており、たまたま環境状況が変化して他のもっと魅力的な選択肢が出てくると、反社会的行動を思いとどまることができる。このように、パターソンの後発型が反社会的行動を思いとどまることへの説明は、モフィットの青年期限定群における説明と似ている。
最近では、攻撃性の発達には、より広く定義される反社会的行動の発達と別の説明が必要なのかについて、研究者の間で意見の相違がある。パターソンと共同研究者（Patterson, Reid, & Dishion, 1992）は、深刻な攻撃性には一般に、攻撃性に特有の明確な発達経路をたどるというよりも、児童期、青年期のさまざまな反社会的行動が先行していると主張している。対照的に、ローバーとシャウタマー・ローバー（Loeber & Stouthamer-Loeber, 1998）は、反社会的行動の顕在型（たとえば攻撃性）と、潜在型（たとえば財産犯）を区別することが重要であると考えており、それぞれのタイプに規則的で発達的な進行が認められていると指摘する（Loeber et al., 1993）。顕在的な経路ではいじめや嫌がらせの行動が身体的な暴力へと発展し、次にはレイプやその他の暴力的な攻撃形態へと発展していくかもしれない（Loeber & Stouthamer-Loeber, 1998 参照）。対照的に、潜在的な経路では万引きや嘘のような行動が蛮行やその他の器物損壊というかたちへと発展し、次には詐欺や強盗へと発展していくかもしれない。ローバーとシャウタマー・ローバー（1998）は、反社会的行動の発達を説明する単独の原因モデルでは不十分であり、異なる違反行為のタイプに特有な発達上の前兆を発見する努力を妨げるだろうと主張する。したがって、これらの研究者は攻撃性とその他のタイプの反社会的行動を区別しないモフィットやパターソンのモデルとは対照的に、攻撃性に固有の発達モデルを提案している。

幅広い環境要因と遺伝的要因が長期にわたる攻撃性の発達にかかわるが、個人がある特定の瞬間に攻撃的な行動をとる原因は何だろうか？ 社会的情報処理論は、個人がリアルタイムに攻撃的行動をとるかどうかを説明しうる、認知的メカニズムの4つの一連のステップについて説明している。最初のステップは、社会的環境からの情報のコード化にかかわる。状況を十分に理解するために、適切に情報を取り入れることに問題がある人は、より攻撃的に振る舞う可能性が高い（Dodge, Bates, & Pettit, 1990）。第二のステップは、他者がある行動をとった理由や、ある出来事が起こった理由の原因帰属にかかわる。つまり、親切とは反対に敵意を帰属させる人は、より攻撃的に振る舞う可能性が高い（Dodge, Price, Bachorowski, & Newman, 1990）。第三のステップは、置かれた状況に対して可能な反応を作り出すことにかかわる。全体的により可能な反応の生成がより少ない人や、より攻撃的な反応をする人は、最終的に攻撃的な行動をする可能性が高い（Asarnow & Callan, 1985）。第四のステップは、さまざまなありえる反応の評価にかかわる。攻撃性が手段としても対人関係においても望ましい結果につながり、それが置かれた状況におけるよい行動のしかたであると信じる人は、より攻撃的に行動する可能性がある（Smithmyer, Hubbard, & Simons, 2000）。

人は通常、これらのステップを意識的に処理していないが、日常生活の中でこれらのステップを迅速に順次とっている。たとえば、友だちがミルクをかけるなど、挑発的な状況に直面したとしよう。その子は友だちが自分にミルクをかけたことをコード化するが、ミルクをかける直前につまずいたというような、他の関連情報についてもコード化するかもしれないし、しないかもしれない。次にその子は、友だちが敵対的か悪気はなかったかの帰属をする。（たとえば、友だちは自分に意図があってミルクをかけた、または、偶発的な事故だった）。それからその子は、可能な反応を生成し（たとえば、友だちを叩く、友だちの名前を大声で呼ぶ、教師に言いつける、ミルクを拭き取るなど）、それらについて評価する。（たとえば、叩いたり大声で名前を叫んだなら困ったことになり、他の子たちが自分を悪く思うだろう)。それらの各ステップは、攻撃的反応の可能性を増減させる認知メカニズムを示している。これらのステップは、バンデューラ（1986）がボボ人形研究の何年も後に社会的認知理論において提示した、注意、保持、再生、動機づけと、いくつかの点で似通っている。

攻撃性に関与するさまざまな要因の理解が進んだことは、攻撃を防ぎ、すでに起きた場合には攻撃性を減じるための介入につながった。たとえばPATHS（Promoting Alternative Thinking Strategies）カリキュラムによって、子どもたちに問題解決スキル、自己コントロールの方法と感情への気づきを教えることにより攻撃性が減少されることが示された。オルヴェウスの「いじめ予防プログラム」は、いじめの問題にかかわる認識を向上させること、いじめをしないという決まりを遵守させること、いじめが頻繁に起きる地域においては生徒への監督を強化することに焦点を当て、学校全体、クラス、個人単位で、学校におけるいじめや虐待を減少させる（Olweus, Limber, & Mihalic, 1999)。「ファスト・トラック・プロジェクト」は、両親の訓練、家庭訪問、ソーシャルスキル・トレーニング、学業の個人指導、教室への介入を組み合わせて、リスクの高い子どもたちの攻撃性を減少させることに成功した（Conduct Problems Prevention Research Group, 2007)。これらのプログラムは900以上の暴力予防プログラムのレビュー（Blueprints for Violence Prevention, 2011）によって、暴力防止への典型的あるいは有望なアプローチとして選択された介入法の一部である。これらのプログラムが効果的であることの鍵となる理由の1つは、それらが攻撃行動の発達的先行要因についての理論と研究に導かれていることである。

バンデューラの研究への批判 ── 別の解釈と知見

広い範囲にわたる影響と、この分野への重要性にもかかわらず、バンデューラたちによる当初の研究への倫理、一般化可能性、および妥当性に対する懸念が、研究者たちから指摘された。第一に、バンデューラの研究時以降、研究者たちは研究参加者の倫理的扱いについて、大学の施設内倫理委員会（IRB）に対してより多くの説明責任をもつようになっている。バンデューラの研究は、子どもたちをあからさまに攻撃的なモデル行動にさらし、さらには子どもたち自身の攻撃的反応を誘発することを意図して、魅力的なおもちゃで遊べないようにしていらいらさせたことなど、21世紀のIRBから承認を得られただろうかという批判がある。

第二に、参加者の子ども全員がスタンフォード大学幼稚園から集められており、一般の集団よりも社会経済的に恵まれていることから、研究者たちは研究結果の一般化可能性に疑問を提起した。原著では子どもたちの人種、民族、両親の教育、その他今日の論文では一般的に報告される社会人口統計学的変数に関する情報が記載されていない。その後の研究では、子どもたちの平均的な攻撃性の水準による社会人口統計学的相違が報告されている。たとえば、親の学歴がより高く（Nagin & Tremblay, 2001)、家族のストレスがより少なく（Sanson, Oberklaid, Pedlow, & Prior, 1991)、ふたり親家庭（Vaden-Kiernan, Ialongno, Pearson, & Kellam, 1995）の子どもたちは、平均して、親の学歴がより低く、家庭のストレスがより多く、片親家庭の子どもたちよりも、それぞれ攻撃性のレベルが低かった。しかし、原著論文に子どもたちの社会人口統計学的特徴について触れられていないことは、これらの特徴が、攻撃的なモデルにさらされることと子ども自身の攻撃性の模倣学習との間の結びつきを弱める場合にのみ問題となる。今日にいたるまで、この種の弱化の証拠は得られておらず、社会人口統計学的集団によって攻撃性の平均水準に違いがあるとしても、攻撃行動に至るプロセスは同じであるだろうことを示唆している。

第三に、攻撃性が実験室というセッティングで起こっており、日常生活の場とは一定の重要な特徴を共有していない可能性があり、子どもたちの攻撃性が大人のモデルの攻撃を目撃してから時間的にすぐにコード化されたことから、一部の研究者は、この研究結果の生態学的妥当性に疑問を呈した。このような限界があるため、原著論文からは子どもたちが日常生活の場で攻撃性を模倣するのか、遅延または長い時間が経った後に攻撃性を模倣するのか明らかではない。さらに最近の研究によって、子どもたちが多様な文脈で実際に攻撃を模倣し、暴力にさらされてからかなりの遅延があった後でも攻撃的に振る舞うことが確認された（Bushman & Huesmann, 2010; Guerra, Huesmann, & Spindler, 2003; Slater, Henry, Swaim, & Anderson, 2003)。

多くの研究者が後続の研究で、異なる文脈、異なる条件の下で子どもたちがどれほど攻撃行動を学習するかを検討するために、もともとのボボ人形研究の重要な側面を修正した。たとえば、バンデューラ、ロスとロス（Bandura, Ross, & Ross, 1963）は自ら、子どもたちがボボ人形に対して暴力をふるっている大人のモデルの映画や、マンガ的なネコの格好をした大人がボボ人形に対して暴力をふるっている場面を含む映画を子どもたちが見る類似した研究を行い、最初の研究を追試した。攻撃的行為の映画を見た子どもたちは、攻撃を実行しているモデルを実際に見た子どもたちと同様に攻撃的な行為を模倣することが多く、そして3つの実験群のすべてで、攻撃的なモデルを目撃しなかった対照群よりも多くの攻撃的行動が見られた。

倫理、一般化可能性、そして妥当性についての疑問に加え、一部の批判者は、ボボ人形の研究は子どもたちの攻撃性の模倣の証拠を示しているのか、あるいは単に子どもたちが遊びとみなしている行動の証拠を示しているのかという疑問を呈した。この議論は、攻撃性をどう定義するかにかかっている。近年の研究者は、一般的に攻撃性を、他者に身体的、心理的、あるいは社会的な危害を引き起こすことを目的とする一個人によって行われる行為として定義している（Anderson & Bushman, 2002）。たとえその性質から（たとえば、蹴る、叩く）攻撃的に見えたとしても、ボボ人形に対する子どもたちの模倣行動には危害を加えるという意図はなかったというのが妥当である。子どもたちが危害を与える意図をもって攻撃的行為をしていたのか、単に遊んでいるだけだったのかにかかわらず、そこから引き出されるメッセージは変わらない。つまり、たとえ行動に報酬や罰が伴わなくても、子どもたちはモデルを観察し模倣することによって新しい行動をすることを学習できるのである。

まとめ ― バンデューラの研究はいかに思考を前進させたか、その後思考はいかに発展したか

バンデューラのボボ人形研究は行動主義者の方向性を超えて、報酬がなくてもモデルの観察と模倣のみで攻撃性の学習が可能であるという理解へと考えを進めた。それ以降、どのような状況下で誰に対して攻撃性が学習されるのかに焦点を当てて考えられてきた。たとえば攻撃的な仲間と接した後に、すべての子どもたちが仲間の攻撃性を模倣するわけではなく、自分自身が攻撃的になるというわけでもない。気質的に攻撃的な傾向があるか、あるいはすでに攻撃的にかかわり始めている子どもは、攻撃的に行動する素因をもっていない子どもたちよりも攻撃的な仲間を模倣する可能性が高い（Boxer, Guerra, Huesmann, & Morales, 2005; Lavallee, Bierman, Nix, & Conduct Problems Prevention Research Group, 2005）。さらに青年期前期は、それより前の児童期や青年期後期よりも、子どもたちが攻撃性のある仲間から影響されやすい発達期である（Dishion, Dodge, & Lansford, 2006）。その上、両親との支持的な関係性のような保護因子は、攻撃的な仲間とかかわることによって生じるリスクから子どもたちを守る

ことができる（Dishion & Dodge, 2006）。併せて考えるとこれらの知見は、観察とモデリングを介した攻撃性の学習は単純で均一な過程ではなく、むしろ複雑で、当該の子どもの特徴とその他の環境的な文脈に依拠したダイナミックなものであることを示唆している。

ボボ人形研究以降の攻撃性理解における主な進歩は、攻撃性にさまざまなかたちがあることの理解である。バンデューラらは、身体的攻撃と言語的攻撃性を区別した。今日の研究者はその区別を踏襲しているが、さらに直接的攻撃性と間接的攻撃性（ときおり社会性または関係性攻撃と呼ばれる）の区別も加えている。関係性攻撃とは、社会的関係性の意図的な操作とダメージを通して他者を傷つけることであると定義されている（Crick & Grotpeter, 1995）。関係性攻撃は、ある人について噂を広める、陰口を言う、仲間集団から外すといった、多様なかたちを取りうる。初期の研究は、女子が男子よりも関係性攻撃にかかわる可能性を示唆していた（Crick & Grotpeter, 1995）が、さらに最近では、関係性攻撃に性差があるかについて論争になっている（Delveaux & Daniels, 2000; Salmivalli & Kaukiainen, 2004; Underwood, Galenand, & Paquette, 2001）。

研究者は今日、能動的攻撃性と反応的攻撃性も区別している（Dodge & Coie, 1987）。能動的攻撃性は挑発されたものではなく目標指向的であり（Crick & Dodge, 1996）、攻撃的な役割モデルをもっていること（Bandura, 1983）、他の能動的攻撃性のある子どもたちとの仲間関係をもつこと（Poulin & Boivin, 2000）、生理学的に低覚醒状態であること（Scarpa & Raine, 1997）によって予測される。対照的に、反応的攻撃性は挑発として受け止めたことへの報復的な怒りの反応である（Dodge & Coie, 1987）。反応的攻撃性の前兆には、身体的虐待の発育歴（Dodge, Lochman, Harnish, Bates, & Pettit, 1997）、仲間からの拒絶（Dodge et al., 1997）、より反応的な激しい気性（Vitaro, Brendgen, & Tremblay, 2002）、生理的覚醒亢進（Scarpa & Raine, 1997）などがある。能動的攻撃性は攻撃性の肯定的な評価と結びついており（Smithmyer et al., 2000）、社会的相互作用において関係的目標（たとえば友だちになること）よりも、むしろ手段的目標（たとえばおもちゃを得る）をもっているが（Crick & Dodge, 1996）、それに対して反応的攻撃性は、曖昧な、あるいは悪意のない社会的刺激を受けて、それを敵意のあるものと不適切に見なすことと関係している（Dodge & Coie, 1987）。このように、異なる生活経験、社会的情報の処理、生理学的メカニズムが異なる種類の攻撃性を見せる前兆となると思われる。

バンデューラと共同研究者たちは、行動主義を人間行動の原動力と見なす歴史的文脈の中でボボ人形研究を行ったのであり、報酬と罰が、子どもたちが新たな行動を学習する主な力であると見なされていた。したがって、バンデューラの研究は、いかなる報酬や罰もなしに、攻撃行動がモデルを観察することによって学習されうることの証拠を示し、多大な貢献をした。この革新的な発見は、子どもたちがある特定の時点で攻撃的な行動をとるかを説明する認知モデルだけではなく、攻撃行動の発達にかかわる広範囲の環境的、遺伝的要因を実証してきた研究につながった。研究者たちは今も子どもたちが現代的形態の暴力的なメディアから学習した攻撃行動を模倣するかどうかについて調査を続けており、バンデューラの研究は今日にあってもまったく適切性を失っていない。そして彼の研究は、政策立案者が暴力的なモデルに子どもたちがさらされることを最小限にとどめるためにどの保護策が適切かを見きわめようとしていることにも関連がある。人が他者を観察し、模倣し、モデルとすることによって学習するということの理解こそが、バンデューラの初期のボボ人形研究の朽ちることのない貢献なのである。

■さらに学びたい人のために

Bandura, A. (1977). *Social learning theory.* New York: General Learning Press.［バンデュラ／原野広太郎（監訳）(1979/2012)『社会的学習理論 ── 人間理解と教育の基礎』（オンデマンド版）金子書房］

Bushman, B. J., & Anderson, C. A. (2001). Media violence and the American public: Scientific facts versus media misinformation. *American Psychologist, 56,* 477–489.

Dodge, K. A., Coie, J. D., & Lynam, D. (2006). Aggression and antisocial behavior in youth. In W. Damon & N. Eisenberg (Eds.), *Handbook of child psychology: Vol. 3. Social, emotional, and personality development* (6th edn., pp.719–788). New York: Wiley.

Tremblay, R. E. (2000). The development of aggressive behavior during childhood: What have we learned in the past century? *International Journal of Behavioral Development, 24,* 129–141.

Underwood, M. K. (2003). *Social aggression among girls.* New York: Guilford Press.

■引用文献

Anderson, C. A., & Bushman, B. J. (2001). Effects of violent video games on aggressive behavior, aggressive cognition, aggressive affect, physiological arousal, and prosocial behavior: A meta-analytic review of the scientific literature. *Psychological Science, 12,* 353–359.

Anderson, C. A., & Bushman, B. J. (2002). Human aggression. *Annual Review of Psychology, 53,* 27–51.

Asarnow, J. R., & Callan, J. W. (1985). Boys with peer adjustment problems: Social cognitive processes. *Journal of Consulting and Clinical Psychology, 53,* 80–87.

Bandura, A. (1977). *Social learning theory.* New York: General Learning Press.

Bandura, A. (1983). Psychological mechanisms of aggression. In R. Geen & E. Donnerstein (Eds.), *Aggression: Theoretical and empirical reviews, Vol. 1. Theoretical and methodological issues* (pp.1–40). New York: Academic Press.

Bandura, A. (1986). *Social foundations of thought and action: A social-cognitive theory.* Upper Saddle River, NJ: Prentice-Hall.

Bandura, A., Ross, D., & Ross, S. A. (1961). Transmission of aggression through imitation of aggressive models. *Journal of Abnormal and Social Psychology, 63,* 575–582.

Bandura, A., Ross, D., & Ross, S. A. (1963). Imitation of film-mediated aggressive models. *Journal of Abnormal and Social Psychology, 66,* 3–11.

Belsky, J., & Pluess, M. (2009). Beyond diathesis stress: Differential susceptibility to environmental influences. *Psychological Bulletin, 135,* 885–908.

Blueprints for Violence Prevention (2011). Available http://www.colorado.edu/cspv/blueprints/index.html

Boxer, P., Guerra, N. G., Huesmann, L. R., & Morales, J. (2005). Proximal peer-level effects of a small-group selected prevention on aggression in elementary school children: An investigation of the peer contagion hypothesis. *Journal of Abnormal Child Psychology, 33,* 325–338.

Bushman, B. J., & Anderson, C. A. (2001). Media violence and the American public: Scientific facts versus media misinformation. *American Psychologist, 56,* 477–489.

Bushman, B., & Huesmann, L. R. (2010). Aggression. In S. T. Fiske, D. T. Gilbert, & G. Lindzey (Eds.), *Handbook of social psychology* (5th edn., pp.833–863). New York: Wiley.

Caspi, A., McClay, J., Moffitt, T. E., Mill, J., Martin, J., Craig, I. W., Taylor, A., & Poulton, R. (2002). Role of genotype in the cycle of violence in maltreated children. *Science, 297,* 851–854.

Caspi, A., & Moffitt, T. E. (1995). The continuity of maladaptive behavior: From description to understanding in the study of antisocial behavior. In D. Cicchetti & D. J. Cohen (Eds.), *Developmental psychopathology, Vol. 2* (pp.472–511). New York: Wiley.

Colder, C. R., Mott, J., Levy, S., & Flay, B. (2000). The relation of perceived neighborhood danger to childhood aggression: A test of mediating mechanisms. *American Journal of Community Psychology, 28,* 83–103.

Conduct Problems Prevention Research Group (2007). Fast track randomized controlled trial to prevent externalizing psychiatric disorders: Findings from grades 3 to 9. *Journal of the American Academy of Child and Adolescent Psychiatry, 46,* 1250–1262.

Crick, N. R., & Dodge, K. A. (1996). Social information-processing mechanisms in reactive and proactive aggression. *Child Development, 67,* 993–1002.

Crick, N. R., & Grotpeter, J. K. (1995). Relational aggression, gender, and social-psychological adjustment. *Child Development, 66,* 710–722.

Delveaux, K. D., & Daniels, T. (2000). Children's social cognitions: Physically and relationally aggressive strategies and children' s goals in peer conflict situations. *Merrill-Palmer Quarterly, 46,* 672–692.

Dick, D. M., Bierut, L., Hinrichs, A., Fox, L., Bucholz, K. K., Kramer, J., Kuperman, S., Hasselbrock, V., Schuckit, M., & Almasy, L. (2006). The role of GABRA2 in risk for conduct disorder and alcohol and drug dependence across different developmental stages. *Behavior Genetics, 36,* 577–590.

Dick, D. M., Latendresse, S. J., Lansford, J. E., Budde, J. P., Goate, A., Dodge, K. A., Pettit, G. S., & Bates J. E. (2009). The role of GABRA2 in trajectories of externalizing behavior across development and evidence of moderation by parental monitoring. *Archives of General Psychiatry, 66,* 649–657.

Dishion, T. J., & Dodge, K. A. (2006). Deviant peer contagion in interventions and programs: An ecological framework for understanding influence mechanisms. In K. A. Dodge, T. J. Dishion, & J. E. Lansford (Eds.), *Deviant peer influences in programs for youth* (pp.14–43). New York: Guilford.

Dishion, T. J., Dodge, K. A., & Lansford, J. E. (2006). Findings and recommendations: A blueprint to minimize deviant peer influence in youth interventions and programs. In K. A. Dodge, T. J. Dishion, & J. E. Lansford (Eds.), *Deviant peer influences in programs for youth* (pp.366–394). New York: Guilford.

Dodge, K. A. (2009). Mechanisms of gene-environment interaction effects in the development of conduct disorder. *Perspectives in Psychological Science, 4,* 408–414.

Dodge, K. A., Bates, J. E., & Pettit, G. S. (1990). Mechanisms in the cycle of violence. *Science, 250,* 1678–1683.

Dodge, K. A., & Coie, J. D. (1987). Social information processing factors in reactive and proactive aggression in children's peer groups. *Journal of Personality and Social Psychology, 53,* 1146–1158.

Dodge, K. A., Lochman, J. E., Harnish, J. D., Bates, J. E., & Pettit, G. S. (1997). Reactive and proactive aggression in school children and psychiatrically impaired chronically assaultive youth. *Journal of Abnormal Psychology, 106,* 37–51.

Dodge, K. A., Price, J. M., Bachorowski, J., & Newman, J. P. (1990). Hostile attributional biases in severely aggressive adolescents. *Journal of Abnormal Psychology, 99,* 385–392.

Gershoff, E. T. (2002). Corporal punishment by parents and associated child behaviors and experiences: A meta-analytic and theoretical review. *Psychological Bulletin, 128,* 539–579.

Greenberg, M. T., Kusche, C. A., Cook, E. T., & Quamma, J. P. (1995). Promoting emotional competence in school-aged children: The effects of the PATHS curriculum. *Development and Psychopathology, 7,* 117–136.

Guerra, N. G., Huesmann, L. R., & Spindler, A. (2003). Community violence exposure, social cognition, and aggression among urban elementary school children. *Child Development, 74,* 1561–1576

Huesmann, L. R., Eron, L. D., Berkowitz, L., & Chafee, S. (1991). The effects of television violence on aggression: A reply to a skeptic. In P. Suedfeld & P. Tetlock (Eds.), *Psychology and social policy* (pp.192–200). New York: Hemisphere.

Jouriles, E. N., Norwood, W. D., McDonald, R., Vincent, J. P., & Mahoney, A. (1996). Physical violence and other forms of marital aggression: Links with children's behavior problems. *Journal of Family Psychology, 10,* 223–234.

Latendresse, S. J., Bates, J. E., Goodnight, J. A., Lansford, J. E., Budde, J. P., Goate, A., Dodge, K. A., Pettit, G. S., & Dick, D. M. (2011). Differential susceptibility to adolescent externalizing trajectories: Examining the interplay between CHRM2 and peer group antisocial behavior. *Child Development, 82,* 1797–1814.

Lavallee, K. L., Bierman, K. L., Nix, R. L., & Conduct Problems Prevention Research Group (2005). The impact of first-grade "friendship group" experiences on child social outcomes in the Fast Track program. *Journal of Abnormal Child Psychology, 33,* 307–324.

Loeber, R., & Stouthamer-Loeber, M. (1998). Development of juvenile aggression and violence: Some common misconceptions and controversies. *American Psychologist, 53,* 242–259.

Loeber, R., Wung, P., Keenan, K., Giroux, B., Stouthamer-Loeber, M., Van Kammen, W. B., & Maughan, B. (1993). Developmental pathways in disruptive child behavior. *Development and Psychopathology, 5,* 101–132.

Miller, N. E., & Dollard, J. (1941). *Social learning and imitation.* New Haven, CT: Yale University Press. [ミラー，ドラード&エール大学人間関係研究所／山内光哉・祐宗省三・細田和雅（訳）(1956)『社会的学習と模倣』理想社]

Moffitt, T. E. (1993). Adolescence-limited and life-course-persistent antisocial behavior: A developmental taxonomy. *Psychological Review, 100,* 674–701.

Nagin, D. S., & Tremblay, R. E. (2001). Parental and early childhood predictors of persistent physical aggression in boys from kindergarten to high school. *Archives of General Psychiatry, 58,* 389–394.

Olweus, D., Limber, S., & Mihalic, S. F. (1999). *Bullying prevention program: Blueprints for violence prevention, book nine. Blueprints for violence prevention series.* Boulder: Center for the Study and Prevention of Violence, Institute of Behavioral Science, University of Colorado.

Patterson, G. R. (1982). *Coercive family process.* Eugene, OR: Castalia.

Patterson, G. R., Capaldi, D., & Bank, L. (1991). An early starter model for predicting delinquency. In D. J. Pepler & K. H. Rubin (Eds.), *The development and treatment of childhood aggression* (pp.139–168). Hillsdale, NJ: Erlbaum.

Patterson, G. R., Reid, J. B., & Dishion, T. J. (1992). *Antisocial boys.* Eugene, OR: Castalia.

Poulin, F., & Boivin, M. (2000). The role of proactive and reactive aggression in the formation and development of boys' friendships. *Developmental Psychology, 36,* 233–240.

Salmivalli, C., & Kaukiainen, A. (2004). "Female aggression" revisited: Variable- and person-centered approaches to studying gender differences in different types of aggression. *Aggressive Behavior, 30,* 158–163.
Sanson, A., Oberklaid, F., Pedlow, R., & Prior, M. (1991). Risk indicators: Assessment of infancy predictors of pre-school behavioral maladjustment. *Journal of Child Psychology and Psychiatry, 32,* 609–626.
Scarpa, A., & Raine, A. (1997). Psychophysiology of anger and violent behavior. *Psychiatric Clinics of North America, 20,* 375–394.
Skinner, B. F. (1953). *Science and human behavior.* New York: Macmillan. [スキナー／河合伊六ほか（訳）(2003)『科学と人間行動』二瓶社]
Slater, M. D., Henry, K. L., Swaim, R. C., & Anderson, L. L. (2003). Violent media content and aggressiveness in adolescents: A downward spiral model. *Communication Research, 30,* 713–736.
Smithmyer, C. M., Hubbard, J. A., & Simons, R. F. (2000). Proactive and reactive aggression in delinquent adolescents: Relations to aggression outcome expectancies. *Journal of Clinical Child Psychology, 29,* 86–93.
Underwood, M. K., Galenand, B. R., & Paquette, J. A. (2001). Top ten challenges for understanding gender and aggression in children: Why can't we all just get along? *Social Development, 10,* 248–266.
Vaden-Kiernan, N., Ialongno, N. S., Pearson, J., & Kellam, S. (1995). Household family structure and children's aggressive behavior: A longitudinal study of urban elementary school children. *Journal of Abnormal Child Psychology, 23,* 553–568.
Vitaro, F., Brendgen, M., & Tremblay, R. E. (2002). Reactively and proactively aggressive children: Antecedent and subsequent characteristics. *Journal of Child Psychology and Psychiatry, 43,* 495–505.

13 言語発達
エイマスたちによる /ba/ と /pa/ の弁別研究再訪

リチャード・A・アスリン

研究者は、親もそうだが、言語発達にまつわる明らかな事実に驚かないではいられなかった。赤ちゃんは生後12ヵ月のうちに初語を口に出し始め、まだヨチヨチ歩きでも36ヵ月までに数千もの単語を学んでしまい、しかも母語の込み入った文法の多くも習得してしまう。そうした複雑なシステムが、明示的な指導に頼らずに単に言葉と接するだけで、たった2年の間にほとんどすべての子どもによって獲得されるのはいかにして可能なのだろうか？ 乳児は初語を口に出すより前に、その母語について多くを獲得している、ということが、その問いへの部分的な解答である。50年前に研究者たちの関心を集め、乳児の受容的な言語理解能力についてのデータを集めるに至らしめたのは、この、言語産出に先立って存在する言語知識なのである。

エイマスたちの古典的研究が生まれた背景

大きな衝撃を与えたエイマス、シクランド、ジャスチュック、ヴィゴリト（Eimas, Siqueland, Jusczyk, & Vigorito, 1971）のルーツは、チョムスキー（Chomsky, 1957）のモノグラフ『統語構造論（*Syntactic structures*）』にさかのぼることができる。チョムスキーは古い構造言語学の前提をひっくり返し、強い制約を受けた生得的な傾向（biases）により、あらゆる自然言語にはごく少数の共通した普遍的特性があると力強く議論した。その含意するところは、言語を獲得するには、子どもがそれぞれの母語の固有性に接して発達するために長い期間は不要だということである。むしろごくわずかな「表層」の言語入力が与えられれば、ごく少数の潜在的「深層」構造の1つが惹起され、子どもが接する特定の母語で文法的に正しい文を無限に生成することができるシステムへと発展するのである。こうした歴史的文脈にあって、幼児にこれらの生得的傾向が存在することを実証的に確認するための適切な方法や適切な言語領域を誰かが発見するのは、時間の問題であった。

しかし、生得的傾向が作動しさえすれば言語は獲得されるというチョムスキーの推測を確認するためには、こうした子どもはどれくらい若ければよいのだろうか？ 構造言語学者も、子どもの言語を直接的に研究する（チョムスキーが一度もしなかったことだが）発達研究者も同様に、語彙と文法の複雑さが徐々に増していくのに数年間を要することを観察していたため、言語発達の生得論を決定的に支持するのに必要と思われる証拠がどのようなものかを想像することが難しかったのである。こうした言語獲得研究者が生得的な言語スキルについての証拠の不在を指摘すると、チョムスキーの生得観を支持する者たちから、子どもは潜在する真の能力を覆い隠す一連の「産出の困難」に包囲されているという説明が提出された。この構音の未熟さに妨げられることなくこの能力に接近できさえすれば、生得的な言語能力の驚くべき豊かさを発見することができるに相違ない。

チョムスキーの言語構造についての主張は音声学や音韻論（発話音声の種類の目録と、それらがいかにして語に統合されるか）とはほとんど何の関係もなかったが、統語論にチョムスキーが焦点を当てたのと平行して流れるもう１つの歴史的文脈があり、チョムスキーのモノグラフとまさに同じ年に、影響力のある論文が現れた。リーバーマン、ハリス、ホフマン、グリフィス（Liberman, Harris, Hoffman, & Griffith, 1957）は、ハスキンズ研究所での10年にわたる研究を要約し、人間の成人がもつ聴覚システムの特殊な特性を明らかにした。他の聴覚刺激の知覚はすべてウェーバーの法則（たとえば、音の大きさと周波数の弁別閾は絶対目盛ではなく比率目盛に従う）のような不変の法則に従うが、リーバーマンらは、発話音声のなかでもある種類のもの（特に閉鎖子音）は、このような連続的なしかたでは知覚されないという明らかな証拠を示した。むしろ、発話は非連続的なしかたで知覚され、その弁別閾の境目はおおよそ知覚カテゴリーの端に位置する。ハスキンズ研究所のその後の研究（Liberman, Harris, Kinney, & Lane, 1961; Liberman, Cooper, Shankweiler, & Studdert-Kennedy, 1967）によって、カテゴリー知覚として知られるようになった現象についてのさらに決定的な証拠が示された。この知覚の特殊なモードには２つの重要な特性がある。(a) 同定：物理的な連続体上のある音声単位（トークン）がいずれかのカテゴリーに含まれるとして同定される（ラベルを付けられる）とき、カテゴリーの境界で急に別のカテゴリーへと切り替わる。(b) 弁別：カテゴリーの境界をまたがるトークンに対して、カテゴリー内の弁別はできず、カテゴリー間に弁別のピークがある。さらに、カテゴリー知覚は発話音声にのみ、しかもそれが（非発話音の一部として聞かれたときではなく）発話音声の一部として聞かれたときにのみ、現れる。このことから、生得的で、もっぱら人間の発声器官により生成される調音信号を解釈するための特殊な神経メカニズム、すなわち発話モード（speech mode）を人間は進化させてきたという提案がなされた。

統語論的水準でのチョムスキーと音声学的水準でのリーバーマンによるこれら２つの生得論的視点が、言語の生得的制約に関する決定的な検証のための舞台を用意した。人間だけが言語能力をもっているため（チンパンジーがアメリカ式手話により手を使って話すことを認めたとしても（Gardner & Gardner, 1969）、人間以外の動物に訓練する努力は大失敗であった）、また、音声知覚のこの特殊なモードにかかわるのは発話音声だけであるから、発話音を発した経験を一度ももたない子どもがカテゴリー知覚をするという証拠があれば、それは（統語論的水準よりずっと基礎的なものであったとしても）生得的な言語メカニズムがあることの明白な証拠となるはずである。カテゴリー知覚の存在を記述するのに音声産出は必要ないため、産出の困難によって言語能力が制約されているという循環的な論法を避けることができる。したがって、発話音声知覚課題を乳児に対してテストするための方法が開発され、その成績が成人において観察されるカテゴリー知覚における弁別と同定のパターンに一致したならば、発話音声のモード（つまり、言語に関係する生得的な知覚システム）が実際に機能していることが実証されるだろう。

最後に必要だったのは、（初語を発し始める）12ヵ月以下の子どもに適した方法を見つけることであった。実際のところ、より幼い乳児に使用できる方法が望ましかった。疑い深い者が、6ヵ月以上の乳児が発するわけのわからない喃語が、周囲の環境の中の音声を模倣して近づけようと間違いながらも努力する一種の「練習」手段として機能すると議論するかもしれないからである。ブラウン大学のエイマスの２人の同僚（Siqueland & DeLucia, 1969）が、まさにそのような方法を開発した。それは生後１ヵ月の乳児にも適用できたのである。高振幅吸啜法（High Amplitude Sucking; HAS）というこの方法は、おしゃぶりを吸う行動によって報酬が提示されるオペラント条件づけの一種であった。エイマスら（1971）の研究では、報酬は発声音の提示それ自体であった。つまり、食べ物のような外的な強化子が加えられることはなく、それゆえ共変強化（conjugate reinforcement）と呼ばれる。明らかに、乳児は自分の行動（おしゃぶりを吸う）と、強化を受けるに十分な刺激提示（音声）との随伴関係に気づいており、それによっておしゃぶりを吸う行動が増加したのである。

まとめると、エイマスら（1971）の研究の目標は、発話かそれに類した音声を産出した経験をもたず、母語の音に接する経験も限られている非常に幼い乳児が、音声をカテゴリー的に知覚するかどうかを確定することにあった。もしそうであれば、少なくとも音声学の水準で、人間の言語は発話に固有のものであり、おそらくは人間に固有の生得的なメカニズムに助けられて機能すると結論できる。

エイマスたちの研究の概要

すでに述べたように、カテゴリー知覚を確認するには相互に依存する２つの基準、すなわち同定と弁別が必要である。しかし、乳児による同定をうまく測定する基準は存在していない。多くの試みにもかかわらず、この領域では、いかにして乳児が発話音声にラベル付けするのかを推測する信頼できる方法を提供することができなかった。エイマスらの研究が提供したのは弁別のみにかかわる基準であり、それゆえ、カテゴリー知覚に関する議論全体は、この測定基準の側面についてのみ言えることである。実験デザインのロジックは、成人のカテゴリー知覚の弁別に関する研究の単純な反復であった。同一カテゴリーの範囲内での異なった音と別のカテゴリー間にまたがる異なった音の両方を乳児に提示すると、別のカテゴリー間にまたがる違いだけが弁別されるものと予測される。研究史的に正確を期すと、モフィット（Moffitt, 1971）が５～６ヵ月児における発話音弁別研究を実施しており、エイマスら（1971）に先だって出版されていたことに注意することは重要である。しかし、そこでは /ba/ と /ga/ のカテゴリーをまたぐ対比だけがテストされていた。心拍数を基準に用いて、モフィットは６ヵ月以下の乳児が、この対比を弁別できることを示した。

カテゴリー間とカテゴリー内の両方の対比を乳児に提示するために、エイマスら（1971）はハスキンズ研究所で実施されていた成人の発話音声知覚研究を構成していた重要な装置を持ち込んだ。それは発話音声を合成して作ることのできる装置であった。産出された発話の音響特性を分析すると、たくさんの物理的次元で異なることがわかる。強度や長さのように固有でない次元もあるが、言語音に固有な次元も多くある。そのような言語音に固有な次元の１つが有声開始時間（voice-onset-time; 以下，VOT）である。閉じた唇にせき止められた空気圧を勢いよく解放すると、閉鎖子音 p、t、k、b、d、g が生じ、それらの子音に続いて声帯が振動して母音が生じる。空気の解放と声帯の振動（有声化

voicing と言う）との間のずれが、多様な VOT を特徴づける。さまざまな発話者が発する閉鎖子音からの VOT の値の分布を測定すると、それらの値は 2 つの固まりにまとまる。1 つは有声閉鎖子音（b、d、g）であり、もう 1 つは無声閉鎖子音（p、t、k）である。アメリカ英語においては、確率的に最も起こりやすい VOT の値は、有声子音でおよそ 10 ミリ秒、無声子音でおよそ 50 ミリ秒である。英語話者による VOT の値が、有声カテゴリーと無声カテゴリーの間の領域にあたる 25 から 35 ミリ秒の間におさまることは、あったとしても非常にまれである。さらに、VOT の値は、有声と無声カテゴリーのそれぞれのピークの周辺で大きく変化するというよりも、最もよく起こりやすい値となる傾向にある。したがって、VOT の物理的次元を正確に制御しようと思うなら、後で聞かせるテープに特定の VOT の値を収録しようと望んで人間の声を録音するのは実際的でない。ハスキンズ研究所における重要な発展の 1 つが、どのような値の VOT でも作り出すことのできる音声合成装置であった。そうして作られる VOT は、（有声と無声のカテゴリーのはざまの曖昧な音として知覚されるために）どのような方言でも通常は避けられる、まれな値も生成できた。

エイマスら（1971）は高振幅吸啜法を用い、成人が異なるものとして同定する 2 つの音声トークン（20 ミリ秒の VOT = /ba/ と、40 ミリ秒の VOT = /pa/）、および同じものとして同定する 2 つのトークン（− 20 ミリ秒と 0 ミリ秒の VOT = /ba/ と、60 ミリ秒と 80 ミリ秒の VOT = /pa/）の弁別能力を測定した。統制条件としては、同一の 2 つのトークン（− 20、0、20、40、60、80 ミリ秒の 6 つの VOT のうちいずれか）が提示された。VOT の負の値は、ある音を出すための声帯の振動が音の生じるわずか前から始まることを示している。このように、カテゴリー間条件、カテゴリー内条件、そして変化なし統制条件が用意された。生後 1 ヵ月児と 4 ヵ月児の 2 グループの乳児が 3 つの条件に割り当てられた。それぞれの乳児に対して、ベースライン測定時におしゃぶりを吸う閾値を調節し、吸う頻度が高いときだけ音声刺激が提示されるようにされた。すべての乳児で吸う頻度が増加し、続いて減少したが、これは発話音声刺激が繰り返されて強化子としての価値が減じるために典型的に見られる反応である。吸う頻度の減少についての基準をあらかじめ設定した上で（先行する 2 分間より 20 パーセントの減少）、それぞれの乳児に 2 回目の刺激が提示された。カテゴリー間条件では、2 度目の刺激は成人にとってのカテゴリー境界を越えていたが（すなわち /ba/ - /pa/）、カテゴリー内条件では 2 度目の刺激は成人にとって同じカテゴリーのものであった（すなわち /ba1/ - /ba2/、あるいは /pa1/ - /pa2/）。統制条件では、吸啜回数の減少の基準に到達した後の刺激に変化はなかった。

エイマスら（1971）の研究結果はきわめて明白であった。カテゴリー間条件の乳児だけが、弁別の証拠を示したのである。つまり、発話音声刺激が変化した後で、吸う頻度が著しく回復したのである。カテゴリー内条件の乳児は、VOTの物理的な変化の程度はカテゴリー間条件と同じ長さ（20ミリ秒）であったにもかかわらず、発話音声刺激の変化に応じた吸う頻度の増加は認められなかった。統制条件の乳児には、同じ発話音声刺激の反復に対して吸啜回数の自発的な回復は認められなかったため、カテゴリー内条件の証拠が弁別によるものではないという可能性が排除された。最後に、両方の月齢群に結果のこうした全体的パターンが見られ、生後1ヵ月の乳児にもカテゴリー知覚があると実証されたことに注意することが重要である。

エイマスたちの研究の影響

エイマスら（1971）の研究には2つの含意があり、彼らの言葉はそのまま引用するに値する。第一に、彼らは要約において「成人の音韻的境界領域における弁別の非連続性はカテゴリー知覚の証拠として捉えられる」と述べた。そして結論（p.306）では「発話音声のカテゴリー知覚、つまり言語モードにおける知覚を成り立たせる手段は、有機体の生物学的構造の一部であろう。さらに、この手段は予想外に早い時期に作動し始めるはずである」と述べた。

エイマスたちの研究への批判 ── 別の解釈と知見

当時、エイマスら（1971）の研究は、非常に幼い乳児による発話音声の弁別のための新しい方法を実現した最先端の代表であり、その結果は言語関連能力の生得性について広く行き渡っていた予測に適合していた。しかし、研究結果が大きな文脈で評価されるにつれて、いくつもの悩ましい問題が浮かんできた。その1つはエイマスら自身によって提起されたもので、とりわけ生まれてから1ヵ月しか言語に接していない乳児が、母語環境の中で、成人話者と一致するVOTカテゴリーをもっていると期待できるのはなぜかを論じたのである。彼ら自身が支持した見方は、「あらゆる言語は中間的な位置にある有声化のための短い遅延を用いており、… それは英語では有声子音の /b/、残りの他の1つないし両方の最頻値に対応している」（p.304）。ここでのポイントは、ある自然言語にはVOTの連続体の中に第三のカテゴリー（前有声 prevoiced）があり、それは英語では用いられていないということである（Lisker & Abramson, 1964）。タイ語のような言語では、3つの有声音カテゴリーすべてが用いられており、キクユ語〔ケニア周辺に住むキクユ族の話す言語〕のような言語では、無声カテゴリー（/pa/）は用いられずに、前有声と有声カテゴリーだけが用いられる。エイマスらは「有声化の区別については普遍的な、そしておそらく生物学的に規定された産出のモードがあるという強い証拠があり、〔そして〕それを補う知覚過程が存在すると推測できるはずである」（p.304）と結論した。この主張にこめられていた意味は、乳児は生得的なカテゴリーをもっているが、そのうちのいくつかだけがその母語において機能するカテゴリーと対応する、というものである。つまり、（現実に3つのカテゴリーすべてが音韻論的に関係しないのだとしたら）当該の言語で実際には用いられないカテゴリーが経験を通して欠落するまでは、知覚における「生物学的に規定された」有声カテゴリーはどんな言語においても、実際のVOTカテゴリーとおおよそ一致するにすぎないと言えるだろう。さらに、同じカテゴリー数をもつ言語間であったとしても、VOT連続体に沿って境界が正確にどこなのかは、言語に固有の相違がある。

こうした問題について他の研究者たちが調べようとするのに、時間はそれほどかからなかった。ラスキー、シュルダル-ラスキー、クライン（Lasky, Syrdal-Lasky, & Klein, 1975）は、スペイン語を話す環境における成人の場合、「普遍的な」有声カテゴリー（すなわち英語における /ba/）の中に入るであろうVOTの位置で有声と無声の境界を区別する事実にもかかわらず、乳児は3つすべての有声化カテゴリーを弁別することを示した。ストリーター（Streeter, 1976）は、キクユ語に /pa/ のカテゴリーが存在しないにもかかわらず、その環境における乳児は3つすべての有声化カテゴリーを弁別することを示した。エイラーズ、ゲイビン、ウィルソン（Eilers, Gavin, & Wilson, 1979）は、スペイン語を話す環境の乳児はスペイン語に固有な有声と無声の区別（わずかに前声的である）を弁別した一方で、英語を話す環境の乳児はそうしなかったことを確認した。しかし、アスリン、ピゾーニ、ヘネシー、ペリー（Aslin, Pisoni, Hennessy, & Perey, 1981）は、英語を話す成人は前声カテゴリーをもたないにもかかわらず、英語環境下の乳児も前声との対比を弁別すると報告した。このように、エイマスら（1971）の出版から10年間に積み上げられた証拠は、生後すぐの数ヵ月における言語経験が、当初の「普遍的な」3つのカテゴリーセットから、乳児の母語において成人話者が用いる、より固有のカテゴリーへと、VOTの次元に沿ってカテゴリーを調整し始めるということに重点が置かれていた。これらの結果から、強いかたちの「生物学的関連」の議論は多少とも緩和する必要があるという問題が提起された。

発話の特殊なモードについての議論は２つの主張に基づいていたことを思い出そう。(a) 発話音声は、非発話音とは異なったやり方で知覚される、(b) 発話音声の知覚は基本的に言語的性質のものであり、それゆえ人間に固有な生得的メカニズムについての議論である。これらの主張のどちらに対しても、エイマスら（1971）から数十年の間に強力な実証データによって疑義がかけられた。始めに、クールとミラー（Kuhl & Miller, 1975, 1978）は、エイマスらが用いたのとまさに同じ合成発話音声などを使って、人間以外のほ乳類（チンチラ）がVOTにおけるカテゴリー知覚を行っていることを示した。さらに、クールとミラーは、動物からラベル付けされたデータを得る方法を開発することができたのだが、チンチラがVOTに反応するやり方は人間の成人とほとんど同一であった。クールとパッデン（Kuhl & Padden, 1982）によるフォローアップ研究では、リーサスモンキーが検査対象となり、人間により近い種においてもこの知見が確認された。そのため、カテゴリー知覚の存在は、言語関連発話モードが作動していることの十分な議論とはならなくなった。なぜなら、チンチラやサルが言語に近い何かを成し遂げているとは誰も主張しないのだし、実際発話音声を産出する能力はないのだから。その後の、クレンダー、デール、キリーン（Kluender, Diehl, & Killeen, 1987）の研究は、人間にとっての発話音声のカテゴリー知覚を示す要素をウズラも示すとして、カテゴリー知覚の根本的な特性はほ乳類に固有なものですらないことを示した。

特殊な発話モードに関する第二の主張は、それが発話音声に特殊であるということであった。しかし、それに対してもまた、VOTの時間的順序の特性のいくつかを模倣するように合成された純音を成人に提示する研究によって疑いがかけられたのである。これらは声調開始時間（tone-onset-time; TOT）刺激と呼ばれるが、これらに対して成人も（Pisoni, 1977）乳児も（Jusczyk, Pisoni, Walley, & Murray, 1980）VOT刺激と同じ弁別や同定の成績を示した。ここでもやはり、単にカテゴリー知覚が実際にできたからといって、それが特殊な発話モードがあることの「リトマス検査」とはならないのである。

おそらくもっと困ったことは、カテゴリー知覚はリーバーマンら（1957, 1961, 1967）が主張したほど決定的に近いものではないという事実である。合成音声の質が向上し、行動研究の方法の感度が高まるにつれ、カテゴリー内の弁別の証拠を示すのに失敗したのは、実際には弁別されているのに検出できず弁別されていないとした、第二種過誤であった可能性が示された。ピゾーニとラザルス（Pisoni & Lazarus, 1974）は、成人は、課題実施時の記憶負荷が小さくなると、カテゴリー内の違いに敏感になることを示した。また、ピゾーニとタッシュ（Pisoni & Tash, 1974）は、測度として反応時間を用いた場合にカテゴリー内の違いに対する同様の敏感さを示した。ミラー（Miller, 1997）は、成人がVOT連続体に沿ったトークンらしさの程度を評価することができ、なおかつその評価はカテゴリー知覚から予測されるようには有声化カテゴリーの中で均一ではなく、むしろその聞き取り環境において産出されたものに存在するVOTトークンの双峰分布を反映することを示した。最近の証拠によれば、VOTにおけるカテゴリー内の違いを8ヵ月の乳児が弁別した（McMurray & Aslin, 2005）。こうなると、カテゴリー知覚の頑健さはどうやら過大評価されていたようであり、カテゴリー知覚が有用なのは、知覚システム自体の根本的な制約のためではなく、話し言葉を理解する際の作業記憶の高い負荷のためである可能性のほうが高い。

カテゴリー知覚についてはこうした問題があるものの、乳児は成人よりも何らかの音韻的弁別において優れているという点には疑問がない。たとえば、日本語を話す環境の乳児は、/r/ と /l/ を弁別することができる（Tsushima et al., 1994）。しかし、日本語の成人話者にとってこの対立は音韻的に利用されず、長い間トレーニングを受けた後でも /r/ と /l/ の弁別能力を向上させることは非常に難しい（Lively, Pisoni, Yamada, Tohkura & Yamada, 1994）。このことから、言語を聞く経験は少なくとも何らかの音韻カテゴリー弁別に重要な役割を果たすことが強く示唆される。ワーカーとティーズ（Werker & Tees, 1984）は、言語を聞く環境を通して起こるこうしたチューニングの時間的な過程を最初に示した。英語を話す環境の乳児は、生後6ヵ月時点では2つの非母語（ヒンディー語とセイリッシュ語（ネイティブアメリカンの言語））の音韻対立を区別することができるため、成人の英語話者である親よりも成績がよい。しかし、英語圏の乳児に見られたこの2つの非母語の音韻対立の弁別能力は、生後12ヵ月までには偶然のレベル近くに落ちてしまった。したがって、生後半年を過ぎてからの6ヵ月間における母語の経験は、子音を弁別する際の重要な役割を果たしうる。クール、ウィリアムズ、ラシーダ、スティーヴンス、リンドブロム（Kuhl, Williams, Lacerda, Stevens, & Lindblom, 1992）は、母音の対比について、個々の言語に特殊なチューニングとしてさらに早い時期、生後6ヵ月までに、母語の経験による影響が及び始めることを示した。クール、ツァオ、リウ（Kuhl, Tsao, & Liu, 2003）の最近の結果によれば、音韻カテゴリーのチューニング過程には単に受動的に聞くことよりも社会的なやりとりのほうが重要な役割を果たすことが示唆された。さらに、ツァオ、リウ、クール（2004）は、発達初期のチューニングのされ方がその後に獲得される語彙の量を予測することを示唆した。

最後の一連の研究は興味深いことに、乳児が言語入力の分布特性に対する著しい感受性をもつことを示唆する。すでに述べたように、産出された発話は、ある言語集団におけるVOTのような物理的次元の基準に沿った最頻カテゴリーにまとまる。メイ、ワーカー、ガーケン（Maye, Werker, & Gerken, 2002）は、こうした最頻値に違反するようなトークンの分布を聞くことがカテゴリー弁別に影響するかという問いを立てた。その結果、単峰型のトークン分布にさらされた生後6～8ヵ月児において、あたかも2つのカテゴリーが1つのカテゴリーにまとめられることを学習したかのように、弁別成績が下がるという効果が見出された。同様に、メイ、ウェイス、アスリン（Maye, Weiss, & Aslin, 2008）は、2つのカテゴリーを弁別しなかった8ヵ月児は、双峰型の分布を聞くことにより、弁別できるようになることを示した。

これらの結果には2つの重要な含意がある。第一に、乳児がVOTのような次元に沿った入力の分布特性を利用できるようになる唯一の方法は、VOTの1つの値を他のそれから弁別できることである。古典的なカテゴリー知覚研究で主張されていたように、それができなければ、すべてのトークンは等価な（カテゴリー内の）ものとして同定されるであろう。1つのカテゴリーを2つの新しいカテゴリーに分けるためには、ピゾーニと共同研究者たち（Pisoni & Lazarus, 1974; Pisoni & Tash, 1974）やミラー（1997）による成人研究、および同様にマクマレイとアスリン（McMurray & Aslin, 2005）による乳児研究が支持するように、乳児はカテゴリー内の差異を弁別する能力をもっていなければならない。乳児が生後1年に近づくにつれ、実験室で聴くような音韻トークン分布によって影響を受けるスピードは減少し始める（Yoshida, Pons, Maye, & Werker, 2010）。

第二に、エイマスら（1971）の結果は、生得的なVOTカテゴリーが推定される証拠を示したわけだが、それは少なくとも部分的には、学習メカニズムに基礎を置いていた可能性がある。この仮説は、当時においてはまったく同意できないものに見えた。なぜなら、エイマスらが対象とした最年少の乳児は、たったの1ヵ月児であったからである。しかし、分布を学習する強力なメカニズムがあり、このメカニズムに対して聞き取り環境における非常に一貫した（有声と無声の）カテゴリーが提示されたとしたら、頑健で普遍的であるように見えたVOTカテゴリーの初期の証拠のうち少なくとも一部は、生得的なカテゴリーではなく出生後の学習によるものでありうる。近年、音韻カテゴリーの形成についてのこうした学習基盤メカニズムを説明する計算モデルが提案されている（Vallabha, McClelland, Pons, Werker, & Amano, 2007; McMurray, Aslin, & Toscano, 2009）。このことは、いくつかの乳児研究で「それ以外の」カテゴリーの証拠があり、人間以外の動物にも音韻カテゴリーが存在するからといって、エイマスら（1971）が提起した生得的で普遍的な有声化カテゴリーがその形成の説明として否定されるべきだということを意味しない。しかし、ここからまさに示唆されることは、乳児が初語を話せるようになるまでの間に、生得的な制約と強力な学習メカニズムが同時にはたらいて、その母語によく調和した発話音声カテゴリーのセットが確実に作り上げられるようにしているということである。

まとめ ── 研究はいかに思考を前進させたか、その後思考はいかに発展したか

エイマスら（1971）の論文は、微妙な音韻的差異を弁別するごく幼い乳児の聴覚システムがいかに精密かを記述した画期的なものであった。しかしより重要なのは、乳児がこうした知覚スキルを獲得したのは、出生後の学習経験からではなく、5万年前から音声運動メカニズムを通してコミュニケーションをし始めた私たち人間の祖先から受け継いだ淘汰圧によるものかもしれない可能性をこの研究が提起したことである。エイマスらはVOT連続体を3つのカテゴリーに分節するための、おそらくは生得的なものと思われるバイアスを乳児がもっていることを示した点で正しかった。しかし、あちこちの実験室で行われた多くの追試研究によって、こうした粗いカテゴリーは音声を聞く経験を通して、とりわけ生後1年の間に、繊細に調整されることが示された。さらにカテゴリーの存在は、発話音声刺激に固有のものではなく、カテゴリー知覚を規定する特徴の多くは、音響的特性を発話音声と共有する場合、非発話音声刺激においても観察される。さらに、こうした粗いカテゴリーは人間以外のさまざまな種にも存在する。したがって、発話音声のカテゴリー知覚は、言語領域において情報を効率的に伝達するために人間の音韻システムが獲得した一般的な適応であると思われる。

チョムスキーとの歴史的なつながりにもかかわらず発話知覚に関する研究からまったく抜け落ちているのは、音韻知覚を単純な子音と母音の音節を超えて

単語の領域へと持ち込む試みである。結局、言語は無意味な音節ではなく単語によって伝えられるのである。さらに言えば、周囲の騒音もなく、作動記憶の負荷も少ない実験室で評価された乳児の発話音声知覚が、流暢な発話にそのまま適用できるかどうかは不明なままなのである。エイマスら（1971）の論文から20年が経ち、流暢な発話における単語の聴覚的な認識についての最初の研究が開始され（Jusczyk & Aslin, 1995）、文章に埋め込まれていたとしても生後8ヵ月児にも発話のチャンク〔ひとまとまり〕が認識できたという事実が示された。これと同じ時期の乳児が、時間的順序の統計にのみ基づいて定義された単語形態であった場合にも、流暢な発話から聴覚的に単語形態を抽出するのに著しく熟達していることも示された（Saffran, Aslin, & Newport, 1996）。しかし、乳児が単語形式を対象に対応づける必要のある参照課題においては、こうした単語形式に馴染みがあり、同時に／あるいは視覚的対象にも馴染みがある場合を除いて、ずっと後（生後14ヵ月ほど）になるまでしばしば失敗した（Stager & Werker, 1997）。最近の証拠が示唆するところによれば、適切な環境下では、6ヵ月児ですら、流暢な発話音声からの分割と並んで、こうした対応づけ過程が可能である（Shukla, White, & Aslin, 2011）。新生児にも聴覚的な単語形態のカテゴリー化が見られることは、1つの可能性として、それが一般的な分布特性に基づいていることによる（流暢な発話においては、機能語は短く強調されずに発音され、内容語はより長く強調される（Shi, Werker, & Morgan, 1999））。したがって、分布を学習する頑健なメカニズムを利用できる乳児は、言語学習の自然な過程として発話の流れを分節化し、カテゴリーを形成するのである。

最後に紹介する流れは、ここ10年ほどで起こってきたもので、エイマスら（1971）がほのめかしていたテーマ、すなわちいかにして乳児は母語に適した音韻カテゴリーの下位セットにたどり着くのか、にかかわっている。ここまで、聞き取る経験によって普遍的なVOTカテゴリーがきめ細かく調整される証拠について見てきた。しかし、この経験に2つの言語が含まれていたとしたらどうなるだろうか？ 言語に特殊な音韻カテゴリーの初期の形成過程が、第一言語において有利にはたらくことを示す証拠はあるが（Tsao, Liu, & Kuhl, 2004）、第二言語を母語話者のように獲得する際の敏感期は幼児期初期をはるかに超える。こうした音韻的制約が、特に語彙の水準で、バイリンガルの領域においてどのような役割を演じるのかという話題は、ここ数年大きな関心を集めている（Werker & Byers-Heinlein, 2008 参照）。今後の10年間で、音声、音韻、語彙の間の相互作用は確実に、生後9～12ヵ月児における文法学習についての数少ない萌芽的証拠（Gomez & Gerken, 1999; Marcus, Vijayan, Bandi Rao, & Vishton,

1999）によってほのめかされているように、統語発達の問題を検討する方向へと、この領域を動かすだろう。こうしてこの領域はひとめぐりして、チョムスキー（1957）が50年以上前に提起した問題へと至ったのである。

謝 辞

本研究の一部はアメリカ国立衛生研究所（HD-37082）およびマクダネル基金（220020096）からの助成を得て実施された。

■さらに学びたい人のために

Gerken, L. A., & Aslin, R. N. (2005). Thirty years of research on infant speech perception: The legacy of Peter W. Jusczyk. *Language Learning and Development, 1,* 5–21.

Jusczyk, P. (1997). *The discovery of spoken language.* Cambridge, MA: MIT Press.

Kuhl, P. K. (2004). Early language acquisition: Cracking the speech code. *Nature Reviews Neuroscience, 5,* 831–843.

Saffran, J. R., Werker, J. F., & Werner, L. A. (2006). The infant's auditory world: Hearing, speech, and the beginnings of language. In R. Siegler & D. Kuhn (Eds.), *Handbook of child development* (pp.58–108). New York: Wiley.

Werker, J. F., & Curtin, S. (2005). PRIMIR: A developmental framework of infant speech processing. *Language Learning and Development, 1,* 197–234.

■引用文献

Aslin, R. N., Pisoni, D. B., Hennessy, B. L., & Perey, A. J. (1981). Discrimination of voice onset time by infants: New findings and implications for the effects of early experience. *Child Development, 52,* 1135–1145.

Chomsky, N. (1957). *Syntactic structures.* Mouton: The Hague.［チョムスキー／福井直樹・辻子美保子（訳）(2014)『統辞構造論：付「言語理論の論理構造」序論』岩波文庫］

Eilers, R. E., Gavin, W. J., & Wilson, W. R. (1979). Linguistic experience and phonemic perception in infancy: A crosslinguistic study. *Child Development, 50,* 14–18.

Eimas, P. D., Siqueland, E. R., Jusczyk, P., & Vigorito, J. (1971). Speech perception in infants. *Science, 171,* 303–306.

Gardner, R. A., & Gardner, B. T. (1969). Teaching sign language to a chimpanzee. *Science, 165,* 664–672.

Gomez, R. L., & Gerken, L. (1999). Artificial grammar learning by 1-year-olds leads to specific and abstract knowledge. *Cognition, 70,* 109–135.

Jusczyk, P. W., & Aslin, R. N. (1995). Infants' detection of the sound patterns of words in fluent speech. *Cognitive Psychology, 29,* 1–23.

Jusczyk, P. W., Pisoni, D. B, Walley, A, & Murray, J. (1980). Discrimination of relative onset time of two-component tones by infants. *Journal of the Acoustical Society of America, 67,* 262–270.

Kluender, K. R., Diehl, R. L., & Killeen, P. R. (1987). Japanese quail can learn phonetic categories. *Science, 237,* 1195–1197.

Kuhl, P. K., & Miller, J. D. (1975). Speech perception by the chinchilla: Voiced-voiceless distinction in alveolar plosive consonants. *Science, 190,* 69–72.

Kuhl, P. K., & Miller, J. D. (1978). Speech perception by the chinchilla: Identification functions for synthetic VOT stimuli. *Journal of the Acoustical Society of America, 63,* 905–917.

Kuhl, P. K., & Padden, D. M. (1982). Enhanced discriminability at the phonetic boundaries for the voicing feature in macaques. *Perception and Psychophysics, 32,* 542–550.

Kuhl, P. K., Tsao. F.-M., & Liu, H.-M. (2003). Foreign-language experience in infancy: Effects of short-term exposure and social interaction on phonetic learning. *Proceedings of the National Academy of Sciences, 100,* 9096–9101.

Kuhl, P. K., Williams, K. A., Lacerda, F., Stevens, K. N., & Lindblom, B. (1992). Linguistic experience alters phonetic perception in infants by 6 months of age. *Science, 255,* 606–608.

Lasky, R. E., Syrdal-Lasky, A., & Klein, R. E. (1975). VOT Discrimination by four to six and a half month old infants from Spanish environments. *Journal of Experimental Child Psychology, 20,* 215–225.

Liberman, A. M., Cooper, F. S., Shankweiler, D. P., & Studdert-Kennedy, M. (1967). Perception of the speech code. *Psychological Review, 74,* 431–461.

Liberman, A. M., Harris, K. S., Hoffman, H. S., & Griffith, B. C. (1957). The discrimination of speech sounds within and across phoneme boundaries. *Journal of Experimental Psychology, 54,* 358–368.

Liberman, A. M., Harris, K. S., Kinney, J., & Lane, H. (1961). The discrimination of relative onset-time of the components of certain speech and nonspeech patterns. *Journal of Experimental Psychology, 61,* 379–388.

Lisker, L., & Abramson, A. S. (1964). A cross language study of voicing in initial stops: Acoustical measurements. *Word, 20,* 384–422.

Lively, S. E., Pisoni, D. B., Yamada, R. A., Tohkura, Y., & Yamada, T. (1994). Training Japanese listeners to identify English /r/ and /l/. III. Long-term retention of new phonetic categories. *Journal of the Acoustical Society of America, 96,* 2076–2087.

Marcus, G. F., Vijayan, J., Bandi Rao, S., & Vishton, P. M. (1999). Rule learning by seven-month-old infants. *Science, 283,* 77–80.

Maye, J., Weiss, D. J., & Aslin, R. N. (2008). Statistical phonetic learning in infants: Facilitation and feature generalization. *Developmental Science, 11,* 122–134.

Maye, J., Werker, J. F., & Gerken, L. (2002). Infant sensitivity to distributional information can affect phonetic discrimination. *Cognition, 82,* B101-B111.

McMurray, B. & Aslin, R. N. (2005). Infants are sensitive to within-category variation in speech perception. *Cognition, 95,* B15–B26.

McMurray, B., Aslin, R. N., & Toscano, J. C. (2009). Statistical learning of phonetic categories: Insights from a computational approach. *Developmental Science, 12,* 369–378.

Miller, J. L. (1997). Internal structure of phonetic categories. *Language and Cognitive Processes, 12,* 865–869.

Moffitt, A. R. (1971). Consonant cue perception by twenty- to twenty-four-week-old infants. *Child Development, 42,* 717–731.

Pisoni, D. B. (1977). Identification and discrimination of the relative onset of two component tones: Implications for voicing perception in stops. *Journal of the Acoustical Society of America, 61,* 1352–1361.

Pisoni, D. B., & Lazarus, J. H. (1974). Categorical and noncategorical modes of speech perception along the voicing continuum. *Journal of the Acoustical Society of America, 55,* 328–333.

Pisoni, D. B., & Tash, J. (1974). Reaction times to comparisons with and across phonetic categories. *Perception and Psychophysics, 15,* 285–290.

Saffran, J. R., Aslin, R. N., & Newport, E. L. (1996). Statistical learning by 8-month-old infants. *Science, 274,* 1926–1928.

Shi, R., Werker, J. F., & Morgan, J. L. (1999). Newborn infants' sensitivity to perceptual cues to lexcial and grammatical words. *Cognition, 72,* 2, B11.B21.

Shukla, M., White, K. S., & Aslin, R. N. (2011). Prosody guides the rapid mapping of auditory word forms onto visual objects in 6-mo-old infants. *Proceedings of the National Academy of Sciences, 108,* 6038–6043.

Stager, C. L., & Werker, J. F. (1997). Infants listen for more phonetic detail in speech perception than in word learning tasks. *Nature, 388,* 381–382.

Streeter, L. A. (1976). Language perception of 2-mo-old infants shows effects of both innate mechanisms and experience. *Nature, 259,* 39–41.

Siqueland, E. R., & DeLucia, C. A. (1969). Visual reinforcement of nonnutritive sucking in human infants. *Science, 165,* 1144–1146.

Tsao, F.-M., Liu, H.-M., & Kuhl, P. K. (2004). Speech perception in infancy predicts language development in the second year of life: A longitudinal study. *Child Development, 75,* 1067–1084.

Tsushima, T. Takizawa, O., Sasaki, M., Siraki, S., Nishi, K., Kohno, M., Menyuk, P., & Best, C. (1994, October). *Discrimination of English /r-l/ and /w-y/ by Japanese infants at 6-12 months: Language specific developmental changes in speech perception abilities.* Paper presented at the International Conference on Spoken Language Processing, Yokohama, Japan.

Vallabha, G. K., McClelland, J. L., Pons, F., Werker, J., & Amano, S. (2007). Unsupervised learning of vowel categories from infant-directed speech. *Proceedings of the National Academy of Science, 104,* 13273–13278.

Werker, J. F., & Byers-Heinlcin, K. (2008). Bilingualism in infancy: First steps in perception and comprehension of language. *Trends in Cognitive Sciences, 12,* 144–151.

Werker, J. F., & Tees, R. (1984). Cross-language speech perception: evidence for perceptual reorganization during the first year of life. *Infant Behavior and Development, 7,* 49–63.

Yoshida, K. A., Pons, F., Maye, J., & Werker, J. F. (2010). Distributional phonetic learning at 10 months of age. *Infancy, 15,* 420–433.

14 子どもにおけるレジリエンス
ラターの名著とその後の発展

アン・S・マステン

ラターの古典的レビューが生まれた背景

子どものレジリエンスに関する研究が現れたのは、1970年頃のことである。精神疾患の原因究明に関心をもつ科学者たちの有力なグループが、精神疾患を抱えるリスクが高い子どものグループの間でその後の経過に著しいばらつきがあることに注意を向けるようになったことから始まった（Masten, 2007, 2013）。公衆衛生戦略を受けて、研究者たちは最初に、望ましくない結果を予測するリスク要因を取り出し、次になぜ「リスクのある」グループの子どもが深刻な問題に発展してしまうのに、そうでない子どもがずっとうまくやってゆくのかを理解しようとした。マイケル・ラターを含む、子どものレジリエンス研究の第一波を普及させた科学者はみな、リスク研究における中心的存在で、精神衛生上の問題の起源を理解し、リスクを予防したり改善したりするために何が可能かを学ぶことに強い関心を共有していた。これらの先駆者たちは、精神医学または心理学の臨床科学者が多数を占めていたが、この知識を実践や政策に伝え、適用するという目標を共有していた。人間発達におけるレジリエンスに関する科学は、最初から応用伝達という目標をもっていた（Masten, 2011）。

児童精神医学や児童心理学におけるレジリエンスというアイデアの形成と出現に、個人的な対話や友人関係が重要な役割を果たしたことは確かである。たとえば、ウィリアム・T・グラント財団が主催したスロベニア（旧ユーゴスラビアの一部）のブレッドで開催された1972年のある重要な会議に中心となる科学者たちが集ったが、ラターはそこでノーマン・ガーマシーと出会った（Anthony & Koupernik, 1974 参照）。そして、ガーマシーは1975年と1976年に、ラターが長を務めるモーズレイ病院の精神医学研究所を訪問して研究休暇を過ごした。その後、1979年と1980年にパロアルトの行動科学高等研究センターで、彼ら2人が計画してストレスとコーピングの研究会が開かれた。その研究会から、『子どものストレス、コーピング、発達（*Stress, Coping, and Development in Children*）』という重要な一書が生まれた（Garmezy & Rutter, 1983）。このグループの中心メンバーの7人は、その年度をこのセンターで過ごし、定期的に会っていたが、一連の訪問者たちも迎え入れた。それらの訪問者たちのひとりが、もうひとりのレジリエンス研究の先駆者であるエミー・ワーナーで、1955年にハワイのカウアイ島で出生した子どものコホートについての画期的な研究書の第3巻『傷つきやすくとも頑健 ― レジリエントな子どもの研究（*Vulnerable but invincible: A study of resilient children*』（Werner & Smith, 1982）をちょうど書き上げたところだった。その本の序文でガーマシー（1982）は、この研究の発見とその原稿が研究会のグループが当時取り組んでいたアイデアと問題を見事に説明していることに彼とラターは衝撃を受けたと記した。レジリエンス研究の先駆者たちのアイデアが相互交流のなかで豊かになり、その後、さまざまなかたちで実を結ぶことになる。

そこからレジリエンス科学の4つの波が起きた（Masten, 2007; Wright, Masten & Narayan, 2013）。これらの研究の波は重なりあっているが、レジリエンス科学の発展を表している。この一群の現象を定義、測定し、記述する基礎研究に始まり（第一波）、レジリエンスの過程の理解（第二波）、実験的な介入研究を通したレジリエンス理論の検証が続き（第三波）、ごく最近、マルチレベルの分析による、統合的な、本来的に多学問領域にわたる研究（第四波）が行われている。

第一波は主として記述的で、科学者たちはリスクの高い子どものグループ間の経過の差異を定義、評価、解釈する戦略を見つけていった。レジリエンスはしばしば、リスク因子が存在するにもかかわらずポジティブに機能し、発達しているという点から記述された。逆境においてうまくやっている子どもは、「非脆弱性」（この用語はすぐに支持を失った）、「ストレス抵抗性」、もしくは「レジリエント」であるとされた。そのような研究の目標は、しばしば、リスクのある状況のなかでのポジティブな適応や能力発揮、もしくは精神的健康と結びつくと思われる子どもの特性（たとえば、ジェンダー、個性、もしくは能力）、または環境（たとえば、関係やサポート）を同定することであった。それらの特性は、保護因子、強み、資源、または促進因子など、さまざまに名付けられた。初期のレビュアーたちは、レジリエンスと相関する要因に際立った一貫性があることに注目した（たとえば、Garmezy, 1983, 1985; Garmezy & Nuechterlein,

1972; Rutter, 1979, 1983, 1985; Werner & Smith, 1982)。また第一波で同定された繰り返し現れる因子は、何年にもわたって、注目すべき耐久性を示すことが明らかとなった（Luthar, 2006; Luthar & Zigler, 1991; Masten, Best, & Garmezy, 1990; Masten & Coatsworth, 1998; Sapienza & Masten, 2011)。

第一波の先駆者たちもまた、発達システム理論、行動遺伝学、神経生物学、神経科学等々、当時の発達科学における研究仲間やアイデアに強く影響を受けていた。そういう相互作用が、交互作用モデルや縦断研究、発達経路への注意を喚起した（Eisenberg, 1977; Gottesman & Shields, 1972, 1982; Sameroff & Chandler, 1975; Sroufe, 1979)。交互作用モデルは、変化する環境と変化する個人の間に進行する相互作用から生じる双方向的な性質や影響の多様性を強調した。たとえば、社会化のなかで、親はその子どもの年齢や特性にあった仕方で、しつけやモニタリング、励ましをして子どもの行動を変化させようとするだろう。そして子どもの行動は、親のその後のはたらきかけを変化させるだろう。発達モデルにおいては、有機体と環境との多くの相互作用が、ライフコースを形づくると考えられた。

レジリエンス研究は、発達精神病理学とルーツや創始者など多くを共有しながら、同じ文脈のなかで登場した（Cicchetti, 1990, 2006; Cicchetti & Garmezy, 1993; Masten, 1989, 2007 参照)。したがって、レジリエンス科学の第二波がレジリエンスにかかわる過程の理解に向けられたのも自然なことであった。問題は、何が差異を生むのかから、どのように差異が生じるのかに移った。

話が子どものレジリエンスを記述することから子どものレジリエンスに関する潜在的な過程の議論に移り変わりつつあったまさにそのとき、ラターは当時までの知見と今後の展望、将来の方向性についてまとめた、レジリエンス研究の代表的なレビュー論文を２本、１つは 1985 年に、もう１つを 1987 年に発表した。どちらのレビュー論文も、以前同じ年に行われた講演に基づいていた。どちらの論文も、多様な科学領域、とりわけレジリエンス研究の領域をまとめ上げ、建設的な批判を加える者としてのラターの並外れた役割を如実に示すものであった。検討の上、ここでの議論では２番目の論文を選んで吟味することになった。1987 年の論文は、ラターの論旨を表すより詳細なデータと図が含まれており、おそらく結果として、その影響はずっと大きかったと思われる。

ラターのレビューの概要

1987年に『アメリカ矯正精神医学雑誌（*American Journal of Orthopsychiatry*）』に発表したレジリエンスのレビュー論文は、ラターの名著であり、鋭く、統合されていて、説得力のある研究知見に基づいて論じられており、用語や問題の描写も丁寧で正確であり、知見の考察は機微に富んでいる。そして、それから先何年もの間研究者たちを惹きつけるであろうアイデアや問題を予示してもいた。このレビューのタイトル「心理的レジリエンスと保護メカニズム」は、第二波の先駆者として印象づけるものであった。ラターはレビューを、この領域の関心が保護因子から保護過程へとシフトしたことへのコメントで始め、4つの主要な保護過程の議論へと進めた。

最初に、ラターは初期のレビュー（たとえば、Garmezy, 1985）で注目された共通して観察された保護因子、自尊心や仲むつまじい家族、外部のサポートシステム等についてコメントしている。そして、これらの保護因子が広く確立されているリスク因子（たとえば低い自尊心、不仲の家族、サポートの欠如）と異なる何かを表しているのか、それとも、2つの極をもつ次元のポジティブな側を表しているのかという重要な問題を提起した。つまり、「新しい」何かが同定されたのか、あるいはネガティブからポジティブまでの連続体に沿った、適応に関連する重要な変数の領域全体を再発見したのだろうか？ 基底にある同じ次元の反対の極に命名することの有用性に関するよく知られた一節で、ラターは階段を「登る」、「降りる」の意味は、「登る」、「登らない」とはその含意がまったく異なると論じた。彼は、明示的な言葉は、行動がなされるだろう場所に注目させ、異なる含意をもたらすと論じる。さらに重要なことに、彼はその意味は機能過程にあるのであって、単に2つの極をもつ次元のポジティブ、あるいはネガティブな極を指示することにあるのではないと指摘する。予防接種が予防的と言われるのは、その目的が免疫システムに抗体を作らせるよう刺激することに向けられており、それによってより深刻な感染因子の侵入を防ぐからである。一方、（おそらく栄養失調から生じる）易感染性になった免疫機能は脆弱性という用語で記述されるだろう。というのも、それが機能的に意味しているのは、健康を害するリスクや感染症に不十分にしか反応できないリスクの増大だからである。

まだ生まれたばかりのこの領域にとって、論文の中で相互作用と緩和効果に焦点が当てられたことはきわめて重要であった。初期のレジリエンス研究には、ほとんどの状況下で一般的に「良い」もしくは「悪い」とされる因子と、特定の状況下で特別な役割を果たす因子の区別に関して多くの混乱があった。この論文でラターは、保護因子とは、リスクが高いときの相互作用、あるいは特別な役割を意味すると強調した。言い換えるなら、これらの変数は何らかの仕方で、効果もさまざまなかたちでリスクを緩和するのであり、単純に低リスク条件下で起こるだろうことからは予測できないのである。リスクが低い状態と比較してリスクが高い状態では、特異的な影響、もしくは相乗効果がある。たとえば、抗体やエアバッグは、脅威のない毎日の生活の中でよりも特異的感染の状態、もしくは自動車がクラッシュしたときに、それぞれ独特な役割を果たす。

標準的に予想される帰属や経験も、強みとリスク、あるいは保護と脆弱性を区別することが重要である。たとえば、自動車事故や児童虐待は、一般的にネガティブな結果をもたらすリスクと見なされる。才能やメンター〔良き指導者〕は一般に、強み、もしくは保護的影響として扱われる。それにもかかわらず、ラター（1990）や他の研究者たち（Masten et al., 1990）は、「リスク」や「保護」の機能的意味を強調してやまないだろう。同じ因子や過程が、同じ人間の生活において、異なる場合に異なる仕方で、生活の中の異なる領域で同時に異なる仕方で、あるいは同じ状況で別の人間にまったく異なる仕方で、はたらくだろう。

年とともに、レジリエンスと関連用語の定義はさらに力動的になり、「レジリエンス」や「保護」、「脆弱性」といった概念は、個人の多様なレベル、他者や文脈とのやりとりにまたがる、複雑な相互作用と過程から生じると仮定されるようになった（Cicchetti, 2010; Sapienza & Masten, 2011）。保護やレジリエンスといった概念は、ますます相互作用における力動的なシステムの創発的な特性として見なされるようになっている。

後年、多くのレジリエンス科学者は、ほとんどの特性や経験は連続体に沿って異なる役割を果たすということを認識しつつ、一般的に良い（あらゆるリスクレベルに対して望ましい結果に結びつけられる）影響を「促進」因子（Sameroff, 2000）、一般的に悪い影響を「リスク因子」と言及するようになった。ここで、ラターの「登る 対 降りる」という観点が、用語の選択に役立っている。同様に、調節する役割については、リスクやストレッサーの影響を悪化させるように機能するものは脆弱性と言われ、よく確立されたリスクの影響を減らしたり、改善したりするように機能するものは保護的と言われる。

ラターはこの論文でレジリエンス研究の領域を悩ませてきたもう１つの問題、

すなわちレジリエンスを固定化された特性として見ることの問題も扱っている(Cicchetti & Garmezy, 1993; Masten, 2013)。レジリエンスは人の「中に」あるのではない。それは細胞から社会的なものまで、人間の機能の複数レベルにまたがる相互作用の過程から生じる。同じ特性が人びとや状況、ライフコースを通して異なった仕方で機能しうるのであり、また発達によって反応したり順応したりする能力は変化するのであるから、レジリエンス特性という概念は支持しがたい。確かに、レジリエンスの能力は、しばしば行動レベルで評価される良い認知機能や自制、あるいはそのような行動に関連する脳の健全なはたらきのような、個人の持続的な属性にある程度依存すると論じられるだろう。しかしながら、人間発達における強力な保護やレジリエンスの多くは、良い親が与えるケアや情動的安全のような、他者との関係や他者の行動や特性という文脈において生じるのである。

ラターは論文の中で、保護機能は楽しい経験ややりがいのある経験と同じものではないとも指摘した。予防接種は医学における保護的な介入の古典的な例である。同様に、親のしつけは、しばしばリスキーな文脈で若者を保護すると見なされる。だが、その介入がなされるときには、楽しいものではないだろう。

ラターはさらに、将来役に立つ「心を強くする効果」が、リスクにさらされることを避けるよりむしろ、対処可能な試練に取り組むことから生じるであろうと指摘した。この種のチャレンジモデルは勢いを得て、持続している。適応システム(たとえば免疫システムやストレスシステム)を予想される環境に合わせて調整し、適合させるためにある程度生物学的、心理学的な困難に触れさせることの重要性に関する現在の議論は、この考え(Hochberg et al., 2011; McEwen & Gianaros, 2011 参照)を反映しており、「我々の命を奪わないものは何であれ、我々をさらに強くする」というテーマの最近の論文(たとえば、Seery, Holman, & Silver, 2010)もそうである。心的外傷後の成長に関する最近の研究は、一般的なチャレンジモデルのもう1つの例である(Bonanno et al., 2010; Masten & Osofsky, 2010 参照)。ラターは、挑戦的な経験がどう適応的な行動と関係しているのかについての非線形モデルと相互作用モデル両方の、初期の、一貫した重要な支持者であった。

1987年の論文の強みの1つは、ラターが相互作用の効果を実証的に例示したことである。その当時の時点ですでに膨大であった彼自身の研究データに加え、離婚についてのヘザーリントンと共同研究者たち(Hetherington, Cox, & Cox, 1982, 1985)のような他の研究者たちのデータも利用した。ラターはメンタルヘルス、精神疾患を抱える親の子ども、リスク因子としての入院、施設養育、他のかたちの母性剥奪、そのほか、メンタルヘルスや教育の多数の疫学的な研究の発見に関する多数の論文や本を発表していた。彼はジェンダー、認知機能、気質、子育ての質、前向きな結婚、プラスとなる学校経験における個人差の緩和的役割を、相互作用効果を示す多数の図を用いて強調した。例を議論するにあたってラターは、利用可能な関連研究に限りがありはしたが、かかわっている可能性のあるメカニズムや過程について検討した。

ラターは、レジリエンスにつながるであろう主要な4つのタイプの過程について述べた。リスクの低下、負の連鎖反応の減少、自尊心や自己効力感の促進もしくはサポート、機会の開拓である。以降、これらの過程が理論的、方法論的注目を集める対象になり、レジリエンスを促進するための実験的介入の目標となるであろうと論じた。

たとえば、発達精神病理学においては、負の連鎖を含めて、問題が累進的に広がっていくという考えは、大きな影響をもつようになった（Masten, Burt, & Coatworth, 2006; Masten ら , 2005; Patterson, Reid & Dishion, 1992; Rutter, Kim-Cohen, & Maughan, 2006 参照）。2010年に、個人の発達を形成するシステムレベルの多くの相互作用の発達的影響に加えて、経年的なネガティブとポジティブ両方の連鎖反応を取り巻く発達のカスケードという壮大なテーマで学術誌『発達と精神病理学（*Development and Psychopathology*）』の2冊の特別号が発行された（Masten & Cicchetti, 2010a, b）。累進的効果という概念は、介入とそのタイミングに重要な意味をもつ。カスケードへの初期の介入は影響が広がるのを妨げ、ポジティブな発達を加速度的に促進するであろうからである。たとえば就学前の良質な経験を通しての、幼児期初期の発達への投資は、能力を促進することによって、将来発揮される能力を次々引き出すポジティブなカスケードを開始する長期的利益と見なすことができる（Heckman, 2006）。同様に、介入効果が長期にわたって増大することや、もともとターゲットとしていなかった範囲にまで影響を与えること（Pattertson, Forgatch, & DeGarmo, 2010 参照）も、カスケード効果と見なすことができる。こういう見方は、戦略的にタイミングをとって介入の対象とすることの可能性や、前向きなカスケードを引き起こしたり、あるいは負の連鎖反応を止めたりするための介入の可能性を強調するものである（Masten, 2011）。

ラターは、人生のターニングポイントに関する節でこの論文を締めくくった。ライフコースの軌跡におけるそのようなターニングポイントは、状況と発達が変化するほうへ収斂するときに、標準的もしくは非標準的な機会の窓を開く可能性を高める。たとえば成人期への移行は、多くの現代社会では、脳の発達やプランニングや自己の再方向づけの能力が同時発生的に起こり、社会が提供する機会（たとえば兵役、大学、職業見習い、徒弟教育など）が集中して開かれる標準的な機会の窓であると見なされてきた（Masten, Obradović, & Burt, 2006）。この窓全体にわたってのレジリエンスの縦断研究が、青年期に脇道に逸れた若者が回復、あるいは前向きな新たな軌道へと向かうときのターニングポイントに注目したのは、おそらく偶然ではないだろう（Clausen, 1991; Elder, 1974/1999; Hauser, Allen, & Golden, 2006; Masten ら , 2004; Werner & Smith, 1992, 2001; Rutter & Quinton, 1984）。さらに、青年期以前にエスカレートする多くの問題は、この窓の時期に減少し始めるのである。

非標準的な機会の窓は、その性質やタイミングが予期しなかった、独特の、通常とは異なる個人や大きなグループの人びとの人生経験から現れうる。養子になる、他国に移住する、飛行機事故や津波から生き残るなどはすべて、個人や家族、コミュニティの通常の機能を不安定にする可能性がある。変化を駆り立てる適応が求められる試練は、ネガティブな出来事からもポジティブな出来事からも、不運、幸運からも起こりうる。

健全な発達への、あるいはそこから逸れるような発達コースを形成するターニングポイントや多くのプロセスに対するラターたち（1987）の注目は、彼自身の研究と臨床上の観察はもちろん、発達理論にも深く根ざしたものであった。以降のレジリエンス研究者たちは、その経路と軌跡に焦点を当ててきた。その縦断的な思考は、しばしば深刻な災害や長期にわたる逆境の文脈に特徴的な反応パターン示す図によく例証されている（最近の例として、Bonnano et al., 2010; Masten & Narayan, 2012 参照）。今では縦断的な軌跡を分析する新しい強力な統計的手法があるが、それらのモデルを検証するにはデータがまだ少ない。ターニングポイントモデルを検証するために必要な質の高い縦断的データをその継起において捉え収集することは、きわめて挑戦的である。もっとも、成人のトラウマ経験の文脈で、レジリエンスの軌跡に関する研究が現れている（Bonanno, Westphal, & Mancini, 2011 参照）。

ラターのレビューの影響

ラターの 1987 年のレビューは、ヒトのレジリエンスに関するいずれの分野でも最も引用された文献の１つである。おそらくその理由の１つは、メンタルヘルス、子ども、人間発達にかかわる科学のなかで最も引用されている著者のひとりによって書かれたからであろう。刊行時ラターはすでに、彼の世代を主導する国際的な精神医学者であったと言える。王立協会員であり、大英帝国勲章の受章を含め、数々の賞によってすでに知られていた（彼は1992年にナイト爵に叙された）。その上、彼の研究と専門的活動は学際的であり、研究ネットワークに大いにかかわっており、彼と彼のアイデアを影響力のある多くの科学者たちにつなげた。この時期、彼は基調講演者として多数の大会に招待されたり、上述のとおり、ガーマシーやスルーフを含む他の有力な発達精神病理学研究者たちと共同執筆したりもしていた。この特別なレビュー論文は、もともとはアメリカ矯正精神医学会の年次大会でのイッテルソン賞受賞講演が元となっており、その後主要な機関誌に掲載されたが、ラターと共同研究者による他の論文より入手しやすいという可能性もある。しかし、最も言えるのは、このレビューが1世代にわたるレジリエンス研究を簡潔に要約しており、確証的なデータによる説得力のある図が十分に含まれ、非常に尊敬される学者によって書かれており、多くの大学図書館で入手しやすい機関誌に発表されたという点に特別な魅力があったということである。ラターはまた、霧が立ち込めた海路を照らす探照灯のように、この複雑な主題を類い希な明晰さで描いたのであった。

初期のレジリエンス研究への批判と長引く論争

新しい領域が成熟してゆくときにはありがちなことだが、レジリエンス研究が拡大していくにしたがって、多数の批判と論争が起こった（Cicchetti & Garmezy, 1993; Cicchetti & Curtis, 2006, 2007; Luthar, 2006; Luthar, Cicchetti, & Becker, 2000; Masten, 1999, 2007, 2013; Rutter, 1990）。これらの論点のいくつについては、1987年の論文の中でラターがすでに指摘しているが、他のものはその論文の後にはっきりとしてきたものである。

上述したとおり、ラターがレビューの中で取り上げた中心となる論点には、次のような疑問が含まれていた。すなわち、レジリエンスは個人の特性と見なすことができるか、あるいは見なすべきかどうか。そして、より確立された概念であるリスクや脆弱性との関係における、保護因子やレジリエンスといった概念によって付け加えられる価値である。ラターはその当時やそれ以降の他の学者と同じく、これらの概念の価値について効果的に論じた。しかしながら、この問題への最も明瞭な答えは、過去10年間にわたって多くの学問にまたがって、レジリエンス科学がかなり劇的な成長を遂げていることである。レジリエンス研究は、基礎科学でも、学祭科学のどちらでも拡大し続けており、弱まる気配はない。

特性に関する問題は、レジリエンスもしくは「レジリエンシー」の尺度を作り、市販する（レビューとして、Windle, Bennett, & Noyes, 2011 参照）、あるいは個人のレジリエンシーを促進するための大規模プログラムを行う、最近の取り組みのなかで再浮上している。25 年前にラターが指摘し、この分野の他の主要な発達学者たちとともに議論してきているように（Rutter, 2006）、そのような努力は間違った方向であるかもしれない。レジリエンス理論とそれに関する証拠の大部分は、レジリエンスが多くの影響関係の相互作用の結果であり、多数の適応システムが一斉に作動しており、また個人内および個人と環境の間の複雑なシステム同士で進行するという考えを支持している。このような力動的なシステム観からもレジリエンスの促進を考えることはできる。しかしながら、これは当の個人や、困難な状況の性質、この種の試練に立ち向かうことにかかわる適応過程、それらの過程の動かし方、そしてこうしたさまざまな過程に対する重要で潜在的な発達的、文化的な影響への非常に深い理解を必要とするだろう。当該の子どもの人生におけるレジリエンスに対する一般能力を高める方法はあると思われ、おそらく他より重要なものがあるだろう（子どもが安定していて愛情のある養育者をもつようにすること、適切な栄養と教育を受けられるよう保証することなど）。子どもを手術に備えさせる、元兵士だった子どもを再びコミュニティに統合するのを援助するというような特定の状況に関係する特定のストラテジーもあるだろう。しかしながら、特性としてのレジリエンシーを評価したり、促進したりすることに焦点を当てることを支持する理論や証拠は、ほとんどない。

その上、個人の特性の観点からレジリエンスの能力を見ることには、相当なリスクがある。そうすると、うまくやっていけない子ども（もしくは大人）は、他者や自己から自分に非があると見なされてしまう。実際には、圧倒的な逆境にあって、脅威を軽減したり、適応を支援したり、回復を促進したりするための家族や一般社会、より広い社会からの外的支援がまったく不適切であっても、被害者は「レジリエンシー」が欠損しているとして非難されてしまう。

1987 年以降のレジリエンス研究に関する批判の多くは、これらの多くの文献に見られる混乱した多くの概念や操作定義に焦点が当てられていた（Luthar, 2006; Luthar et al., 2000; Masten, 1999, 2007, 2013; Rutter, 2006; Wright et al., 印刷中）。研究で用いられた定義や尺度の多様性は当惑するほどであり、レビュアーたちにとって、それらの知見を要約することは非常に困難である。この批判には十分根拠があるが、上述のとおり、知見にはむしろ顕著とも言える一貫性のあることがレビュアーたちによって認められている。レジリエンスの科学の発展は、定義やアプローチの不一致によって確かに妨げられはしたが、この「大局的な」知見の一貫性が見られるということは、文献には非常に雑音成分が含まれているにもかかわらず、子どものレジリエンスには頑健な現象が関与していることを示唆している。本章の著者であるマステンは、多様な状況におけるレジリエンスのなかで主要な役割を果たす、アタッチメント関係や問題解決能力のような基本的な適応システムが存在することを示唆している（Masten, 2001, 2007）。それにもかかわらず、ラターや他の先駆者たちが望んだ精度をもってレジリエンス過程をさらに描写していゆくためには、概念や測定の問題に細心の注意を払う必要があることも確かである。

レジリエンス研究に関するもう１つの問題が、証拠の相関的性質から浮かび上がった。これはレジリエンスにおける可能な原因過程についての推論を著しく制限する。介入を通してレジリエンスを生じさせる実験に焦点を当てたレジリエンス研究の第三波は、少なくとも部分的に、この問題を扱う方法を提案した。第三波が進められた背景には、子どもの命と健康を脅かす虐待やネグレクト、戦争、災害のような明らかに援助を必要とする子どもの悲惨な状況への関心があり、おそらくエネルギーの大半はそこからきていた（Masten, 2011, 2013）。それでもなお、予防科学者にとって、レジリエンスモデルに基づいた、レジリエンス論文によって関係が指摘された過程を変化させることを目標とした実験が、リスクや保護過程についてのレジリエンス理論や特定の仮説の強い検証となるであろうことも明白であった（Cicchetti, Rappaport, Sandler, & Weissberg, 2000; Coie ら , 1993; Gest & Davidson, 2011; Luthar & Cicchetti, 2000; Masten, 2011; Masten, Long, Kuo, McCormick, & Desjardins, 2009; Weissberg, Kumpfer & Seligman, 2003）。

予防実験からの研究は、特定の予防プロセスに関する知見に強力な証拠を加えつつある。たとえば、多くの実験が、子育て（たとえば、Borden et al., 2010; Patterson et al., 2010）もしくは里親（Fisher, Van Ryzin, & Gunnar, 2011; Smyke et al., 2010）の質の変化を対象とした研究において、レジリエンスに対する親のケアの重要な役割を確認している（Gest & Davidson, 2011 参照）。

新たに初期の文献に対する２つの批判が、ラターによる 1987 年のレビュー後によりいっそう明確になった。神経生物学的な分析レベルへの注目の欠如（Curtis & Cicchetti, 2003）と、レジリエンスの生態学、もしくは文化と文化的過程の役割への注目の欠如（Luthar, 2006; Ungar, 2008, 2011; Wright et al., 2013）である。どちらの批判も他の分析レベルでの研究を呼び起こした。レジリエンス研究の第四波は、レジリエンスの遺伝学や神経生物学（Cicchetti, 2010; Kim-Cohen & Gold, 2009; Feder, Nestler, & Charney, 2009; Rutter, 2006）だけでなく、家族の範囲を超えた一般社会や文化、社会生態学もしくは運動生態学の他のレベル（Norris, Steven, Pfefferbaum, Wyche, & Pfefferbaum, 2008; Ungar, 2008）にも焦点が当てられた。その上、それらのレベルの間のマルチレベルの力動性やその相互作用に重点が置かれており、それが第四波を特徴づけている（Cicchetti, 2010; Masten, 2007; Sapienza & Masten, 2011）。

第四波の予防デザインの一例が、ブロディと共同研究者たち（Brody et al., 2009）の近年の画期的な研究である。このチームは、継続中の「強いアフリカ系アメリカ人家族」研究のフォローアップの状況において、遺伝子 - 環境相互作用の影響を検査した。この予防プログラムは、文脈や文化に細心の注意を払いながら青年の効果的な養育実践や適応行動を促進するよう計画された。研究者たちは、この家族を対象とした介入が青年たちにより良好な結果をもたらすのに有効であることをすでに実証していた。この研究において、彼らは予防介入の保護効果が遺伝的リスク（セロトニントランスポーター遺伝子の短い対立遺伝子の１もしくは２コピー）によって抑制されることを示した。

まとめと今後の展望

ラターは、数十年間に及ぶレジリエンス科学において触媒的な役割を果たした。彼の 1987 年のレビュー論文は、主として心理社会的側面に焦点が当てられていた第一波の子どものレジリエンス研究を鋭く分析し実証例を徹底的かつ的確に要約しつつ、一方で新しい展望を拓く道筋を示した。彼の助言のなかには、方法論的な革新をまたなければならないものもあった。たとえば、彼は人生のターニングポイントに特に注目するよう求めた。成長と変化の軌跡の統計モデルにおける進歩が、ターニングポイントの分析に適した縦断的データセットの質の改善と結びついて、レジリエンスの経路や他のライフコースの軌跡の研究を促進した（Bonanno & Mancini, 2012; Larm et al., 2010）。時を同じくして、発達する個々人のライフコースにポジティブまたはネガティブな変化を促進する条件やタイミングを明確にすることが重要であるという認識の広がりがあった。この知識は、発達を支援し健康的に機能する方向への転回を支援するために、標準的な移行がもたらす機会や予期しない妨害に影響を与えるために必要である（Masten, 2013）。生命システムが混乱によって不安定化するときは脆弱にもなりうるが、成長や変化の可能性でもありうる。

方法論の進歩もまた、分析の水準や機能領域を超えて次々連鎖反応を起こし、また別のカスケードモデルの検証に貢献した（Masten & Cicchetti, 2010a, b）。先進的な統計的手法を適用するには、仮説モデルや代替モデルの正確な記述に加えて、質の高い縦断的データの収集や概念に関する慎重な詳述が求められたし、またそれを促進しもした。カスケードについての論文が現れたことは、ある機能領域・レベルから他のそれへの時間的影響の経路の解明に大いに有望である。これは、いつ、どのように保護過程がはたらくのか、また、より精密な検査や実験的なテストをするための「ホットスポット」を同定するための重要な一歩であり、レジリエンスの促進に関連する変化や原因となる過程にとっての機会の窓を明らかにするだろう。

近年、ラターはリスクとレジリエンスの重要な実証研究を行い、洗練されたレビューと本を相次いで出版し、国際的なネットワークを作ってリーダーシップを発揮し続けており、第四波を動かす強力な原動力となっている。他の多くの人びとと共に、彼は分子遺伝学や神経生物学的過程を包含し、とりわけ測定された遺伝子と測定された環境、エピジェネティック（後成的）な過程の研究において観察された相互作用効果へと、レジリエンス研究を拡大するための巨大なエネルギーを生み出した（Fox & Rutter, 2010; Rutter, 2006）。

レジリエンス研究の地平に横たわる最も刺激的な領域の１つは、学習、ストレス調節、免疫機能、精神病理学、その他人間の機能や発達に関する多くの側面にかかわる適応システムの発達を「プログラムする」、もしくは形成する、遺伝子や他の個人差と経験の相互作用する過程に焦点を当てている（Cicchetti, 2010; Ellis & Boyce, 2011; Kim-Cohen & Gold, 2009; McEwen & Gianaros, 2011; Meaney, 2010; Sapienza & Masten, 2011; Shonkoff, Boyce, & McEwen, 2009）。有機体の健康や機能に対してより持続的な効果をもつ（多様な種類の）有害な経験もしくはネグレクト（健康的な発達に必要とされる標準的な経験の不足）にさらされる時期には、胎児期や初期発達における「敏感期」があるようである。しかし、証拠はまた、経験が遺伝的リスクを軽減するであろうことも示唆している。加えて、そのような効果をより受けやすい人もいるようである。

これらの過程は、「エピジェネティクス」、「経験の生物学的埋め込み」、「脳の可塑性」、「環境への感受性」などの用語で広く議論されている。これらの用語はみな、有機体の個人差と発達が形成される経験との複雑で力動的な相互作用と、形成が起こる複数レベルでの過程を反映している。このような過程の研究は、多様な領域におけるリスクや保護、カスケードに関する理論を変化させる効果をもっていそうである。すでに、初期のネガティブなプログラミング効果から子どもたちを守ること（予防）や、経験によって有害な影響を受けている可能性のあるシステムの（介入を通じた）「再プログラミング」に関する議論が行われている。これらの議論と同時に、多様なシステムにおける人間の発達の可塑性に内在しているレジリエンスの可能性に関する理解の深まりがあり、また過酷で長期にわたる剥奪やトラウマの文脈におけるレジリエンスの制約への理解も進化している（Masten & Narayan, 2012）。

経験に対する感受性が異なるという概念は、レジリエンス理論にとって特に興味深い。なぜなら、脆弱性と保護が機能的概念であるという重要な考えへの回帰だからである。経験に対してより反応しやすい子どもは悪い環境に反応しやすいが、また良い環境に対しても異なったかたちで反応しやすい可能性がある。このように、彼らは逆境によって傷つけられることが多いが、良い環境では活躍するかもしれない。したがって、介入によって最も助けられるかもしれない。このテーマについて大きな影響を与えた論文のタイトルが、これをよく表現している。「良くも悪くも ― 環境の影響に対する感受性の差異（For Better or For Worse: Differential Susceptibility to Environmental Influences）」（Belsky, Bakermans-Kranenburg, & van IJzendoorn, 2007）。このように、感受性の差異は、その文脈や、その文脈におけるその感受性の機能的意義を考慮することなく「脆弱性」や「保護」の因子として特徴づけることはできない。

多様な学問分野でレジリエンス研究の他の領域が数多く加わりつつあり、そのなかには文化、コミュニティ、メディアや他の社会生態学のマクロシステムにおける保護因子やレジリエンス過程に焦点を当てたものがある（Norros et al., 2008; Ungar, 2011; Wright et al., 印刷中）。さらに、災害やテロ行為、気候変動、さらに、同時に多くの人びとの生命や健康を脅かす他の大規模な擾乱の後のリスクを軽減し、レジリエンスを促進するために、歴史的に独立していた、領域を横断する知識の集約に大いに関心が寄せられている（Masten & Narayan, 2012）。集団的なトラウマ経験は、個人、家族、コミュニティ、社会、仮想世界、人間のレジリエンスを維持する生態系における多様な適応システムの相互依存を浮き彫りにした。

レジリエンス研究にさらに多くの学問分野がかかわるにつれて、心理学や生態学（そこではレジリエンス研究が、同時に、しかし独立して発生した）を含んで、学問分野や尺度を横断して用いることができるレジリエンスに関する共通の専門用語を採用することへの関心がある（Masten, 2011; 2013）。それらをつなぐテーマは、力動的な発達システムにおける適応であろう。たとえば、レジリエンスは「その安定性、生存能力、あるいは発達を脅かす重要な試練に抵抗する、もしくはそれから回復する力動的システムの能力」（Masten, 2011）と定義できる。概念の共通言語を構築し、多様な科学者たちの専門知識を利用するためには、学問分野をまたがったさらなる会話が必要である。インフルエンザの世界的流行、戦争、テロ行為、自然災害のような世界的に懸念される問題は、それらの会話にとって有益な出発点となるかもしれない（Longstaff, 2009; Masten & Obradović, 2008）。

地平の向こうには、間違いなくさらなる研究の波が、人知れず勢いを得るべく待ち構えている。しかしながら、ラター（1987）がレビューした心理社会的なレジリエンスに関する初期の研究が、個人と社会全体の利益のための科学とその応用に多くの影響を与えた豊かでさらに発展しつつあるアイデアや、知見、論点、そして難問の大部分を生み出したことは明確であるように思える。

謝　辞

本章を準備するにあたって、その一部をアメリカ国立科学財団（NSF 0745643）、教育科学研究所（R305A110528）、個別化予防研究センター（NIMH #P20MH085987）、都市地域交流フェスラー・ランパート口座の基金から援助を受けた。著者はまた、指導していただいた近隣、また遠方の多くの先達たち、ノーマン・ガーマシー、アービング・ゴッテスマン、マイケル・ラター、アーノルド・ザメロフ、アラン・スルーフ、オーク・テレヘン、エミー・ワーナーに感謝します。彼らはみなリスクとレジリエンスの科学における先駆者であり、著者が1976年にガーマシーと共に博士課程の研究でレジリエンスの科学の第一波に飛び込んでから、私の考えや研究に多くの影響を与えました。著者はまた、長年にわたってその研究を形づくった他の協力者たち、特にダンテ・シチェッティ、フロッソ・モッティ - ステファニディ、マーガレット・ライト、そしてレジリエンス研究の新しい波が生まれるときにこの心躍る新しい方向に参加してくれた多くの素晴らしい大学院生たちにもまた深く感謝します。このレビューで述べたいずれの意見や結論、提言も筆者ひとりのものであり、上述の資金提供者や学者諸氏の見解を必ずしも反映するものではありません。

■さらに学びたい人のために

Cicchetti, D. (2010). Resilience under conditions of extreme stress: A multilevel perspective. *World Psychiatry, 9,* 145–154.

Masten, A. S., & Cicchetti, D. (2010). Editorial: Developmental cascades. *Development and Psychopathology, 22,* 491–495.

Rutter, M. (2006). Implications of resilience concepts for scientific understanding. *Annals of the New York Academy of Sciences, 1094,* 1–12.

Sapienza, J. K., & Masten, A. S. (2011). Understanding and promoting resilience in children and youth. *Current Opinion in Psychiatry, 24,* 267–273.

Ungar, M. (2011). The social ecology of resilience: Addressing contextual and cultural ambiguity of a nascent construct. *American Journal of Orthopsychiatry, 81,* 1–17.

■引用文献

Anthony, E. J., & Koupernik, C. (Eds.) (1974). *The child in his family: Children at psychiatric risk.* New York: Wiley.

Belsky, J., Bakermans-Kranenburg, J. M., & van IJzendoorn, M. H. (2007). For better or for worse: differential susceptibility to environmental influences. *Current Directions in Psychological Science, 16,* 30–304.

Bonanno, G. A. (2004). Loss, trauma, and human resilience: Have we underestimated the human capacity to thrive after extremely aversive events? *American Psychologist, 59,* 20–28.

Bonanno, G. A., Brewin, C. R., Kaniasty, K., & La Greca, A. M. (2010). Weighing the costs of disaster: Consequences, risks, and resilience in individuals, families and communities. *Psychological Science in the Public Interest, 11,* 1–49.

Bonanno, G. A., & Mancini, A. D. (2012). Beyond resilience and PTSD: Mapping the heterogeneity of responses to potential trauma. *Psychological Trauma: Theory, Research, Practice, and Policy, 4,* 74–83.

Bonanno, G. A., Westphal, M., & Mancini, A. D. (2011). Resilience to loss and potential trauma. *Annual Review of Clinical Psychology, 7,* 511–535.

Borden, L. A., Schultz, T. R., Herman, K. C., & Brooks, C. M. (2010). The incredible years parent training program: Promoting resilience through evidence-based prevention group. *Group Dynamics: Theory, Research and Practice, 14,* 230–241.

Brody, G. H., Beach, S. R. H., Philibert, R. A., Chen, Yi-fu, & Murry, V. M. (2009). Prevention effects moderate the association of 5-HTTLPR and youth risk behavior initiation: Gene x environment hypotheses tested via a randomized prevention design. *Child Development, 80,* 645–661.

Cicchetti, D. (1990) . A historical perspective on the discipline of developmentl psychopathology. In J. Rolf, A. S. Masten, D. Cicchetti, K. H. Nuechterlein, & S. Weintraub (Eds.), *Risk and protective factors in the development of psychopathology* (pp.2–28) . New York: Cambridge University Press.

Cicchetti, D. (2006). Development and psychopathology. In D. Cicchetti & D. Cohen (Eds.), *Developmental psychopathology: Vol. 1. Theory and method* (2nd edn., pp.1–23). Hoboken, NJ: Wiley.

Cicchetti, D. (2010). Resilience under conditions of extreme stress: A multilevel perspective. *World Psychiatry, 9,* 145–154.

Cicchetti, D., Rappaport, J., Sandler, I., & Weissberg, R. P. (Eds.)(2000). *The promotion of wellness in children and adolescents.* Washington, DC: CWLA Press.

Cicchetti, D., & Curtis, W. J. (2006). The developing brain and neural plasticity: Implications for normality, psychopathology, and resilience. In D. Cicchetti & D. Cohen (Eds.), *Developmental psychopathology: Vol. 2. Developmental neuroscience* (2nd edn., pp. 1–64). Hoboken, NJ: Wiley.

Cicchetti, D. & Curtis, W. J. (2007). Multilevel perspectives on pathways to resilient functioning. *Development and Psychopathology, 19,* 627–629.

Cicchetti, D., & Garmezy, N. (1993). Prospects and promises in the study of resilience. *Development and Psychopathology, 5,* 497–502.

Cicchetti, D., Rappaport, J., Sandler, I., & Weissberg, R. P. (Eds)(2000). *The promotion of wellness in children and adolescents.* Washington, DC: CWLA Press.

Clausen, J. S. (1991). Adolescent competence and the shaping of the life course. *American Journal of Sociology, 96,* 805–842.

Coie, J. D., Watt, N. F., West, S. G., Hawkins, J. D., Asarnow, J. R., Markman, H. J., Ramey, S. L., Shure, M. B., & Long, B. (1993). The science of prevention: A conceptual framework and some directions for a national research program. *American Psychologist, 48,* 1013–1022.

Curtis, J., & Cicchetti, D. (2003). Moving resilience on resilience into the 21st century: Theoretical and methodological considerations in examining the biological contributors to resilience. *Development and Psychopathology, 15,* 773–810.

Eisenberg, L. (1977). Development as a unifying concept in psychiatry. *British Journal of Psychiatry, 131,* 225–237.

Elder, G. H., Jr. (1974/1999). *Children of the great depression: Social change in life experience.* Boulder, CO: Westview Press (originally published in Chicago by the University of Chicago Press). [エルダー／本田時雄ほか（訳）(1997)『大恐慌の子どもたち ― 社会変動と人間発達』(新装版) 明石書店]

Ellis, B. J., & Boyce, W. T. (2011). Differential susceptibility to the environment: Toward an understanding of sensitivity to developmental experiences and context. Special section editorial. *Development and Psychopathology, 23,* 1–5.

Feder, A., Nestler, E. J., & Charney, D. S. (2009). Psychobiology and molecular genetics of resilience. *Nature Reviews Neuroscience, 10,* 446–457.

Fisher, P. A., Van Ryzin, M. J., & Gunnar, M. R. (2011). Mitigating HPA axis dysregulation associated with placement changes in foster care. *Psychoneuroendocrinology, 36,* 531–539.

Fox, N., & Rutter, M. (2010). Introduction to the special section on the effects of early experience on development. *Child Development, 81,* 23–27.

Garmezy, N. (1982) . Foreword. In E. E. Werner & R. S. Smith (Eds.), *Vulnerable but invincible: A study of resilient children.* New York: McGraw-Hill.

Garmezy, N. (1983) . Stressors of childhood. In N. Garmezy & M. Rutter (Eds.), *Stress, coping and development in children* (pp.43–84). New York: McGraw-Hill.

Garmezy, N. (1985). Stress-resistant children: The search for protective factors. In J. E. Stevenson (Ed.), *Recent research in developmental psychopathology: Journal of Child Psychology and Psychiatry Book Supplement 4* (pp. 213–233). Oxford: Pergamon Press.

Garmezy, N., & Nuechterlein, K. (1972). Invulnerable children: The fact and fiction of competence and disadvantage. *American Journal of Orthopsychiatry, 57,* 159–174.

Garmezy, N., & Rutter, M. (1983). *Stress, coping and development in children.* New York: McGraw-Hill.

Gest, S. D., & Davidson, A. J. (2011). A developmental perspective on risk, resilience and prevention. In M. Underwood & L. Rosen (Eds)., *Social development: Relationships in infancy, childhood and adolescence* (pp.427–454). New York: Guilford Press.

Glantz, M. D., & Johnson, J. L. (Eds.) (1999). *Resilience and development: Positive life adaptations.* New York: Kluwer Academic/Plenum.

Gottesman, I. I., & Shields, J. (1972). *Schizophrenia and genetics: A twin study van-tage point.* New York: Academic Press.

Gottesman, I. I., & Shields, J. (1982). *Schizophrenia: The epigenetic puzzle.* New York: Cambridge University Press. [シールド／南光進一郎（訳）(1985)『分裂病の遺伝と環境』東京大学出版会]

Hauser, S. T., Allen, J. P., & Golden, E. (2006). *Out of the woods: Tales of resilient teens.* Cambridge, MA: Harvard University Press. [ハウザー，アレン＆ゴールデン／仁平説子・仁平義明（訳）(2011)『ナラティヴから読み解くリジリエンス ── 危機的状況から回復した「67分の9」の少年少女の物語』北大路書房]

Heckman, J. J. (2006). Skill formation and the economics of investing in disadvantaged children. *Science, 312,* 1900–1902.

Hetherington, E. M., Cox, M., & Cox, R. (1982). Effects of divorce on parents and children. In M. E. Lamb (Ed.), *Nontraditional families: Parenting and child development* (pp.233–288). Hillsdale, NJ: Lawrence Earlbaum. [ラム（編著）／久米稔（監訳）(1993)『非伝統的家庭の子育て ── 伝統的家庭との比較研究』家政教育社]

Hetherington, E. M., Cox, M., & Cox, R. (1985). Long-term effects of divorce and remarriange on the adjustment of children. *Journal of the American Academy of Child Psychiatry, 24,* 518–530.

Hochberg. Z., Feil, R., Costancia, M., Fraga, C., Junien, C., Carel, J. .C., & Albertsson-Wikland, K. (2011). Child health, developmental plasticity, and epigenetic programming. *Endocrine Reviews, 32,* 159–224.

Kim-Cohen, J. & Gold, A. L. (2009). Measured gene-environment interactions and mechanisms promoting resilient development. *Current Directions in Psychological Science, 18,* 138–142.

Larm, P., Hodgins, S., Tengstrom, A., & Larsson, A. (2010). Trajectories of resilience over 25 years of individuals who as adolescents consulted for substance misuse and a matched comparison group. *Addiction, 105,* 1216–1225.

Laub, J. H., Nagin, D. S., & Sampson, R. J. (1998). Trajectories of change in criminal offending: Good marriages and the desistance process. *American Sociological Review, 63,* 225–238.

Long, J. V. F., & Vaillant, G. E. (1984). Natural history of male psychological health, XI: Escape from the underclass. *American Journal of Psychiatry, 141,* 341–346.

Longstaff, P. H. (2009). Managing surprises in complex systems: Multidisciplinary perspectives on resilience. *Ecology and Society, 14,* 49.

Luthar, S. S. (2006). Resilience in development: A synthesis of research across five decades. In D. Cicchetti and D. J. Cohen (Eds.), *Developmental psychopathology. Vol. 3: Risk, disorder, and adaptation* (2nd edn., pp.739–795). Hoboken, NJ: Wiley and Sons.

Luthar, S. S., & Cicchetti, D. (2000). The construct of resilience: Implications for interventions and social policies. *Development and Psychopathology, 12,* 857–885.

Luthar, S., Cicchetti, D., & Becker, B. (2000).The construct of resilience: A critical evaluation and guidelines for future work. *Child Development, 71,* 543–562.

Luthar, S. S., & Zigler, E. (1991). Vulnerability and competence: A review of research on resilience in childhood. *American Journal of Orthopsychiatry, 61,* 6–22.

Masten, A. S. (1989). Resilience in development: Implications of the study of successful adaptation for developmental psychopathology. In D. Cicchetti' (Ed.), *The emergence of a discipline: Rochester Symposium on Developmental Psychopathology* (Vol. 1, pp.261–294). Hillsdale, NJ: Lawrence Erlbaum Associates, Inc.

Masten, A. S. (1999). Resilience comes of age: Reflections on the past and outlook for the next generation of research. In M. D. Glantz & J. L. Johnson (Eds.), *Resilience and development: Positive life adaptations* (pp.281–296). New York: Plenum.

Masten, A. S. (2001) . Ordinary magic: Resilience processes in development. *American Psychologist, 56,* 227–238.

Masten, A. S. (2007). Resilience in developing systems: Progress and promise as the fourth wave rises. *Development and Psychopathology, 19,* 921–930.

Masten, A. S. (2011). Resilience in children threatened by extreme adversity: Frameworks for research, practice, and translational synergy. *Development and Psychopathology, 23,* 141–154.

Masten, A. S. (2013). Risk and resilience in development. In P. D. Zelazo (Ed.), *Oxford handbook of developmental psychology.* New York: Oxford University Press.

Masten, A. S., Best, K. M., & Garmezy, N. (1990). Resilience and development: Contributions from the study of children who overcome adversity. *Development and Psychopathology, 2,* 425–444.

Masten, A. S., Burt, K. B., & Coatsworth, J. D. (2006). Competence and psychopathology in development. In D. Ciccheti & D. Cohen (Eds.), *Developmental psychopathology. Vol 3: Risk, disorder and psychopathology* (2nd edn, 696–738). New York: Wiley.

Masten, A. S., Burt, K., Roisman, G. I., Obradović., J., Long, J. D., & Tellegen, A. (2004). Resources and resilience in the transition to adulthood: Continuity and change. *Development and Psychopathology, 16,* 1071–1094.

Masten, A. S., & Cicchetti, D. (Eds.) (2010a). Developmental cascades (special issue, part 1), *Development and Psychopathology, 22,* 491–715.

Masten, A. S., & Cicchetti, D. (Eds.) (2010b). Developmental cascades (special issue, part 2), *Development and Psychopathology, 22,* 717–983.

Masten, A. S., & Coatsworth, J. D. (1998). The development of competence in favorable and unfavorable environments: Lessons from successful children. *American Psychologist, 53,* 205–220.

Masten, A. S., Long, J. D., Kuo, S. I-C., McCormick, C. M., & Desjardins, C. D. (2009). Developmental models of strategic intervention. *European Journal of Developmental Science, 3,* 282–291.

Masten, A. S., & Narayan, A. J. (2012). Child development in the context of disaster, war and terrorism: Pathways of risk and resilience. *Annual Review of Psychology, 63,* 227–257.

Masten, A. S., & Obradović., J. (2008). Disaster preparation and recovery: Lessons from research on resilience in human development. *Ecology and Society, 13,* (1): 9. Available at: http://www.ecologyandsociety.org/vol13/iss1/art9/

Masten, A. S., Obradović., J., & Burt, K. (2006). Resilience in emerging adulthood: Developmental perspectives on continuity and transformation. In J. J. Arnett & J. L. Tanner (Ed.), *Emerging adults in America: Coming of age in the 21st century* (pp.173–190). Washington, DC: American Psychological Association Press.

Masten, A. S., & Osofsky, J. (2010). Disasters and their impact on child development: Introduction to the special section. *Child Development, 81,* 1029–1039.

Masten, A. S., Roisman, G. I., Long, J. D., Burt, K. B., Obradović., J., Riley, J. R., Boelcke-Stennes, K., & Tellegen, A. (2005). Developmental cascades: Linking academic achievement, externalizing and internalizing symptoms over 20 years. *Developmental Psychology, 41,* 733–746.

McEwen, B. S., & Gianaros, P. J. (2011). Stress- and allostastic-induced brain plasticity. *Annual Review of Medicine, 62,* 431–45.

Meaney, M. J. (2010). Epigenetics and the biological definition of gene x environment interaction. *Child Development, 81,* 41–79.

Norris, F. H., Steven, S. P., Pfefferbaum, B., Wyche, K. F., & Pfefferbaum, R. L. (2008). Community resilience as a metaphor, theory, set of capacities, and strategy for disaster readiness. *American Journal of Community Psychology, 41,* 127–150.

Patterson, G. R., Forgatch, M. S., & DeGarmo, D. S. (2010). Cascading effects following intervention. *Developmental Psychopathology, 22,* 941–970.

Patterson, G. R., Reid, J. B., & Dishion, T. J. (1992). *Antisocial boys.* Eugene, OR: Castalia.

Rutter, M. (1972). *Maternal deprivation reassessed.* Harmondsworth: Penguin. [ラター/北見芳雄・佐藤紀子・辻祥子（訳）(1979)『母親剥奪理論の功罪』誠信書房]

Rutter, M. (1979). Protective factors in children's responses to stress and disadvantage. In M. W. Kent & J. E. Rolf (Eds.), *Primary prevention of psychopathology. Vol. 3:*

Social competence in children (pp.49–74). Hanover, NH: University Press of New England.
Rutter, M. (1983). Stress, coping and development: Some issues and some questions. In N. Garmezy & M. Rutter (Eds.), *Stress, coping and development in children* (pp. 1–41). New York: McGraw-Hill.
Rutter, M. (1985). Resilience in the face of adversity: Protective factors and resistance to psychiatric disorder. *British Journal of Psychiatry, 147,* 598–611.
Rutter, M. (1987). Psychosocial resilience and protective mechanisms. *American Journal of Orthopsychiatry, 57,* 316–331.
Rutter, M. (1990). Psychosocial resilience and protective mechanisms. In J. Rolf, A. S. Masten, D. Cicchetti, K. H. Nuechterlein, & S. Weintraub (Eds.), *Risk and protective factors in the development of psychopathology* (pp.181–214). New York: Cambridge University Press.
Rutter, M. (2006). Implications of resilience concepts for scientific understanding. *Annals of the New York Academy of Sciences, 1094,* 1–12.
Rutter, M., Kim-Cohen, J., & Maughan, B. (2006). Continuities and discontinuities in psychopathology between childhood and adult life. *Journal of Child Psychology and Psychiatry, 47,* 276–295.
Rutter, M., & Quinton, D. (1984). Long-term follow-up of women institutionalized in childhood: Factors promoting good functioning in adult life. *British Journal of Developmental Psychology, 2,* 191–204.
Sameroff, A. J. (2000). Developmental systems and psychopathology. *Development and Psychopathology, 12,* 297–312.
Sameroff, A. J., & Chandler, M. J. (1975). Reproductive risk and the continuum of caretaking casualty. In F. D. Horowitz, E. M. Hetherington, S. Scarr-Salapatek, & G. M. Siegel (Eds.), *Review of child development research* (Vol. 4, pp.187–243). Chicago: University of Chicago Press.
Sapienza, J. K., & Masten, A. S. (2011) . Understanding and promoting resilience in children and youth. *Current Opinion in Psychiatry, 24,* 267–273.
Seery, M. D., Holman, E. A., & Silver, R. C. (2010). Whatever does not kill us: Cumulative lifetime adversity, vulnerability, and resilience. *Journal of Personality and Social Psychology, 99,* 1025–1041.
Shonkoff, J. P., Boyce, W. T., & McEwen, B. S. (2009). Neuroscience, molecular biology, and the childhood roots of health disparities. *Journal of the American Medical Association, 301,* 2252–2259.
Sroufe, L. A. (1979). The coherence of individual development: Early care, attachment, and subsequent developmental issues. *American Psychologist, 34,* 834–841.
Smyke, A., Fox, N., Zeanah, C., Nelson, C. A., & Guthrie, D. (2010). Placement in foster care enhances quality of attachment among young institutionalized children. *Child Development, 81,* 212–223.
Ungar, M. (2008). Resilience across cultures. *British Journal of Social Work, 38,* 18–35.

Ungar, M. (2011). The social ecology of resilience: Addressing contextual and cultural ambiguity of a nascent construct. *American Journal of Orthopsychiatry, 81,* 1–17.

Watt, N. F., Anthony, E. J., Wynne, L. C., & Rolf, J. E. (Eds.) (1984). *Children at risk for schizophrenia: A longitudinal perspective.* Cambridge: Cambridge University Press.

Weissberg, R. P., Kumpfer, K. L., & Seligman, M. E. P. (2003). Prevention that works for children and youth: An introduction. *American Psychologist, 58,* 425–432.

Werner, E. E., & Smith, R. S. (1982). *Vulnerable but invincible: A study of resilient children.* New York: McGraw-Hill.

Werner, E. E., & Smith, R. S. (1992). *Overcoming the odds: High risk children from birth to adulthood.* Ithaca, NY: Cornell University Press.

Werner, E. E., & Smith, R. S. (2001). *Journeys from childhood to midlife: Risk, resilience, and recovery.* Ithaca, NY: Cornell University Press.

Windle, G., Bennett, K. M., & Noyes, J. (2011). A methodological review of resilience measurement scales. *Health and Quality of Life Outcomes, 9,* 8.

Wolmer, L., Hamiel, D., & Laor, N. (2011). Preventing children's post-traumatic stress after disaster with teacher-based intervention: A controlled study. *Journal of the American Academy of Child and Adolescent Psychiatry, 50,* 340–348.

Wright, M. O'D., Masten, A. S., & Narayan, A. J. (2013). Resilience processes in development: Four waves of research on positive adaptation in the context of adversity. In S. Goldstein & R. B. Brooks (Eds.), *Handbook of resilience in children* (2nd edn, 15–37). New York: Kluwer/Academic Plenum.

訳者あとがき

本書は、Slater, A. M. & Quinn, P. C., (2012) *Developmental Psychology Revisiting the Classic Studies,* SAGE の全訳である。

編者の「はじめに」によれば、ここで取り上げられる古典的な研究は、「発達心理学のなかで誰もが知っているもの」である。しかし、正直に告白すれば、監訳者のひとりである私にとっては、本書を通してはじめて知る研究もあった。自分自身の視野の狭さに恥じ入るとともに、さらに心理学を学ぶ、学生・大学院生まで広げて考えたとき、この「誰もが知っている」という常識はどの程度あてはまるだろうか。

じっくり研究するよりも早く論文を書くことが求められる現状においては、学生・院生に限らず、現役の研究者まで、ますます他分野の、しかも古典にまで目を向ける余裕はもちにくくなっている。しかしその一方で、一見、関係ないと思われる他分野での理論や知見が、また最先端だけではなく、源流に戻って考えることが、思わぬ研究上のアイデアに繋がることもある。特に博士論文など大きなテーマに一区切りつけた後の新たなテーマ設定などに思わぬ回り道が意味をもつことがある。大きく変化する研究環境の中で広範なトピックをコンパクトに私たちに伝えてくれるものとして、本書がこれからの心理学教育に役立つのではないかと思い、訳出した次第である。

また本書は単なる古典の紹介ではない。それがどのように登場し、批判され、現在、どのように乗り越えられようとしているのか、またその過程で現象に対する私たちの認識がどのように広がったのかについても論じられている。研究することは、単に新しい知見を積み上げるだけではなく、私たちの認識を拡張することでもある。是非、読者には、本書を通して、古典的な研究がどのような認識を私たちに拓いたのか。さらにその批判を通して現在の研究がどのような新たな認識に拓こうとしているのかを追体験してもらえればと思う。加えて、それぞれの章は独立しているとはいえ、関連づけて読むことも可能である。たとえば第1章のハーロウの研究が、最終章のレジリエンスの研究と深く関連していること、第12章のバンデューラのモデリングの研究が、第2章のワトソンの行動主義の人間理解への挑戦を含んでいたことなど、各章を関連づけて読むことでさらに認識の拡張への理解を深めることもできるだろう。

また全体を通して読むことで、心理学史上ブレークスルーを生み出した研究の多くが、現在の視点で見たときに倫理的な問題を含む研究であったことも、現在の研究者が知っているべきことである。急いで付け加えるが、ブレークスルーのために倫理に反した研究が必要だということが言いたいわけではない。むしろ本書を通して知るべきことは、後にそれらの研究に出される批判や、引き続く研究から、そうしたブレークスルーを得るために、倫理に反しないもっと違う方法や研究の仕方もあり得たということである。当然のことながら現在は以前に比べ、研究倫理が厳しくなっており、それは時に研究者の目に制約として映るかもしれない。しかし、本書の論攷のいくつかは、そのことに決してネガティブなる必要はないこと、むしろ、それを乗り越えるプロセスがあることも示していると思われる。と同時に個人的には、倫理的な状況の変化に、心理学が研究対象とする人間や動物への向き合い方の変化や進歩を読み込むことができるのではないかと思う。本書はこのように心理学の社会史として読むことも可能であり、多様な読み方を許容する書物であると思う。読者諸賢におかれては個々人の読み方で楽しんでいただければ幸いである。

最後に新曜社の塩浦暲さんには、企画段階から校正まで多岐にわたり、丁寧かつ迅速な対応をいただいた。監訳者を代表してお礼申し上げる次第である。

監訳者を代表して
加藤弘通

人名索引

【タ行】

【ナ行】

【ハ行】

【マ行】

【ラ行】

【ワ行】

事項索引

【A－Z】

【あ行】

【か行】

【さ行】

【た行】

【な行】

【は行】

【ま行】

【や行】

【ら行】

執筆者紹介（＊は編者）

＊アラン・M・スレーター（Alan M. Slater）【はじめに・共著、5章】
School of Psychology, University of Exeter, Exeter, UK

＊ポール・C・クイン（Paul C. Quinn）【はじめに・共著】
Department of Psychology, University of Delaware, USA.

ロジャー・コバック（Roger Kobak）【1章】
Department of Psychology, University of Delaware, USA.

トーマス・H・オレンディック（Thomas H. Ollendick）【2章・共著】
Child Study Center, Department of Psychology, Virginia Tech, Blacksburg, Virginia, USA.

トーマス・M・シャーマン（Thomas M. Sherman）【2章・共著】
Department of Learning Sciences and Technologies, Virginia Tech, Blacksburg, Virginia, USA.

ピーター・ムリス（Peter Muris）【2章・共著】
Clinical and Health Psychology, Erasmus University, Rotterdam, the Netherlands.

ネヴィル・J・キング（Neville J. King）【2章・共著】
Faculty of Education, Monash University, Melbourne, Australia.

カレン・E・アドルフ（Karen E. Adolph）【3章・共著】
Department of Psychology, New York University, USA.

カリ・S・クレッチ（Kari S. Kretch）【3章・共著】
Department of Psychology, New York University, USA.

デイビット・クラー（David Klahr）【4章】
Department of Psychology, Carnegie Mellon University, USA.

デニス・マレシャル（Denis Mareschal）【6章・共著】
Centre for Brain and Cognitive Development, Department of Psychological Sciences, Birkbeck, University of London, UK.

ジョーディ・カウフマン（Jordy Kaufman）【6章・共著】
Brain and Psychological Sciences Research Centre, Swinburne College of Technology, Melbourne, Australia.

ケリー・マクウィリアムズ（Kelly McWilliams）【7章・共著】
Department of Psychology, University of California, Davis, USA.

ダニエル・ベデリアン - ガードナー（Daniel Bederian-Gardner）【7章・共著】
Department of Psychology, University of California, Davis, USA.

スー・D・ホッブス（Sue D. Hobbs）【7章・共著】
Department of Psychology, University of California, Davis, USA.

サラ・バカノスキー（Sarah Bakanosky）【7章・共著】
Department of Psychology, University of California, Davis, USA.

ゲイル・S・グッドマン（Gail S. Goodman）【7章・共著】
Department of Psychology, University of California, Davis, USA.

ウェンディ・ジョンソン（Wendy Johnson）【8章】
Centre for Cognitive Ageing and Cognitive Epidemiology, and Department of Psychology, University of Edinburgh, UK, and Department of Psychology, University of Minnesota, Twin Cities, USA.

ウシャ・ゴスワミ（Usha Goswami）【9章】
Centre for Neuroscience in Education, University of Cambridge, UK.

コラリー・シュヴァリエ（Coralie Chevallier）【10章】
The Center for Autism Research, University of Pennsylvania, Children's Hospital of Philadelphia, USA.

ゲイル・D・ヘイマン（Gail D. Heyman）【11章・共】
Department of Psychology, University of California, San Diego, USA.

カン・リー（Kang Lee）【11章・共】
University of Toronto, Canada and University of California, San Diego, USA.

ジェニファー・E・ランスフォード（Jennifer E. Lansford）【12章】
Center for Child and Family Policy, Duke University, USA.

リチャード・N・アスリン（Richard N. Aslin）【13章】
Department of Brain and Cognitive Sciences, University of Rochester, USA.

アン・S・マステン（Ann S. Masten）【14章】
Institute of Child Development, University of Minnesota, Twin Cities, USA.

（所属は原著発行時点）

訳者紹介（翻訳順　＊は監訳者）

＊加藤弘通（かとう　ひろみち）【序章】
中央大学大学院文学研究科博士後期課程単位取得退学。博士（心理学）。現在、北海道大学大学院教育学研究院准教授。主要な研究領域は、思春期の発達と問題。主な著書に、『問題行動と学校の荒れ』（ナカニシヤ出版）がある。

及川智博（おいかわ　ともひろ）【1章】
北海道大学大学院教育学院修士課程修了。修士（教育学）。現在、北海道大学大学院教育学院博士後期課程在籍。主要な研究領域は、発達心理学。

松本博雄（まつもと　ひろお）【2章】
中央大学大学院文学研究科博士後期課程単位取得退学。修士（教育学）。現在、香川大学教育学部准教授。主要な研究領域は、教育心理学・発達心理学。主な著書に、『0123 発達と保育』（共著、ミネルヴァ書房）、『子どもとつくる０歳児保育』（共編著、ひとなる書房）がある。

＊川田　学（かわた　まなぶ）【3章、共訳】
東京都立大学大学院人文科学研究科博士課程単位取得退学。博士（心理学）。現在、北海道大学大学院教育学研究院准教授。主要な研究領域は、発達心理学、保育・幼児教育。主な著書に、『乳児期における自己発達の原基的機制』（ナカニシヤ出版）、『0123 発達と保育』（共著、ミネルヴァ書房）がある。

Marcruz Yew Lee Ong（マークルス・ユーリ・オン）【3章、共訳】
北海道大学大学院教育学院修士課程修了。修士（教育学）。現在、北海道大学大学院教育学院博士後期課程在籍。主要な研究領域は、発達心理学（特に幼児教育と数的発達）。

浅川淳司（あさかわ　あつし）【4章】
広島大学大学院教育学研究科修了。博士（心理学）。現在、金沢大学人間社会研究域学校教育系准教授。主要な研究領域は、幼児期の認知発達および身体性。主な訳書に、アロウェイ他編『ワーキングメモリと日常』（共訳、北大路書房）がある。

竹森未知（たけもり　みち）【5章】
北海道大学大学院教育学院修士課程修了。修士（教育学）。現在、北海道大学大学院教育学院博士後期課程在籍。主要な研究領域は、発達心理学。

常田美穂（つねだ　みほ）【6章】
北海道大学大学院教育学研究科博士後期課程単位取得後退学。修士（教育学）。現在、NPO 法人わははネット内香川子ども子育て研究所所長、高松市・坂出市子育て支援コーディネーター。主要な研究領域は、乳児の共同注意の発達。主な著書に、『0123 発達と保育』（共著、ミネルヴァ書房）がある。

上宮　愛（うえみや　あい）【7章】
北海道大学大学院文学研究科博士後期課程単位取得退学。博士（文学）。現在、名古屋大学大学院環境学研究科博士研究員。主要な研究領域は、認知心理学，発達心理学，法と心理学。主な

著訳書に、『嘘の心理学』（共著、ナカニシヤ出版）、ヴレイ著『嘘と欺瞞の心理学』（共訳、福村出版）がある。

田邊李江（たなべ　りえ）【8章】
北海道大学大学院教育学院修士課程修了。修士（教育学）。現在、北海道大学大学院教育学院博士後期課程在籍。主要な研究領域は、発達臨床心理学。

岩田みちる（いわた　みちる）【9章】
北海道大学大学院教育学院修士課程修了。修士（教育学）。現在、北海道大学大学院教育学院博士後期課程在籍。日本学術振興会特別研究員。主要な研究領域は、学習障害の認知機能発達。

古見文一（ふるみ　ふみかず）【10章】
京都大学大学院教育学研究科博士後期課程研究指導認定。京都大学博士（教育学）。現在、JSPS-ERC特別研究員。主要な研究領域は、発達心理学・発達科学・認知心理学。主な著書に、『ロールプレイを通じて高める他者理解』（ナカニシヤ出版）、『心の理論』（共著、新曜社）がある。

水野君平（みずの　くんぺい）【11章】
北海道大学大学院教育学院修士課程修了。修士（教育学）。現在、北海道大学大学院教育学院博士後期課程在籍。主要な研究領域は、中学生の学校適応と仲間関係。

穴水ゆかり（あなみず　ゆかり）【12章】
北海道大学大学院教育学院修士課程修了。修士（教育学）。現在、北海道大学大学院教育学院博士後期課程在籍。現職は、北海道北広島高等学校養護教諭。主要な研究領域は、思春期の発達と問題行動。

*伊藤　崇（いとう　たかし）【13章】
筑波大学大学院心理学研究科単位取得後退学。博士（心理学）。現在、北海道大学大学院教育学研究院准教授。主要な研究領域は、発達心理学。主な著書に、『ワードマップ 状況と活動の心理学』（共編著、新曜社）がある。

伊藤詩菜（いとう　しいな）【14章】
北海道大学大学院教育学院修士課程修了。修士（教育学）。現在、北海道大学病院小児科心理士／むぎのこ発達クリニック心理士。主要な研究領域は、子どもの援助要請行動。

発達心理学・再入門
ブレークスルーを生んだ14の研究

初版第1刷発行　2017年3月25日

編　者　アラン・M・スレーター、ポール・C・クイン
監訳者　加藤弘通、川田　学、伊藤　崇
発行者　塩浦　暲
発行所　株式会社　新曜社
101-0051　東京都千代田区神田神保町3-9
電話 (03)3264-4973(代)・FAX (03)3239-2958
e-mail：info@shin-yo-sha.co.jp
URL：http://www.shin-yo-sha.co.jp/

印　刷　星野精版印刷
製　本　イマヰ製本所

ISBN978-4-7885-1521-5 C1011